掌尚文化

SALUTE & DISCOVERY

致敬与发现

《产业金融》
丛书

江苏产业金融发展研究报告

(2022)

Research Report on the Development of Industrial Finance of Jiangsu (2022)

闫海峰　丁灿 / 编著

图书在版编目（CIP）数据

江苏产业金融发展研究报告．2022/闫海峰，丁灿编著．—北京：经济管理出版社，2022.8
ISBN 978-7-5096-8657-7

Ⅰ.①江… Ⅱ.①闫… ②丁… Ⅲ.①地方金融—研究报告—江苏—2022 Ⅳ.①F832.753

中国版本图书馆 CIP 数据核字(2022)第 138799 号

组稿编辑：宋　娜
责任编辑：宋　娜
责任印制：黄章平
责任校对：王淑卿

出版发行：经济管理出版社
（北京市海淀区北蜂窝 8 号中雅大厦 A 座 11 层　100038）
网　　址：www. E-mp. com. cn
电　　话：（010）51915602
印　　刷：唐山昊达印刷有限公司
经　　销：新华书店
开　　本：787mm×1092mm/16
印　　张：14.75
字　　数：252 千字
版　　次：2023 年 1 月第 1 版　　2023 年 1 月第 1 次印刷
书　　号：ISBN 978-7-5096-8657-7
定　　价：98.00 元

联系地址：北京市海淀区北蜂窝 8 号中雅大厦 11 层
电话：（010）68022974　　邮编：100038

编写指导委员会

主　任

徐　立　江苏省金融业联合会名誉理事长

副主任

吴万善　江苏省农村信用社联合社理事长

成　员

徐之顺　江苏省社科联副主席

许承明　南京晓庄学院校长

华仁海　南京财经大学副校长

刘正前　江苏省金融业联合会秘书长

主　编

闫海峰　南京财经大学法学院党委书记、江苏紫金产业金融发展研究院院长

副主编

丁　灿　江苏银保监局党委委员、副局长

编委（按拼音顺序排列）

崔向阳　南京财经大学经济学院副院长、教授

陈晓慧　南京财经大学金融学院金融工程系副主任、副教授

巩世广 南京财经大学公共管理学院、江苏紫金产业金融发展研究院研究员、博士

卢　斌 南京审计大学经济与金融研究院、江苏紫金产业金融发展研究院副院长、副教授

路　璐 南京财经大学金融学院、江苏紫金产业金融发展研究院研究员、博士

隋　新 南京财经大学金融学院、江苏紫金产业金融发展研究院研究员、博士

孙剑波 昆山市周市镇党委副书记、镇长

周朋朋 南京财经大学经济学院、江苏紫金产业金融发展研究院研究员、博士

张继良 南京财经大学经济学院教授

朱振刚 昆山高新区经济发展局党委书记、局长

顾志荣 昆山花桥经济开发区台服办主任、金融办主任

前　言

产业发展对资金的需求犹如人体对血液的需求，而金融在提供资金来源方面起到了决定性的作用。简言之，产业金融就是利用金融为产业服务，产业是根本，金融是工具，利润是目的。产业金融的基本原理就是通过资源的资本化、资产的资本化、知识产权的资本化、未来价值的资本化实现产业与金融的融合，促进其互动发展，从而实现价值的增值。本书以江苏省产业金融为研究对象，通过对不同类别的实体产业基本情况的概述，试图分析实体产业对金融服务的需求状况，旨在探讨金融服务实体经济的程度，从而为推动江苏省实体产业高质量发展、提升城市营商环境建言献策。

本书第一篇对江苏省产业金融的总体发展情况进行了概括性阐述，系统介绍了江苏省产业金融的基本现状、存在问题以及发展趋势。在此基础上，构建了江苏产业金融综合发展指数，从指数的角度对江苏省产业金融发展进行了综合评价，并对其进行了总结。本书第二篇首先对产业金融的基本理论做了一个概述，然后利用所构建的评价指标体系，对全国 31 个省级行政区（不包括港澳台地区）的产业金融发展情况进行总体的和分类的评价分析，最后对江苏省内 13 个地市进行分城市产业金融发展指数的具体测算，进一步为江苏产业金融的发展状况提供更为全面的阐述。本书第三篇从江苏省的视角切入，首先总结了江苏省农业发展现状及其对农村金融的需求，其次在对照农村金融支持农业现代化发展的国际经验基础上，对江苏省进一步优化农村金融支持农业现代化的路径提出政策建议。同时，分析了江苏省第二、三产业发展的情况及其对金融的需求状况，针对江苏省科技型企业的发展特点，提炼了金融支持科技型企业的方法与途径。本书第四篇从政策实践的角度出发，按照江苏“1+3”经济布局，即 1 个城市群+3 个经济区的经济布局，分别就每个经济功能区的产业金融政策发展现状及其金融与实体产业融合情况展开分析，讨论当前经济功能区内的产业金融重点，分析区域出台的产业与金融融合的政策对区域实体经济发展的推动作用，分别提出促进不同经济功能区产业金融发展的政策建议。本书第五篇从供给的角度出发，首先分析了江苏省金融行业的运行情况，包括银行业、保险业、证券业的运行现状；其次总结了江苏省产业金融发展的实践经验与江苏特色；最后挑选了江苏金融业支持实体经济发展中的优秀典型作为案例，以期为江苏金融业支持实体经济发展实践提供参考和借鉴。

目 录

第一篇 综合篇

第二篇 理论篇

第三篇　需求实践篇

第四篇　政策实践篇

第五篇 供给实践篇

第一篇

综合篇

产业金融主要研究产业与金融的相互融合与互动发展，这恰恰符合了国家政策所提倡的金融必须服务于实体经济的号召，防止出现脱实向虚的倾向。

2019 年，江苏 GDP 总量排名全国第二位，这也得力于江苏金融与实体产业的高效融合。根据 CIFDI 分地区指数评价显示，就全国范围来看，根据 2019 年产业金融综合发展水平排列，31 个省级行政区中（不包括港澳台地区），北京得分最高，为 16.17 分，江苏位居第八位，得分为 9.31，与第三名浙江仅相差 1.19 分。从第三名开始，各区域密集排列，分数差异较小。

在金融与产业相互融合与共同发展的过程中，江苏不断创新思维、开拓举措，找到了一条适合自身情况的特色道路。金融机构信贷助力实体经济发展、私募基金加速产业创新。江苏庞大的私募基金规模，为中小企业的起步、新兴行业的发展提供了资金支持，成为产业创新的加速器。截至 2019 年底，1126 家私募基金管理基金规模达到了 7305.7 亿元。同时，江苏积极贯彻执行上级政策，创造良好氛围，助推“三农”发展。针对科技型企业旺盛的融资需求，为完善“首投、首贷、首保”科技金融投融资体系，江苏深入实施科技金融孵化器行动，搭建科技金融对接服务平台，缓解科技型企业融资难题，各级财政、科技、发展改革委等部门充分发挥职能作用，设立了多项投融资产品。同时，绿色金融也在不断助力江苏高质量发展。

江苏产业金融在近几年得到了很大的发展，取得了众多突破，其产业金融发展指数呈现逐年上升趋势，资金支持的力度继续稳步加大，对全社会经济发展所起到的支持作用十分明显，可以说江苏在探索产业金融结合的过程中走出了一条具有江苏特色的实践道路。尽管江苏产业金融发展的外部环境总体向好，但是各分项环境指标的表现差异较大。其中，政策环境和中介环境都实现正增长，而风险环境却出现一定程度的下降。同时，在农村金融的发展方面仍然存在一定的成长空间，江苏农业现代化发展的薄弱环节较多，农业产业化、科技化与规模化程度还有待提高，区域政策与金融结合效果明显。结构优化与创新发展将成为今后发展的主要方向。

第一章　江苏产业金融发展总论

本章的作用是对全书的内容做一个总览性整理与概括，在全书中承担着引言与总论的作用。按照后文的脉络，首先对江苏产业金融发展的总体情况进行梳理，其次通过产业金融评价指标体系对江苏产业金融进行评价分析，最后对江苏产业金融发展的实践经验进行总结与展望。通过概括与总结江苏产业金融发展的现状，一方面，让读者能够在读完第一章即可掌握全书的发展脉络与写作逻辑；另一方面，本章作为上一辑报告（2020 年）的延续与本辑报告（2022 年）的开始，发挥着承上启下的作用，为后文的展开做了相应的铺垫与串联。

第一节　江苏产业金融总体概况

一、关于产业金融

近些年，国家提出金融必须服务于实体经济，防止出现脱实向虚的倾向，比如大量资金流向房地产和金融业内循环的不正常现象。而产业金融作为一门新兴的学科，主要研究内容就是产业与金融的相互融合、互动发展，目的是为了共创价值，是在现代金融体系趋向综合化的过程中出现的依托并能够有效促进特定产业发展的金融活动的总称。

根据 CIFDI 分地区指数评价显示，就全国范围内来看，2019 年产业金融综合发展水平前十强地区为：北京、上海、广东、浙江、江苏、福建、天津、湖北、重庆和山东。全国31个省级行政区中，北京得分最高，江苏位居第八，得分为9.31，与第三名浙江仅相差1.19分。从第三名开始，各区域密集排列，分数差异较小。

根据我国产业金融所具有的一系列特征，应把重点放在投入诸环节。从资金投入看，首先关注资金支持力度，其次需要分别观察银行信贷、资本、证券、保险等资金使用结构。同时，还要观察投向是否合理，与产业转型升级大方向是否吻合。因此，在设计测度产业金融发展指标时，应充分考虑如下原则：导向性原则、前瞻性原则、开放性原则、可得性原则、科学性原则。

二、江苏产业金融发展现状

2019年，江苏GDP总量排名全国第二位，这也得力于江苏金融与实体产业的高效融合。江苏产业金融在发展过程中，采用多种方式联合并举为实体经济运行提供所需资金，助推实体经济发展与壮大。这对江苏产业金融的持续良好发展、对江苏经济的进一步提升有着至关重要的作用。

金融与产业相互融合与共同发展的过程中，江苏不断创新思维、开拓举措，找到了一条适合江苏自身情况的特色道路，可以概括为以下五个方面：

（1）金融机构信贷助力实体经济发展。据江苏省统计局公布的数据，在时间维度，江苏金融机构向实体经济投放的人民币贷款逐年上升，2017~2019年人民币贷款投放均值为103186.4亿元；从增速来看，2016年实现最大增长率，为16.77%，而2014年的增长率最小，为10.21%；2017~2019年的平均增长率为13.88%，而2018~2019年的平均增长率为13.00%。在行业维度，2019年获得金融机构最大人民币贷款量的行业为制造业，获得贷款额度为15656.75亿元，2017~2019年均值为15034.93亿元，比2018年增加703.88亿元，增长率为4.71%。在城市维度，2019年获得金融机构最大本外币贷款量的城市为南京，获得额度为16793.73亿元，2017~2019年均值为15272.76亿元，比2018年增加1534.41亿元，同比增加40.33亿元，增长率为10.06%。截至2019年末，苏州所获得的金融机构的实体经济投放的本外币贷款为15202.57亿元，2017~2019年均值为14348.81亿元，比2018年增加1063.02亿元，同比增加627.78亿元，增长率为7.52%。

（2）私募基金加速产业创新。江苏作为全国经济大省，其私募基金业近年来也有较大发展。江苏省绿色金融发展报告（2019）指出，截至 2019 年末，江苏私募基金管理人数量排名全国第六位，为 1126 家，比第一名的上海 4709 家少 3583 家。而从规模来看，1126 家私募基金管理公司共管理 3166 只基金，管理基金规模为 7305.7 亿元。江苏如此庞大的私募基金规模，为中小企业的起步、新兴行业的发展提供了资金支持，成为产业创新的加速器。

（3）农村金融赋能“三农”特色发展。农业、农村、农民的“三农”问题一直是党和国家尤为关注且致力于解决的问题。江苏积极贯彻执行上级政策，创造良好氛围，助推“三农”发展。近年来，在金融系统的共同努力下，江苏“三农”金融服务呈现主体多元、产品多样、服务改善的良好态势，为江苏“农业强、农村美、农民富”提供了重要支撑。各类银行与保险机构积极探索产品与服务创新，通过科学的金融产品设计与风险控制措施，实现金融供给与农业产业发展需求的协调发展。截至 2019 年末，参与试点的银行机构已对接项目、企业、农户等融资主体 2.2 万个，新增授信 107.3 亿元，新增贷款余额 51.5 亿元，保险服务覆盖主体数量 8.6 万个。

（4）“财政+金融”突破科技型企业融资瓶颈。针对科技型企业旺盛的融资需求，近年来，为完善“首投、首贷、首保”科技金融投融资体系，江苏深入实施科技金融孵化器行动，搭建科技金融对接服务平台，缓解科技型企业融资难题，各级财政、科技、发展改革委等部门充分发挥职能作用，设立了多项投融资产品。截至 2019 年 12 月底，全省按照科技部统一要求进行评价，纳入江苏省科技金融风险补偿资金备选企业库并登记编号的科技型中小企业达 23188 家，省内科技型中小企业入库数在全国名列前茅。其中，江苏省财政厅、江苏省科技厅设立的系列“苏字头”产品有：“苏科贷”“苏科保”“苏科投”。南京市建邺区于 2019 年发布了创新金融生态“3·6·1”系列产品，旨在提升财政支持科技创新能力，为科技金融健康发展提供服务支撑。苏州市充分发挥科技信贷风险补偿功能，为科技型企业增进信用、分散风险、降低成本，提高科技信贷风险容忍度，建立快速风险补偿机制。

（5）绿色金融助力江苏高质量发展。政策层面，2019 年江苏省生态环境厅、江苏省地方金融监督管理局、江苏省财政厅等七部门联合印发《江苏省绿色债券贴息政策实施细则（试行）》等四个文件，明确绿色债券贴息、绿色产业企业上市奖励、环责险保费补贴、绿色担保奖补等政策的支持对象、奖补金额及申请程序，推进企业绿色发展。实践层面，通过发放“环保贷”、发行绿色债券、设立绿色投资基金、开展绿色 PPP 项目等多种形式并举，推动绿色产业建设，实现江苏高质量发展。截至 2019 年末，江苏省主要银行业金融机构绿色信贷余额 11622. 1 亿元，同比增长 26. 2%；共有 234 个项目获“环保贷”，累计金额达 128. 4 亿元；江苏省绿色债券共发行 23 只，占全国绿色债券发行数的 11. 4%；绿色债券发行额 221. 04 亿元，占全国绿色债券发行额的 7. 56%。

三、实体产业与金融的融合情况

产业金融作用的发挥一定离不开实体产业，最先受益的应当是作为三大产业的第一产业——农业。“十三五”时期，是江苏全面贯彻党的十九大和党的十九届三中全会、党的十九届四中全会、党的十九届六中全会精神，深入贯彻落实习近平总书记系列重要讲话特别是视察江苏重要讲话精神，推动“迈上新台阶、建设新江苏”取得重大进展的关键时期，也是高水平全面建成小康社会的决胜阶段和积极探索开启基本实现现代化建设新征程的重要阶段。“十三五”期间，江苏现代农业发展的基础比以往任何时候都更加坚实，面临的形势比以往任何时候都更加复杂，各方面的机遇也比以往任何时候都更加难得。与全国其他省份相比，江苏现代农业基础总体较好，有着多重战略利好，面临重大历史机遇，但农业基数也相对较高，人多地少等资源环境制约表现得更加突出，农民对务农收入的期望值更高。

农村金融的发展对促进整个农业发展尤其是农业现代化的发展具有举足轻重的作用。农业现代化的发展需要农村金融配套完整的金融服务。据《江苏统计年鉴》显示，2014~2019 年，涉农年末贷款余额增加比重分别为 6. 61%、7. 85%、8. 21%、9. 93%、9. 32%、9. 90%。金融机构对农业的贷款增加额比例维持稳定增长，但与农业发展速度相比，支持力度有限。财政对农业总投入的增长幅度与财政经常性收入增长幅度之比维持在 1. 1 左右，但有个别年份为负。2018 年农业保险费收入为 38 亿元，相比于 2017 年增加了 2 亿元。

江苏农村范围内存在多种金融需求主体，如农户、农村企业、农村基础设施建设、村级组织及乡镇政府等。由于后两种组织均起到引导农业生产、乡镇企业经营和农民收入增长的作用，因此以下主要讨论农户、农村企业和农村基础设施建设三个主体的金融满足和支持现状。目前，服务于农业现代化的农村金融需求主要有以下几个方面：农业小额信贷需求、农业保险需求、财政支农需求、股权融资需求、农业产业引导基金需求。

在农业小额贷款方面，江苏从2001年开始全面推广农村小额信用贷款，江苏农村信用社作为全国小额信贷的主要试验田，把简化贷款手续、支持农村发展建设服务、想方设法地解决农民“贷款难”问题作为主要工作来抓，并且取得了明显成效。截至2019年12月末，全省所有农村乡镇网点均开办了农户小额信用贷款业务，农业贷款达3325.64亿元，较2019年初增加517.47亿元，增长18.43%，超过各项贷款增速2.68个百分点。这对农业增效、农民增收致富和农村经济发展起到了积极的推动作用。

在农业保险方面，为了鼓励农业金融的发展，江苏省财政厅联合中国邮政储蓄银行江苏省分行和中国人民财产保险公司江苏省分公司于2016年成立“农业保险贷”项目，为江苏各市的农业发展提供资金保障。2019年，全省主要种植业保险承保覆盖面超90%，高效设施农业保险保费占比达56.94%，省级财政农业保险保险费补贴为9亿元。江苏农业保险的发展在很大程度上促进了农业的发展，同时也促进了农业科技的发展。

在财政农支方面，江苏省委、省政府及相关职能部门积极推动农业供给侧结构性改革，全省13市因地制宜，大力发展规模高效的养殖业、区域特色产业，建立现代农业产业园，健全农村电网设施，鼓励支持发展家庭农场、农民合作社等新型农村经营主体带动农村整体实现脱贫攻坚任务。苏南、苏中和苏北财政支农资金来源构成上存在明显差异。苏南依托雄厚的地区经济和财政实力，对现代农业发展投入了大量资金，以昆山市为例，2019年的财政支农投入为195086万元，县级投入比例高达75%。苏中和苏北地区受地区财力限制，这些地区的农业现代化进程更需要支持和帮扶。

在股权融资需求方面，为提高江苏省内农业企业的股权融资能力，2018年，江苏省农业委员会、江苏省政府金融办公室联合印发《江苏股权交易中心开设“农业板”工作方案》，在深入调研江苏农业实际情况与需求的基础上，江苏股权交易中心建立了区域性股权市场“农业板”业务制度和审核标准。该板块是针对江苏省农业企业的生产经营特点、资本市场服务需求，为省内农业企业打造的专属服务板块。其主要作用有：为挂牌农业企业提供展示宣传、投融资等综合金融服务；引导农业企业实施股份制改造，建立健全现代企业制度，提升经营管理水平，借力资本市场做大做强。截至 2019 年，在江苏股权交易中心“农业板”挂牌的企业已超过 200 家。

在农业产业引导基金需求方面，江苏正在努力开发与农业有关的政府引导基金，以及按市场化方式运作的政策性基金，面向广大创业投资企业，其宗旨在于充分放大政府财政资金的杠杆效应，增加创业投资资本供给。2016 年，泰州农业开发区农业投资基金成立，这是江苏省政府投资基金出资设立的第一只农业板块基金。该基金立足泰州，面向全省，通过股权投资、债转股等多种形式为企业发展提供帮助，缓解相关优质农业项目资金短缺难题。该基金总规模 10 亿元，以泰州农业开发区为发起人，首期出资 1 亿元，由江苏省政府投资基金等四名合伙人共同出资。

农村金融体系的有效性程度如何，在于其是否能够满足农村经济主体的有效金融需求、是否能够促进农村经济的持续发展和农民收入的稳定增长。农业生产的收益和风险特征、农企治理水平与信贷准入标准的适应程度、农业人口的收入水平、农村金融生态环境等因素应当作为农业与金融结合时重点考虑的因素。

四、区域政策与金融的结合情况

依照江苏“1+3”经济布局框架，分析不同经济功能区的金融与实体产业融合情况。江苏“1+3”重点功能区战略中的“1”指的是扬子江城市群，“3”指的是沿海经济区、淮海经济区和江淮生态经济区。通过分析区域产业与金融融合的政策对区域实体经济发展的推动作用，可以为江苏今后产业金融的发展提供新的思路。

（一）扬子江城市群产业金融政策发展现状

扬子江城市群主要包括江苏沿江的南京、镇江、常州、无锡、苏州、扬州、泰州、南通八座城市，是深化实施全省功能区战略、促进区域协调发展的一个战略考量。2019 年，扬子江城市群的金融业实现了稳步发展。南京 2019 年末金融机构本外币各项存款余额 35536.08 亿元，比上年增加 1007.34 亿元，比上年增长 2.9%。镇江 2019 年末金融机构人民币存款金额 5546.64 亿元，比年初增加 501.43 亿元。常州金融市场运行稳健，全年实现金融业增加值 565.7 亿元，同比增长 9.2%。无锡 2019 年末金融机构各项本外币存款余额达 17605.46 亿元，比上年增长 9.6%；各项本外币贷款余额 13556.67 亿元，比上年增长 12.0%。苏州信贷规模再创新高，2019 年末金融机构总数 875 家，金融机构人民币存款余额 31652.1 亿元，比年初增加 3085.8 亿元，比年初增长 10.8%；金融机构人民币贷款余额 30116.7 亿元，比年初增加 3512.4 亿元，比年初增长 13.2%；金融机构人民币贷款首次突破 3 万亿元，成为全国首个人民币贷款超过 3 万亿元的地级市。扬州 2019 年金融信贷较快增长，2019 年末金融机构人民币存款余额 6700.46 亿元，同比增长 11.7%。泰州 2019 年金融信贷规模不断扩大，2019 年末金融机构人民币存款余额 6879.13 亿元，比上年增长 12.4%。南通 2019 年末本外币存款余额 13725.3 亿元，比年初增加 1511.1 亿元。

扬子江城市群在跨江融合发展中突出了政府推动、市场引导的作用，整合沿江八市的资源要素，沿江两岸的城市可以发展升级版的“飞地经济”，深入推进跨江联动发展，形成大中小城市以及城乡一体化的连绵发展态势，从而有效激发沿江八市发展的内生动力和共建合力，整体接轨上海，真正实现了扬子江城市群的融合发展。2019 年，扬子江城市群八市国内生产总值过 7.7 万亿元，是上海的 2 倍多，是长三角南翼浙江八市的 1.5 倍。相比改革开放之初，经济总量增长了 100 多倍。

（二）江苏沿海经济区产业金融政策发展现状

江苏沿海经济区包括江苏沿海三个城市：南通、盐城和连云港。2019 年，江苏沿海经济区的金融业实现了快速发展。2019 年末本外币存款余额 13725.3 亿元，比年初增加 1511.1 亿元，其中，住户存款余额 7135.5 亿元，增加 804.3 亿元；2019 年末本外币贷款余额 10211.9 亿元，增加 1320.4 亿元。2018 年以来，江苏沿海经济区各地方金融监督管理局认真贯彻落实中共中央办公厅、国务院办公厅和国家有关部委出台的《关于加强金融服务民营企业的若干意见》《关于金融服务乡村振兴的指导意见》《关于进一步深化小微企业金融服务的意见》《关于有效发挥政府性融资担保基金作用切实支持小微企业和“三农”发展的指导意见》等文件精神，扎实推进金融供给侧结构性改革，畅通金融血脉，协调金融机构落实好金融支持实体经济、支持乡村振兴、支持民营企业特别是小微企业的各项政策措施，不断增强金融服务实体经济的能力。

南通围绕“三项创新”，搭平台、推活动、强举措，努力提升金融服务实体经济的质量和效率，优化营商环境。一是注重政策引导，出台《南通市企业信贷突发事件应急处置办法》，积极帮助银企双方化解资金链风险；牵头建立了常态化的防非宣传教育工作机制，推动防非宣传教育更广覆盖面、更高频次、更强针对性；不定期组织开展各类金融知识培训活动，努力满足企业的金融知识需求。2020 年上半年，全市制造业新增贷款 74.28 亿元，占新增贷款的 5.84%。二是搭建服务平台，截至 2019 年末，全市金融综合服务平台完成企业注册 16424 家，50 家金融机构在平台上线金融产品 185 项；累计发布需求 179 亿元，为 4173 家企业解决融资 159 亿元。三是举办融资助推活动。四是强化保障高质量发展举措。

盐城扎实推进金融供给侧结构性改革，畅通金融血脉，协调金融机构落实好金融支持实体经济、支持乡村振兴、支持民营企业特别是小微企业的各项政策措施，不断增强金融服务实体经济的能力。一是信贷规模逐步扩大；二是信贷结构进一步优化；三是融资担保服务能力进一步增强；四是融资成本进一步降低；五是金融服务水平进一步提高。2019 年 4 月末，盐城制造业贷款余额 650 亿元，比年初增长 12.92 亿元，同比增长 16.44%，居全省第二位。全市已设立 11 只总规模为 17.49 亿元的过桥应急资金，为全市资金周转暂时出现困难的中小微企业按时还续贷提供垫资服务，实行规定时间不收费或低收费。

连云港出台了《关于推动金融服务实体经济加快地方金融改革发展的实施意见》，突出引导金融机构服务实体经济发展，以解决当前实体经济融资难、融资贵问题。一是积极发展贷款保证保险。保险公司向符合连云港产业政策的小微企业提供单户贷款金额 500 万元及以下的贷款保证保险，每年按贷款保证保险承保总额的 2%给予补偿，专项用于对冲风险弥补损失，单一机构每年奖励总额不超过 100 万元。二是配套设立中小微企业信用保证基金。基金初期规模 1 亿元，2018 年到位不低于 5000 万元。推动应急转贷基金县区全覆盖，每个县区不低于 5000 万元。加强融资性担保体系建设，建立健全政银担保融资风险分担机制。三是大力实施企业上市倍增计划。提高企业上市费用补贴，对境内外首次上市企业、借壳上市并将注册地及经营场所迁至连云港的企业及迁至连云港的域外上市企业，分阶段给予 300 万元资金扶持；企业上市后，企业首发融资用于连云港范围内生产性、经营性项目（房地产项目除外）建设，给予最高 200 万元的资金奖励。

总体来看，沿海经济区产业金融发展过程中仍然存在部分可进一步改善的环节，如金融机构贷款发放的制度规范性、政府产业引导基金管理效率有待提升、财政专项资金管理不到位、部分地区协税平台未有效利用、部分地方政府委托招商管理混乱等。这些潜在问题应当作为江苏今后加强区域金融政策优化的侧重点与突破点。

（三）淮海经济区产业金融政策发展现状

在江苏“1+3”重点功能区战略中，以徐州为中心的淮海经济区涵盖江苏、山东、河南、安徽 20 个设区市，97 个县（市），江苏范围内包括徐州、宿迁、连云港、淮安和盐城。其具备得天独厚的优势：区域地理位置优越、区域内交通发达。

淮海经济区的联动发展需要提高交通运输能力、完善公共服务、优化生态环境等，尤其是要联合徐州这个中心城市带动整个淮海经济区的联动发展。2018 年国家发展改革委印发的《国务院关于淮河生态经济带发展规划的批复》提出，“着力推动苏鲁豫皖交界地区联动发展，打造省际协同合作示范样板”，为淮海经济区新一轮联合共建创造了历史性机遇，对促进区域协调发展、提升区域开放合作水平以及推动区域经济社会高质量发展等具有重大战略意义。

以徐州为例，徐州在产业金融政策方面做了很大努力，也取得了一定的成就。①建设淮海地区的大型金融服务平台。徐州新城区金融集聚区是徐州重点打造的金融集聚平台、众筹融资平台和金融企业综合服务平台，是徐州打造淮海经济区区域性金融中心的重要载体。②设立江苏徐州老工业基地产业发展基金。规模 20 亿元的江苏徐州老工业基地产业发展基金由江苏省政府投资基金与徐州市国盛投资控股有限公司发起设立，运作以来，共立项 18 个项目，过会 5 个项目，过会总金额近 10 亿元。③金融支持废弃矿山塌陷区生态修复综合治理。徐州市 2018 年与 2019 年蝉联国务院棚户区改造工作积极主动、成效明显表彰，是全国唯一一个连续两年获此殊荣的地级市，目前徐州棚户区改造专项债券（棚改债）总量居江苏省第一位。④金融支持城市交通体系发展。徐州轨道交通 1、2、3 号线一期工程 PPP 项目，线路总长 67 千米，总投资

443.28 亿元。⑤加大信贷投放力度。2019 年，徐州金融机构人民币存款余额与人民币贷款余额分别为 8036.56 亿元与 5777.28 亿元，较上年增长了 13.10%和 17.60%，为经济发展提供了资金支撑。⑥积极推进科技创新服务。结合高新区和科技创新园区的建设，徐州市设立多家商业银行科技支行与科技小额贷款公司，丰富科技金融服务平台种类。同时，设立天使投资引导资金，引导社会资本流向初创期科技型小微企业，探索设立“徐知贷”，建立科技贷款风险补偿专项资金池，强化金融对科技创新支持力度。⑦积极促进制造业转型升级。针对传统制造业，徐州引导金融机构重点加强对制造装备升级、互联网化提升、智能化设备投资等领域的融资支持力度，推动传统制造业向价值链中高端迈进。

总体来看，淮海经济区金融实力仍有较大成长空间，金融发展相对滞后，政府专项扶贫资金使用绩效不高，PPP 项目风险较高，地区之间的发展联系不紧密，中心城市辐射能力稍弱，产业同构现象过重等问题亟待解决。

（四）江淮生态经济区产业金融政策发展现状

在江苏“1+3”重点功能区战略中，江淮生态经济区包括扬州、泰州、淮安、盐城、宿迁区两个地级市全域以及里下河地区的高邮、宝应、兴化、建湖、阜宁等县（市）。江淮生态经济区的生态优势明显，区域定位比较清晰，将打造成为生态产品重要供给区、绿色产业集聚区、绿色城镇特色区、现代农业示范区以及生态田园风光旅游目的地。在这一区域定位下，江淮生态经济区将重点发展生态经济，包括绿色产业、现代农业、现代旅游、体育旅游等生态产业。

2019 年，江淮生态经济区的金融业发展势头强劲。淮安金融支撑强劲有力、宿迁金融业发展较快。2019 年末，淮安金融机构本外币存款余额 4137.49 亿元，比上年增长 12.5%，其中住户存款余额 1812.23 亿元，同比增长 12.5%。金融机构本外币贷款余额 3861.8 亿元，同比增长 16.6%；其中制造业贷款 275.78 亿元，比年初增加 13.75 亿元，对实体经济支持力度有所加大。宿迁 2019 年金融业实现增加值 202.63 亿元，比上年增长 16.5%。2019 年末宿迁金融机构人民币各项存款余额 3084.45 亿元，比年初增加 336.8 亿元，同比增长 12.3%。

江淮生态经济区大力推进绿色金融政策体系创新和发展。①注重政策体系顶层建筑。江苏研究制定了推进绿色金融发展的政策措施，重点支持江淮生态经济区等具备条件的地区开展绿色金融业务创新，让金融资源成为"两山"发展的黏合剂。2018 年 9 月 30 日，江苏省环保厅、财政厅、金融办、发展改革委等 9 个部门联合推出《关于深入推进绿色金融服务生态环境高质量发展的实施意见》（苏环办〔2018〕413 号），通过信贷、证券、担保、发展基金、保险、环境权益等 10 大项 33 条具体措施，对绿色金融的发展提出明确的方向。2018 年 12 月 12 日，江苏省金融业联合会绿色金融专业委员会（以下简称"江苏绿金委"）成立，为江苏未来绿色金融的发展增添了新的动力。②大力发展绿色信贷。江苏省财政对绿色信贷进行贴息，对符合条件的绿色信贷进行适当贴息，贴息后贷款利率原则上不高于同期人民银行贷款基准利率。③推动证券市场支持绿色投资。对取得证监局确认辅导备案日期通知的一次性奖励 20 万元，对取得证监会首发上市申请受理单的一次性奖励 40 万元，对成功上市的企业一次性奖励 200 万元。④支持发展绿色担保。对为中小企业绿色信贷提供担保的第三方担保机构进行风险补偿，担保额度在 1000 万元以内（含 1000 万元）的，按其担保业务的季均余额给予不高于 1%的风险补偿。⑤支持设立绿色发展基金。鼓励有条件的地方政府和社会资本联合设立绿色发展基金。⑥支持发展绿色 PPP。优先将黑臭水整治、矿区生态修复和休闲旅游、养老等有稳定收益相结合的项目选为省级试点 PPP 项目。

总体来看，江淮生态经济区金融实力总体较薄弱。目前，江淮生态经济区还处于初步的发展阶段，区域合作意识还很弱，虽然在宣传上加大了对城市群的重视，但没有采取切实有效的实际行动，如建立有效的区域协调主体机构等。虽然江淮生态经济区内的各市经济发展迅速，但各市在竞相发展的过程中，政府间的竞争越来越激烈。由于各市政府都非常重视经济总量的增长，致使各市政府间争项目、争资金、竞相提供优惠政策的招商引资大战不断上演，甚至在招商的过程中无视引进项目的质量，对地区经济的长远发展不利。对此，充分发挥市场在资源配置中的决定性作用是城市群高质量发展的关键，提升基础设施互联互通水平是城市群建设的重点任务，生态文明是城市群可持续发展的安全保障。

第二节　江苏产业金融发展指数综合评价

一、江苏产业金融发展指数横向比较

根据产业金融发展的特征与内涵，结合我国产业金融的发展情况，江苏产业金融发展指数从资金支持度、结构优化度、服务有效度、创新发展度、环境适应度五个维度构建，此次分析的数据来自2015~2019年。

从资金支持度来看，即从资金总支持、信贷资金支持、证券资金支持、保险资金支持以及民间资本（私募）方面分析，2019年产业金融资金支持度得分前十强地区为北京、上海、浙江、天津、新疆、广东、青海、江苏、重庆和贵州。江苏排名第八位，江苏排名优势不显著的主要原因是非金融企业及机关团体贷款余额/GDP、直接融资（增量）/GDP和商品期货市场年度成交额与GDP之比三项指标较为滞后相关，明显落后于浙江、广东。

从结构优化度来看，即由直接融资占社会融资规模（增量）比重、小微企业贷款余额之比、涉农贷款占金融机构本外币贷款余额比重、境外贷款占金融机构本外币贷款余额比重、私募资金增量/社会融资增量比重五项指标来衡量，2019年产业金融发展结构优化度得分前十强地区为上海、西藏、北京、青海、广东、福建、天津、四川和安徽。江苏排名靠后，主要是直接融资占社会融资额比重、境外贷款占金融机构本外币贷款余额比重、私募资金增量/社会融资增量在全国省份中水平较低造成的。

从服务有效度来看，通过评估各地区的融资成本、地区证券化率以及地方金融服务资源充足性等指标发现2019年产业金融发展服务有效度得分前十强地区为北京、上海、河南、内蒙古、湖北、重庆、宁夏、天津、新疆和山东。内部差异不大，说明得分分布对称性较好。大部分省份只能以较低的服务水平服务于产业金融发展，进一步提升的空间较大。

从地区创新发展度来看，2019年各地区支持中小微企业创新成长、推动创新型金融业态发展的前十强地区为北京、上海、江苏、广东、浙江、天津、四川、江西、湖南和湖北。产业金融的创新活动和支持主要集中在我国沿海经济发达地区和部分中西部经济大省，截至2019年，各省份创业板上市公司占上市公司比重仍呈现沿海经济发达区域占优的格局，江苏、北京、广东、四川、湖南、江西、浙江七省市占比超过20%，江苏最高达到31%。经济相对欠发达的西部地区上市公司数量少、比重低。

从环境适应度角度来看，2019年全国各地区在这一分维度的排名前十强的地区分别为北京、上海、广东、浙江、江苏、福建、天津、湖北、宁夏和重庆。从这个维度的分项得分的地域差异来看，产业金融发展外部环境相对较优的地区依然主要集中在我国东部经济发达地区，江苏省在这个维度的表现跟自身金融发展程度相适应，反映了江苏省在环境适应度得分上多年稳步进步的特点。2019年，江苏社会融资规模（增量）达到24103亿元，占当年金融机构本外币存款余额的15.34%，社会融资规模（存量）已经大于金融机构本外币存款余额。受内外部环境影响，投资需求逐渐减缓，固定资产投资增速持续下降。2019年江苏固定资产投资比上年增长5.1%。这说明为适应经济结构转型升级和高质量发展的需要，江苏需要大力改善营商环境，持续推进新旧动能转换，以更好地满足市场的有效需求。

总体来看，江苏产业金融发展指数的得分呈现逐年上升的趋势。2015年以来，江苏产业金融发展总体态势向好，但增速不稳定。2018年增幅超过10%，但2019年增速回落，仅为1.33%。2019年得分较上年仅增加1.6分，基本持平。这主要是结构优化度与服务有效性表现不佳，抵消了资金、创新和环境适应度的正向得分。

二、江苏产业金融发展指数纵向比较

在信贷资金支持方面，2019年，江苏社会信贷类融资规模继续较快增长，达到了17561亿元，较上年增长43.6%，是当年GDP增量的1.8倍；保险深度较上年水平增加0.4。资金总支持方面，2018年江苏社会融资规模（增量）达到24103亿元，较上年增长36.2%。证券资金支持方面，证券资金对实体经济的支持表现并不稳定，最能直观反映证券资金对实体经济支持的直接融资在2017年出现大幅下降，在2018~2019年有所回升。而保险资金支持的力度继续稳步提高，保险对全社会经济发展所起到的支持作用十分明显。

从结构优化度来看，江苏金融服务普惠度得分在连续缓慢增长两年后在2018年下降，2019年结构优化度分项得分有一定幅度增加。金融服务的融资结构和开放度得分呈现降低趋势，表明江苏在这两个领域的优化改善成效不如预期理想。随着银行信贷资金充裕、定向微调力度加大，全省各项贷款量增加，贷款占全社会固定投资比重连续五年稳定提升，在2019年达到12.40%。与此同时，江苏金融业对小微企业、农业的资金投入逐步增加，特别是2019年小微企业贷款取得突破性进展，贷款占比提升11个百分点。

从服务有效度来看，江苏产业金融的服务有效度呈上升趋势，但年度之间表现不平衡。2019年，服务效率出现大幅下滑，主要是证券服务效率主导，社会融资效率、银行服务效率也出现小幅下降。长期来看，江苏实体企业在正规金融部门的融资成本一直在5.4%~6.0%波动，于2018年达到6.01%高点，2019年回落0.29个百分点，这与国家大力推进供给侧结构性改革有直接关系。从银行集中度来看，2015~2018年，资产排在前五的五大国有占比呈现下降态势，但2019年转为上升态势。江苏交易所股票融资融券额近五年波动性较大，从2015年的960亿元的最低水平，上升到2018年的4100多亿元，2019年又滑落到2488亿元。上市公司融资能力不够稳定，这与国家证券融资政策变化有直接关系。

从创新发展度来看，伴随着人工智能、大数据、云计算、区块链等新型技术的兴起，一批跨界应用的金融创新成果开始涌现，为金融服务实体经济提供了新的支持方式和支持内容。在此背景下，江苏产业金融的创新发展度得分保持增长态势。2016年，全省私募基金全面展开，年末余额达到1912亿元，较上一年同比增长25.3%，2017年呈现爆发式增长，登上4500亿元台阶，2019年规模超过7000亿元。2019年，全省金融对创新创业的支持力度进一步加强，不过增长幅度有所放缓。

从环境适应度来看，基本呈现逐年上升的态势，特别是2018~2019年，金融环境得到较大改善。尽管江苏产业金融发展的外部环境总体向好，但是各分项环境指标的表现差异较大。其中，政策环境和中介环境都实现正增长，而风险环境却出现一定程度的下降。近年来，江苏银行规范放贷，机构不良贷款率逐步下降，2019年仅为1.04%，低于全国银行不良贷款率1.74%，全省银行业运行稳健，风险可控，服务实体经济质效进一步提升。同时，中介环境无论从规模上还是质量上，都表现出持续稳步增长态势。

第三节 总结与启示

基于以上综合评价分析，不难发现江苏产业金融在近几年得到了很大的发展，取得了众多突破，其产业金融发展指数呈现逐年上升的趋势，资金支持的力度继续稳步提高，对全社会经济发展所起到的支持作用十分明显，可以说江苏在探索产业金融结合的过程中走出了一条具有江苏特色的实践道路。尽管江苏产业金融发展的外部环境总体向好，但是各分项环境指标的表现差异较大。其中，政策环境和中介环境都实现正增长，而风险环境却出现一定程度的下降。同时，在农村金融的发展上仍然存在一定的成长空间，江苏农业现代化发展的薄弱环节较多，农业产业化、科技化与规模化程度还有待提高，区域政策与金融结合效果明显。结构优化与创新发展将成为今后发展的主要方向。

一、取得成绩

（一）产业金融对实体经济的资金支持度保持稳定

2014~2019 年，江苏社会融资规模增量分别为 13440 亿元、11394 亿元、16758 亿元、15244 亿元、17699 亿元和 24104 亿元，增量总体保持稳定；对实体企业的信贷支持程度最高的前三个省份是广东、江苏和浙江，其 2019 年人均非金融企业及机关团体贷款余额分别达到 91670 元、88078 元和 70669 元，江苏位居第二位。

（二）结构优化加速，保险业发展加强对实体经济的保障

截至 2019 年末，江苏保险业保费收入共计 3750. 20 亿元，比 2018 年增加 432. 92 亿元。2017~2019 年保费收入均值为 3505. 66 亿元。从江苏保险业总体来看，江苏保险业保费收入呈上升趋势，仅在 2018 年比上一年有所下降。从增速来看，保费收入增长率呈现先上升而后下降的趋势并在 2019 年有所回弹。

（三）资金配置效率提高，金融服务实体经济势头良好

随着银行信贷资金的充裕、定向微调力度的加大，江苏各项贷款量增加，当年贷款占全社会固定投资比重连续五年稳定增加，在 2019 年达到 12. 40%。制造

业乃经济领域重中之重，其金融服务情况仍然需要加强关注。近年来，江苏现代服务业发展步伐逐步加快，对优化产业结构起到积极推动作用。房地产贷款占比处于徘徊状态。自2016年起，随着国家严控政策的实施，房地产贷款总量虽有增加，相比贷款规模，占比始终在10%以下徘徊。

（四）"财政+金融"突破科技型企业融资瓶颈

截至2019年12月底，江苏按照科技部统一要求进行评价，纳入江苏科技金融风险补偿资金备选企业库并登记编号的科技型中小企业达23188家，省内科技型中小企业入库数在全国名列前茅。针对科技型企业旺盛的融资需求，为完善"首投、首贷、首保"科技金融投融资体系，深入实施科技金融孵化器行动，搭建科技金融对接服务平台，缓解科技型企业融资难题，各级财政、科技、发展改革委等部门充分发挥职能作用，设立了多项投融资产品。其中，江苏省财政厅、江苏省科技厅设立的系列"苏字头"产品有"苏科贷""苏科保""苏科投"。

二、面临的问题

（一）金融贷款支持制造业发展推动不足

自2015年以来，投向制造业贷款占比呈现明显下滑势头，尽管国家支持和鼓励更多信贷资金投向制造业，但占比下滑势头并未得到有效遏制，2019年下滑快于上年。现代服务业中金融机构贷款占全部投资比重连续两年上升后，2018年出现小幅回调，但2019年演变为大幅下降，降幅达3.9个百分点。

（二）区域之间的差距大阻碍协同效应的发挥

地区差距大阻碍区域的快速发展。改革开放以来，扬子江两岸八个城市通过自身努力，均实现了各自的快速发展。但发展过程中分工不明确、定位不清晰、功能不错位，不可避免地造成了重复建设、恶性竞争、市场割裂等问题，难以形成"1+1>2"的协同效应，阻碍了区域的快速发展。同时，行政壁垒的存在，使得一些需要通过大区域协同治理才能取得成效的领域，如环境区域协同治理等，难以达成共识，产生了很大的外部不经济现象，在一定程度上削弱了整体竞争力。

（三）金融机构还不足以满足社会发展需求

融资难问题依然存在。虽然截至2019年11月末，制造业贷款本外币余额占到了所有贷款余额的12.6%，但是传统“垒大户”的固有模式并没有得到根本性扭转，而是转向了“垒小优质户”，导致对小微企业的贷款集中于少数优质客户，更多的小微企业并没有享受到政策利好。民营企业贷款终身追责制的存在，也进一步抬高了民营企业获得民间贷款的难度，让融资难、融资贵成为不少民营企业的痛点和难点。

（四）信息不对称问题依然存在

相较于其他领域，农业产业经营主体大多体量较小，运行不规范，治理缺陷广泛存在，信息不对称问题相对严重。信用是金融体系运行的基础，而信用信息不对称已成为目前金融机构不愿过多涉足农业产业的重要原因。根据信贷配给理论，当面临对贷款的超额需求又无法分辨单个借款人风险时，为避免逆向选择，银行不会进一步提高利率，而是会在一个低于竞争性均衡利率但能使银行预期收益最大化的利率水平上，满足信息较对称的借款人的需求。

三、策略建议

围绕江苏产业金融发展的现状和特征，以更好地服务实体经济为目标，借鉴国内外产业金融发展的成功案例，建议未来江苏产业金融服务实体经济需要把握以下六点：

（一）多维度创新，着力培育新的经济增长点

江苏沿海经济区现阶段应把产业技术创新和发展现代服务业作为实体经济发展的核心方向，着力加大对相关领域新兴产业的信贷支持和金融服务。从金融业支持实体经济的角度来看，首先，要防止金融空转，积极引导资金脱虚向实，切实考虑实体经济的资金需求情况。其次，进一步完善P2P网贷、众筹等互联网金融新业态。鼓励优秀的网络科技人才和金融专家积极投身于互联网金融平台建设，培育一批知名互联网金融企业、互联网金融设备供应和软件研发骨干企业，打造一批江苏本土的互联网金融平台，为江苏经济发展提供更多的推动力。最后，政府在平台建设中应当积极加强政策引导和制定地方行业标准，防止金融监管真空，切实保障广大中小投资者的合法权益。

（二）围绕金融支持乡村振兴目标，进一步完善产业金融

围绕如何提高江苏农业产业化、科技化和规模化总体水平，完善财政支农政策与服务乡村振兴战略重点展开。首先，强化政策协调，有效落实金融服务乡村

振兴的各项措施。其次，围绕金融支持乡村振兴目标，构建服务乡村振兴的金融组织体系。最后，明确金融重点支持领域，加大金融资源向重点领域和薄弱环节的倾斜力度；推动金融产品和服务方式创新，满足乡村振兴多样化的融资需求；建立健全多渠道资金供给体系，拓宽乡村振兴资金来源；加强金融基础设施建设，为乡村振兴营造良好的金融生态环境。

（三）加大金融对第二产业的支持力度

全面对标国际标准市场规则体系，聚焦市场主体融资难、融资贵、拖欠账款等“痛点”“堵点”问题，以打造国际一流的营商环境。要全面对标国际高标准市场规则体系，以市场主体需求为导向，以政府转变职能为核心，以创新体制机制为支撑，深化简政放权，强化公正监管，优化政务服务。同时，鼓励各地区、各部门结合实际先行先试有利于优化营商环境的改革举措；对探索中出现失误或者偏差，符合法定条件和国家、江苏省有关政策要求，且勤勉尽责、未牟取私利的，可以依法予以免责或者减轻责任。

（四）构建科技金融创新模式促进产融结合

目前支持科技创新产品执行中的主要矛盾是财政与金融的激励不相容，对此，要在管理机制方面寻求突破，比如将财政的奖补机制与银行的免责机制结合，尝试贯通相关主体责任，解决责任问题。可以细化白名单分类，与资本市场结合，针对名单企业，先行繁化简试点；构建立体生态，确保信息通畅性，例如搭建“财政+金融”综合服务平台，实现数据与信息共享，设立协调机制，打通协同性障碍，同时，整合现有产品，以实现协同效应最大化。

（五）防范化解金融风险，营造良好环境

立足市场主体信用监管和广告监管职能，建立健全处置和防范非法集资长效机制。引导并督促指导市场主体强化事前审查，建立健全涉及金融类广告业务的承接登记、审核、档案管理等制度。严格管控非法金融活动的宣传造势行为。利用大数据监测开展线上排查，充分发挥企业信用信息公示系统、市场监管信息平台、违法广告监测系统、网络监测系统等平台作用，多维度、多角度发现非法金融活动线索。加强对投资理财企业的监管。营造诚实守信、守法经营的经营环境。

（六）因地制宜，分工协作

由于江苏省内不同城市、不同地理范围、不同经济功能区的要素禀赋、发展现状、战略定位都有一定的区别，因此需要因地制宜、量体裁衣，各地区应根据自身情况去探索产业金融发展的特色道路，积极开展形式多样的产业金融融合发展实践，不断丰富和完善产业金融发展理论，规划各具特色的产业金融发展路径，推广应用产业金融发展成功经验，促进各地区产业金融协同共进、蓬勃发展。

第二篇

理论篇

本篇首先对产业金融的基本理论做一个概括性的综述，包括产业金融基本概念和产业金融评价基础，提出产业金融评价指标体系。其次，利用所构建的该评价指标体系，对全国31个省级行政区（不包括港澳台地区）的产业金融发展情况进行总体的和分类的评价分析。再次，利用所构建的该评价指标体系，对江苏产业金融发展指数在过去几年内的发展变化进行纵向比较评价，同时结合之前所分析的全国其他区域产业金融发展进行比较评价，从而厘清江苏在全国区域发展中的地位。最后，对江苏省内13个地市进行分城市产业金融发展指数的具体测算，进一步为江苏产业金融的发展状况提供更为全面的阐述。

通过本篇所构建的评价指标体系，我们对江苏省产业金融指数进行了测算，并得出了相应的结论。

根据中国分地区产业金融发展指数的评价显示，2019年产业金融综合发展水平前十强省份分别为：北京、上海、广东、浙江、江苏、福建、天津、湖北、重庆和山东。在31个省级行政区（不含港澳台地区）中，得分最高的是北京，为79.2分；得分最低的是广西，为20.3分，两者相差约2.9倍。江苏为41.1分，排在全国第五位，与广东、浙江、福建和天津处于同一层次，正负差距在2分之内。从五个维度来看，江苏在创新、环境方面有一定优势，但在结构优化、服务有效性方面缺乏竞争力。

按照产业金融发展指数评价体系，构成江苏产业金融发展综合指数的指标包含资金支持度、结构优化度、服务有效度、创新发展度和环境适应度。按照这五个维度，具体剖析江苏产业金融发展的状况可以得出，自 2015 年以来，江苏产业金融发展总体态势向好，但增速不稳定。2018 年增幅超过 10%，但 2019 年增速回落，仅为 1.33%。2019 年得分较上年有所增加，但是增幅比较有限，基本持平。江苏产业金融发展的缺陷主要是结构优化度与服务有效性表现不佳，抵消了资金、创新和环境适应度的正向得分。

根据江苏省内 13 个地市的产业金融发展指数的测算结果，2019 年江苏省内产业金融发展水平的排序为南京和苏州并列第一，苏州在金融对制造业的支持方面遥遥领先，金融创新领域一向十分领先，南京在金融本外币存贷款以及全社会固定资产投资等一些方面持续保持优势，无锡、常州、南通继续保持在全省前五名，其他城市发展仍旧呈现出与经济发展水平相符的产业金融发展水平。

第二章　产业金融基本理论概述

产业金融是在现代金融体系趋向综合化的过程中出现的依托并能够有效促进特定产业发展的金融活动总称。产业金融就是利用金融为产业服务，产业是根本，金融是工具，利润是目的。所谓产业金融，就是产业与金融的紧密融合，在融合中加快产业的发展，如科技金融、能源金融、交通金融、物流金融、环境金融等。金融对产业发展的主要功能是融通资金、整合资源、价值增值，发展产业金融大有可为。

产业发展对资金的需求犹如人体对血液的要求，而金融在提供资金来源方面起到了决定性的作用。产业是基础平台，金融起到催化剂和倍增剂的作用，金融与产业互动创造新的价值，大大加快财富累积。从资本的角度做产业，产业的财富放大效应会迅速增加；而金融只有与产业融合才能产生放大效用，产生大价值。

产业金融是一门全新的学科，主要研究产业与金融的相互融合，互动发展，共创价值。产融结合，产业为本，金融为用，产融一体化是必然大势。产业金融是一个系统工程，南京大学教授钱志新认为其商业模式包括三个组成部分：第一，产业金融是一个产业发展的金融整体解决方案。第二，产业金融的基本原理为四个资本化，即资源资本化、资产资本化、知识产权资本化、未来价值资本化。第三，产业金融的实现路径有三个阶段，即前期的资金融通，通过资源的资本化来解决资金的融通；中期的资源整合，运用融通资金培育核心能力，通过核心能力整合社会资源；后期的价值增值，在整合资源的基础上创造价值，通过资本运作放大价值。发展产业金融前景广阔。

第一节　产业金融评价基础

产业金融的基本原理就是通过资源的资本化、资产的资本化、知识产权的资本化、未来价值的资本化实现产业与金融的融合，促进其互动发展，从而实现价值的增值。近些年，国家提出金融必须服务于实体经济，防止出现过于脱实向虚的倾向，比如大量资金流向房地产和金融业内循环的不正常现象。致力于金融与实体经济融合发展，鼓励融资租赁、私募基金、众筹融资、民营银行等新型金融业态发展，科技金融、绿色金融等发展理念逐渐成为现实，金融服务产业的方式与产融结合的实践正在向纵深推进。

理论上，适度金融化能够为实体经济提供更多投融资机会，提高资金的运作效率；过度金融化则会成倍放大金融杠杆，引发金融泡沫，增加金融危机爆发的可能性，对实体经济的可持续发展产生剧烈冲击；过低的金融化水平反而会导致金融体系在国民经济运行体系中的资金融通功能无法充分发挥，资金使用效率低下，实体经济的持续增长缺乏稳定的资金支持。

Krippner（2005）研究发现，金融化的具体表现可以划分为以下四个方面：其一，企业权力结构中股东对企业价值的支配地位得以提升，即股东价值取得支配地位；其二，经济体系中资本市场开始占据主导地位且其对经济体系的支配地位日益加深；其三，“脱产阶层”财富与权势不断膨胀，这意味着社会阶层财富积累模式发生巨大转变，由传统的生产经营活动创收逐渐转变为通过持有金融资产收取财产性收益的方式积累社会财富；其四，与新型金融工具相关的金融贸易规模不断扩大。赵峰和田佳禾（2015）则指出，金融化表现为金融部门的负债占全国总负债规模比例的上升。

实体企业金融化是传统以产品生产主导下的利润积累模式向以金融投机为主导积累模式转变的重要表现。Epstein 和 Jayadev（2005）通过对比分析 OECD 国家金融化的具体表现，发现非金融企业将大部分实业资金投放于金融领域而非购买固定资产的行为是金融化的具体表现之一。同时，金融化还反映出非金融企业对股东价值最大化经营目标的追逐，以及对以分红为主的利润分配模式的倡导。

第二节　产业金融的评价要素

根据我国产业金融所具有的一系列特征，我们认为应把重点放在投入诸环节，从资金投入来看，首先需要关注资金支持力度，其次需要分别观察银行信贷、资本、证券、保险等资金使用结构，最后是观察投向是否合理，与产业转型升级大方向是否吻合。

一是融合结构是否优化。除银行投入外，重点评价直接投资是否改善，私募股权、股票市场中非金融参与程度，小微企业资金需求改善程度，涉农贷款、相对欠发达区域资金满足程度、绿色信贷规模、增量等。

二是金融创新对产融结合的推动活动。主要指互联网金融、众筹、私募、民营银行、融资租赁、新三板、创业板、孵化器等新型融资手段对产融结合所起的积极作用。

三是产业金融发展的外在环境十分重要。商业银行、保险业等金融机构偿还支付能力、政府产业引导基金规模、参与意愿，区域内政府营商服务意识、“八项规定”严格执行，金融中介人力资本、机构健全等。

第三节　指标编制原则和评价体系框架

为了客观、真实地反映产业金融的内涵与特征，并使江苏以及全国分区域产业金融的发展情况得到全面呈现，在指标编制和设计的过程中，应遵循以下原则：

一是导向性原则。产业金融发展指数指标体系的设计要充分发挥导向和引领作用，所选取的指标必须能够反映产业发展的状况、揭示存在的问题，从分析结果和价值判断层面引导金融机构和广大投资者更多地支持产业发展和实体经济，引导产业金融更好、更快地发展。

二是前瞻性原则。评价指标体系应着眼于长远，充分预见到未来产业金融的发展方向，充分预见江苏产业金融发展的新主体、新工具、新市场和新业态。

三是开放性原则。评价指标体系应保持动态性和开放性，根据宏观经济的发展情况、中观产业的运行情况以及微观企业的运营状况及时修订，并根据新情况、新特征的变化，对指标体系加以健全和完善。

四是可得性原则。评价指标体系要具有代表性与公正性，我国不同区域间经济发展水平差异较大，因此，指标设置尽可能设置相对指标，不能过多使用总量指标，否则将会丧失公平性。同时兼顾数据的可获得性，尽量使用和采集可量化、可比较的指标，通过公开数据或第三方可靠数据进行翔实的论证。

五是科学性原则。指标评价的选取要有科学依据。对于指标如何定义、如何计算、如何处理，都必须规定具体、指向明确，指标之间的相关性和稳定性同时符合统计科学的要求。

最后，我们展开说明一下评价体系的框架与维度。根据产业金融发展的特征与内涵，结合我国产业金融的发展情况，江苏产业金融发展指数从资金支持度、结构优化度、服务有效度、创新发展度、环境适应度五个维度构建指数评价体系，其框架和维度如图 2-1 所示。

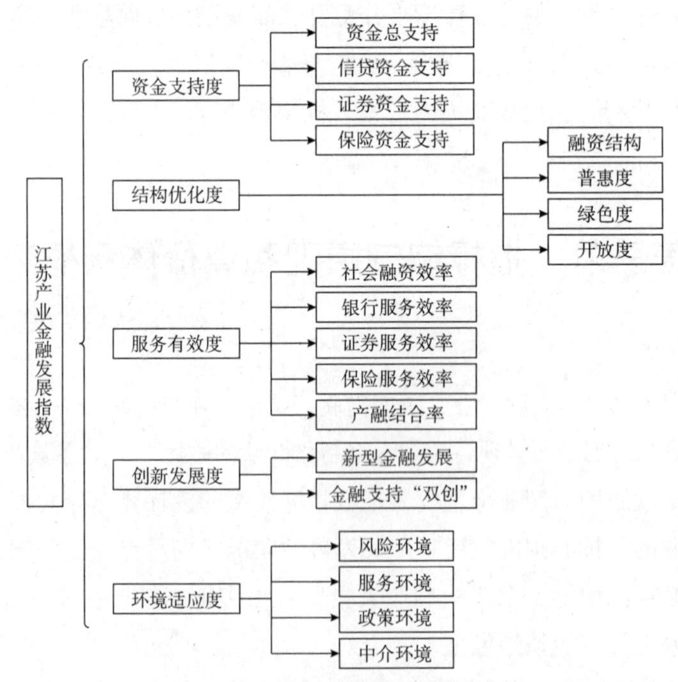

图 2-1　江苏产业金融评价体系框架和维度

第三章　产业金融发展指标体系

产业金融发展的统计评价指标体系的设置是一个系统性的工作，包含指标体系设计层面和数据实现层面等问题，本章主要就有关产业金融发展评价指标体系框架中具体核心指标的选择以及实际计算数据的权重分配来进行详细刻画。

第一节　评价体系框架的核心指标定义

根据产业金融发展的特征与内涵，结合我国产业金融的发展情况，所构建的产业金融发展指数从资金支持度、结构优化度、服务有效度、创新发展度、环境适应度五个维度来考虑，再选取每个维度相关的二级指标来构建起产业金融发展指数评价体系，具体内容如下：

一是资金支持度。该维度下共有 9 个评价指标，主要从资金支持的视角，通过评估全社会融资规模及银行、证券、保险三大行业提供的资金支持状况，综合判断所在地的金融体系对实体经济发展的服务支持状况。具体指标为社会融资规模（增量）与金融机构本外币存款余额之比、人均社会融资规模、全社会固定资产投资额其中来自金融机构贷款占比、非金融企业及机关团体贷款余额与 GDP 之比、人均非金融企业及机关团体贷款余额、非金融企业及机关团体贷款余额发展速度、直接融资（增量）与 GDP 之比、保险深度（年度保费收入/GDP）和商品期货市场年度成交额与 GDP 之比。

二是结构优化度。该维度下共有 5 个评价指标，主要从金融体系为实体经济所提供的资金结构的维度，来综合判断所在地的金融在服务实体经济方面是否符合结构合理性的状况。具体指标为直接融资占社会融资规模（增量）比重、小微企业贷款余额之比、涉农贷款占金融机构本外币贷款余额比重、境外贷款占金融机构本外币贷款余额比重以及私募资金增量占社会融资规模（增量）的比重。

三是服务有效度。该维度下共有 5 个评价指标，主要从金融体系为实体经济所提供服务的效率维度，通过评估融资成本、资本市场发展情况、金融服务中介情况等因素，综合判断和分析所在地的金融服务实体经济的有效性。具体指标为人民币一般贷款加权平均利率、GDP 与全社会融资服务规模（增量）之比、银行业集中度、境内股票融资额与股票市场交易额之比以及保险密度。

四是创新发展度。该维度下共有 4 个评价指标，主要从金融体系为实体经济所提供服务的创新维度，通过评估新兴金融业态和对新兴社会经济活动的支持情况，综合评判当前所在地的金融发展体系的创新发展水平和对实体经济的创新贡献。具体指标包括新增民营银行数量、每百万人口新三板市场挂牌数、创业板上市公司占上市公司比重以及人均私募基金管理规模（实缴）。

五是环境适应度。该维度下共有 5 个评价指标，主要从产业金融发展的外部维度环境维度，通过评估政务效率、金融风险、政策支持与中介发展情况，综合判断当前所在地的宏观经济环境对支持产融结合、引导金融服务实体经济是否起到了正向促进作用，作用机制如何。具体指标包括银行机构不良贷款率、科技支出占财政支出比重、每百万人口注册会计师数、每百万人口执业律师数以及每百万人口资产评估机构数等。

图 3-1 展示了所构建的产业金融发展评价体系的指标构成，共从 5 个维度选取了 28 个指标来反映所在地产业金融的发展状况，每一项指标基本上都选取了相对量来评估，指标均来源于可获得的公开统计数据或第三方权威数据。

- 产业金融发展评价指标体系
  - 资金支持度
    - 社会融资规模（增量）与金融机构本外币存款余额之比
    - 人均社会融资规模
    - 固定资产投资金融机构贷款占比
    - 非金融企业及机关团体贷款余额与GDP之比
    - 人均非金融企业及机关团体贷款余额
    - 非金融企业及机关团体贷款余额发展速度
    - 直接融资（增量）与GDP之比
    - 商品期货市场年度成交额与GDP之比
    - 保险深度（年度保费收入/GDP）
  - 结构优化度
    - 直接融资占社会融资规模（增量）比重
    - 小微企业贷款余额之比
    - 涉农贷款占金融机构本外币贷款余额比重
    - 境外贷款占金融机构本外币贷款余额比重
    - 私募资金增量占社会融资规模（增量）比重
  - 服务有效度
    - 人民币一般贷款加权平均利率
    - GDP与全社会融资规模（增量）之比
    - 银行业集中度
    - 境内股票融资额与股票市场交易额
    - 保险密度
  - 创新发展度
    - 民营银行开办数量
    - 每百万人口新三板市场挂牌数
    - 创业板上市公司占上市公司比重
    - 人均私募基金管理规模（实缴）
  - 环境适应度
    - 银行机构不良贷款率
    - 科技支出占财政支出比重
    - 每百万人口注册会计师数
    - 每百万人口执业律师数
    - 每百万人口资产评估机构数

图 3–1　产业金融发展指数评价体系指标构成

第二节　统计数据收集与处理方法

本书实际收集的数据均来自国家统计局、江苏省统计局、中国人民银行、银保监会、各级地市统计年鉴以及被 Wind 数据库所收录的各级统计部门和专业协会的统计部门等权威领域所发布的数据。本书研究有关处理数据的逻辑如下：

第一步：对数据进行预处理。由于涉及指标较多，部分指标的官方数据并未及时发布或者存在缺失的情况。为此，在进行数据标准化处理之前，通过插值法、平均值法等方式，对所缺失的数据进行了填充，保持了数据的完整性。

第二步：对数据进行标准化处理。选取基准值数据来进行指数化的处理，一般基准值的选取要么是同年份的代表值，要么是确定某个基准年份之后计算指数观察发展趋势。

第三步：对指标进行赋值。本书研究体系指标权重的赋值采取分层赋权的方法，一级指标、二级指标的权重由专家协商确定。在协商过程中，本书课题组找寻了中国社会科学院、南京大学、东南大学、南京农业大学、南京财经大学、安徽财经大学等多个科研院所、高等学校的 20 名专家学者，以及人民银行、银保监会、证监会、金融办等金融监管机构的 10 名工作人员，外加 20 名金融领域的相关人员，共同对权重进行了协商打分，最终一级指标与二级指标的权重赋值如表 3-1 所示。

表 3-1　产业金融发展评级体系一级指标与二级指标的权重分布

序号	一级指标	权重（%）	二级指标	权重（%）
1	资金支持度	20	社会融资规模（增量）与金融机构本外币存款余额之比	2
2			人均社会融资规模	3
3			固定资产投资金融机构贷款占比	2
4			非金融企业及机关团体贷款余额与 GDP 之比	3
5			人均非金融企业及机关团体贷款余额	2
6			非金融企业及机关团体贷款余额发展速度	2

续表

序号	一级指标	权重（%）	二级指标	权重（%）
7	资金支持度	20	直接融资（增量）与GDP之比	2
8			商品期货市场年度成交额与GDP之比	2
9			保险深度（年度保费收入/GDP）	2
10	结构优化度	20	直接融资占社会融资规模（增量）比重	4
11			小微企业贷款余额之比	4
12			涉农贷款占金融机构本外币贷款余额比重	4
13			境外贷款占金融机构本外币贷款余额比重	4
14			私募资金增量占社会融资规模（增量）比重	4
15	服务有效度	20	人民币一般贷款加权平均利率	4
16			GDP与全社会融资规模（增量）之比	4
17			银行业集中度	4
18			境内股票融资额与股票市场交易额之比	4
19			保险密度	4
20	创新发展度	20	民营银行开办数量	5
21			每百万人口新三板市场挂牌数	5
22			创业板上市公司占上市公司比重	5
23			人均私募基金管理规模（实缴）	5
24	环境适应度	20	银行机构不良贷款率	4
25			科技支出占财政支出比重	4
26			每百万人口中注册会计师数	4
27			每百万人口中执业律师数	4
28			每百万人口中资产评估机构数	4

综合指数得分采用百分制，组成综合指数的各维度分项得分满分为20分。

有关全国省域的产业金融发展的实际水平的研究部分，我们采集全国31个省份在2019年的28个指标共868个参与分析的相对数构建起针对省级行政区产业金融发展特征的指数评价体系，由于各个指标均涉及相对指标的计算，所以实际数据涉及的制表位范围更加广泛，所选指标均经过数据处理、标准化和指标赋权以及指数化处理等。其中，在各项指标标准化的基准值选择方面，基本原则为：对于正向指标，选用31个省份中的最大值作为基准值；对于逆向指标，选用该项指标31个省份中的最小值作为基准值。此研究旨在分析江苏产业金融发展在全国区域产业金融发展中的地位。

有关江苏省区域产业金融发展研究的数据年份区间为2015~2019年，涉及31个指标共155个数据，由于基本都是相对数，所有指标均经过预处理、标准化处理、指标赋值、指数化处理等过程。本书指标体系选取2015年的各项指标数据作为指标体系的基准值，即2015年各项指标指数化后的得分汇总为100分。需要注意的是，由于部分统计指标缺乏数据或各年度统计口径不一，本书对2015年部分指标基准值进行了相应调整。在2015年基准值确定的基础上，标准化处理的具体方式为：对于正指标（即越大越好的指标），标准化公式为：指标相对量化值=指标原始值/2015年基准值；对于逆指标（即越小越好的指标），标准化公式为：指标相对量化值=2015年基准值/原始指标值。此项研究旨在分析按照时间顺序得到的总体发展指数，以得到江苏产业金融发展的趋势。

有关对江苏省内13个地市的产业金融发展的分城市横向比较发展研究可以为江苏产业金融的发展状况提供更为全面的展示和参考，在指标评价体系思想层面，分城市产业金融发展指数的指标体系与前面总体产业金融发展指数的指标体系基本一致。但是在具体数据选择和测算比较方法上，选择了一套不同于总体评价的、更加现实可操作的综合评估技术模型来进行研究。此项研究旨在更好地掌握江苏省产业金融的具体发展情况，在总体研究的基础上对江苏各城市的产业金融发展指数进行一定程度的测度。

第四章　全国以及江苏区域产业金融发展评价参考

为了评估 2019 年江苏产业金融融合发展在全国省域和区域中所处的地位，本章运用所选取的产业金融发展评价指标体系的研究框架对全国各省域和区域的产业金融发展做出综合性的研究评价，作为对照江苏产业金融发展的参考，同时客观具体地展现和总结出全国七大区域的产业金融发展的实际水平，可以从中观察到江苏产业金融发展在全国兄弟省份以及华东地区所处的地位。通过对比指标上的差异并进行对比研究，得出对江苏省在未来产业金融发展有所启发的认识。全国区域评价指数包含综合评价和维度评价两个方面。

第一节　全国分区域产业金融发展综合评价

根据图 4-1 的全国分区域产业金融发展综合评价指数显示，2019 年产业金融综合发展水平前十强地区为：北京、上海、广东、浙江、江苏、福建、天津、湖北、重庆和山东。

31 个省级行政区中（不含港澳台地区），得分最高的是北京，为 79.2 分；得分最低的是广西，为 20.5 分，两者相差约 2.9 倍。江苏为 41.1 分，排在全国第 5 位，与广东、浙江、福建和天津处于同一层次，正负差距在 2 分之内。

从得分地域差异来看，产业金融综合得分与区域经济发展水平有较强的相关性。2019 年经济总量进入前 10 位的区域有 6 个省进入前十强，再加上 4 个直辖市构成前十名。

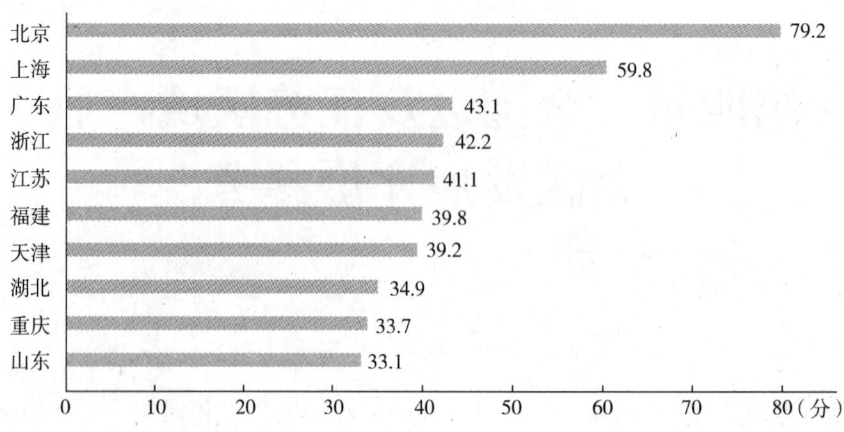

图 4-1　2019 年全国分区域产业金融发展综合评价指数前十名

根据表 4-1 中国产业金融指数分区域评价情况发现：华北地区得分最高的是北京，综合得分 79. 5 分，排在全国第 1 名；天津综合得分 39. 2 分，排在全国第 7 名。华东地区总体经济实力强，进入前十的省份也最多。上海综合得分 59. 8 分，排在全国第 2 名。浙江、江苏、福建、山东分列第 4 名、第 5 名、第 6 名和第 10 名。华中地区得分最高的是湖北，综合得分 34. 9 分，排在全国第 8 名。华南地区得分最高的是广东，综合得分 43. 1 分，排在全国第 3 名，仅次于北京、上海。西南地区得分最高的是重庆，综合得分 33. 7 分，排在全国第 9 名。

第二节　分省域产业金融发展五维度评价

有关中国产业金融发展指数分区域评价情况的数据可以参见表 4-1，其中可见分区域和省份在资金支持度、结构优化度、服务有效度、创新发展度和环境适应度五个方面的得分情况，各维度分项得分满分为 20 分，下面我们分别进行阐述。

表 4-1 2019 年中国产业金融发展指数分区域评价情况

分区域产业金融评价		资金支持度		结构优化度		服务有效度		创新发展度		环境适应度	
		得分	排名	得分	排名	得分	排名	得分	排名	得分	排名
华北	北京	16.17	1	10.47	3	13.94	1	18.99	1	19.58	1
	天津	10.49	4	6.51	9	8.59	8	8.47	6	5.71	7
	河北	7.64	—	5.52	—	7.72	—	3.29	—	3.05	—
	山西	6.90	—	5.05	—	7.94	—	1.49	—	4.21	—
	内蒙古	6.39	—	5.54	—	9.42	4	2.05	—	3.26	—
东北	辽宁	7.59	—	4.35	—	8.18	—	6.77	—	3.70	—
	吉林	7.37	—	3.84	—	7.53	—	4.21	—	3.37	—
	黑龙江	7.01	—	10.43	4	7.05	—	0.99	—	3.03	—
华东	上海	14.31	2	11.12	2	10.91	2	12.59	2	10.89	2
	江苏	9.31	8	6.13	—	7.85	—	11.18	3	6.59	5
	浙江	10.58	3	5.90	—	8.12	—	9.66	5	7.90	4
	安徽	6.96	—	6.35	—	7.41	—	6.64	—	5.05	—
	福建	7.61	—	12.06	1	6.98	—	6.45	—	6.11	6
	江西	7.48	—	7.75	6	6.54	—	7.71	8	3.57	—
	山东	7.51	—	6.37	—	8.24	10	6.05	—	4.18	—
华中	河南	7.11	—	6.43	10	10.02	3	2.12	—	3.30	—
	湖北	7.50	—	5.31	—	9.28	5	7.18	10	5.60	8
	湖南	7.19	—	5.26	—	7.36	—	7.67	9	4.09	—
华南	广东	9.60	6	7.84	5	7.80	—	9.92	4	7.92	3
	广西	5.69	—	5.10	—	6.36	—	0.48	—	2.87	—
	海南	7.73	—	2.78	—	6.50	—	1.76	—	3.87	—
西南	重庆	8.39	9	4.16	—	8.88	6	6.06	—	5.23	10
	四川	7.22	—	6.05	—	8.21	—	8.16	7	4.04	—
	贵州	8.25	10	4.72	—	7.62	—	0.77	—	3.43	—
	云南	7.09	—	5.49	—	7.60	—	1.97	—	3.24	—
	西藏	6.34	—	7.70	7	7.55	—	5.11	—	2.51	—
西北	陕西	6.93	—	6.09	—	8.22	—	2.79	—	4.39	—
	甘肃	8.15	—	5.02	—	7.03	—	1.57	—	2.09	—
	青海	9.50	7	3.70	—	5.50	—	0.22	—	2.61	—
	宁夏	8.21	—	3.92	—	8.72	7	0.58	—	5.45	9
	新疆	9.67	5	6.74	8	8.25	9	1.95	—	3.99	—

注："—"不计名次。

一、分地区资金支持度评价

在资金支持维度，主要从社会融资规模增量与金融机构本外币存款余额之比、人均社会融资规模、固定资产投资金融机构贷款占比、非金融企业及机关团体贷款余额与GDP之比、人均非金融企业及机关团体贷款余额、非金融企业及机关团体贷款余额发展速度、直接融资（增量）与GDP之比、商品期货市场年度成交额与GDP之比、保险深度（年度保费收入/GDP）9项指标来衡量，即从资金总支持、信贷资金支持、证券资金支持、保险资金支持以及民间资本（私募）方面分析中国产业金融区域发展状况。

根据图4-2，2019年产业金融资金支持度得分前十强地区为：北京、上海、浙江、天津、新疆、广东、青海、江苏、重庆和贵州。在全国31个省级行政区中，北京的资金支持度得分最高，为16.17分。江苏省位居第8名，为9.31分，与第三名浙江仅相差1.27分。从第3名开始，各区域密集，分数差异较小。

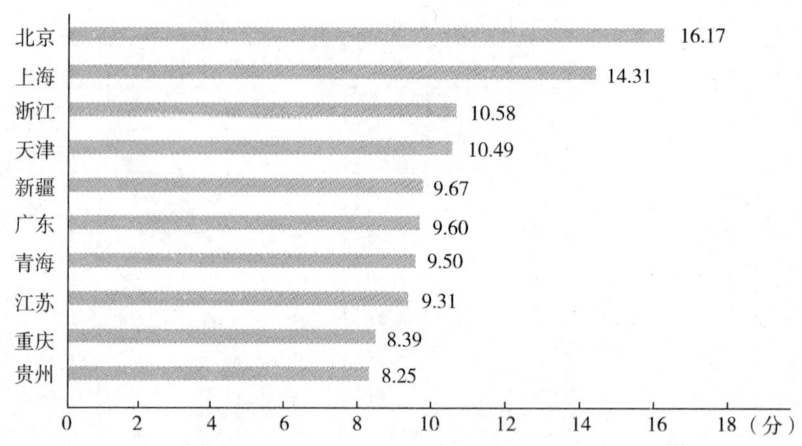

图4-2　2019年分区域资金支持度得分前10名

从得分地域差异来看，产业金融资金支持度得分与区域经济发展水平有较高相关性，同时还与特殊的区域政策有关。可以看到，北京和上海凭借自身作为全国性金融中心的资源禀赋优势，其年度提供的资金支持水平要远超自身地区经济体量所处的地位。同时，经济大省广东、浙江等排名也靠前。值得关注的是部分西部民族区域也靠前，可能享受到国家特殊支持政策的支持。图 4-3 为各省份的资金支持度得分与各省份人均 GDP 的散点图，经简单计算可得到两指标的线性相关系数为 0.448，该系数检验的 p 值为 0.011，存在较为显著的关联性。

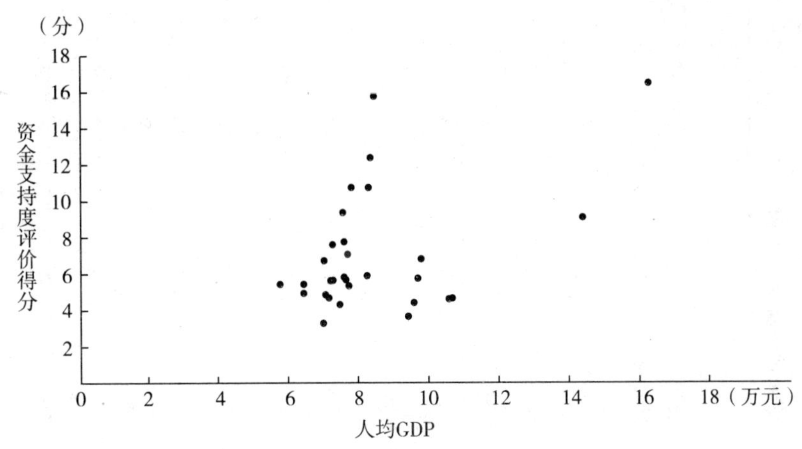

图 4-3 2019 年分地区资金支持度评价得分与人均 GDP 散点图

31 个省级行政区中人均社会融资规模最大的前三个省份是北京、浙江和上海，2019 年三者分别达到了 6.79 万元、3.79 万元和 3.56 万元（见表 4-2）。

对实体企业的信贷支持程度最高的前三个省份是广东、江苏和浙江，其 2019 年人均非金融企业及机关团体贷款余额分别达到 91670 元、88078 元和 70669 元。

从经济规模撬动直接融资视角分析，区域间差异多样化，直接融资（增量）与 GDP 之比新疆最高，其次才是北京，上海、天津、广东略好，其他省份差距不大，表明绝大多数省份对直接融资渠道的利用水平远远不够。当然，这也与 2019 年的国家金融政策有直接关系。

对实体企业的期货支持水平最高的前三个省份则是上海、北京和海南，2019 年三者商品期货市场年度成交额与 GDP 之比分别达到了 33.99、13.92 和 5.41，上海具有绝对优势。

保险业资金支持水平相对较高的前三大省份则是黑龙江、北京和吉林，三者 2019 年保险深度（年度保费收入/GDP）分别为 6.99%、6.0%和 5.8%，区域间

表 4-2　2019 年资金支持度排名前十地区具体指标值

地区	资金支持度排名	社会融资规模（增量）与金融机构本外币存款余额之比	人均社会融资规模（万元）	固定资产投资金融机构贷款占比（%）	非金融企业及机关团体贷款余额与 GDP 之比（%）	人均非金融企业及机关团体贷款余额（万元）	非金融企业及机关团体贷款余额发展速度（%）	直接融资（增量）与 GDP 之比	商品期货市场年度成交额与 GDP 之比	保险深度（年度保费收入/GDP，%）
北京	1	0.09	6.79	0.32	1.57	5.55	1.11	0.21	13.92	6.00
上海	2	0.07	3.56	0.29	1.31	5.00	1.07	0.08	33.99	5.00
浙江	3	0.17	3.79	0.13	1.13	7.07	1.13	0.05	4.38	4.20
天津	4	0.09	1.83	0.18	1.81	2.55	1.04	0.07	1.93	4.38
新疆	5	0.13	0.65	0.13	1.14	1.55	1.09	0.26	0.02	5.00
广东	6	0.13	2.53	0.17	0.85	9.17	1.16	0.05	3.42	5.10
青海	7	0.22	0.04	0.23	1.92	0.57	0.97	0	0.49	3.00
江苏	8	0.15	2.99	0.12	0.88	8.81	1.12	0.03	1.41	4.00
重庆	9	0.15	1.51	0.15	0.97	2.29	1.11	0.01	2.68	4.00
贵州	10	0.20	0.96	0.15	1.16	1.94	1.13	0.02	0.06	2.92

差异与经济规模关系并不显著。

从表 4-2 可知，江苏排名优势不显著的主要原因是非金融企业及机关团体贷款余额与 GDP 之比、直接融资（增量）与 GDP 之比和商品期货市场年度成交额与 GDP 之比三项指标较为滞后相关，明显落后于浙江、广东。

二、分地区结构优化度评价

在结构优化维度，主要由直接融资占社会融资规模（增量）比重、小微企业贷款余额之比、涉农贷款占金融机构本外币贷款余额比重、境外贷款占金融机构本外币贷款余额比重、私募资金增量占社会融资规模（增量）比重 5 项指标来衡量。

图 4-4 统计得出的分地区指数评价显示，2019 年产业金融发展结构优化度得分前十强地区为：上海、西藏、北京、青海、广东、福建、新疆、天津、四川和安徽。31 个省级行政区中（不含港澳台地区），上海的结构优化度得分最高，为 11.99 分。

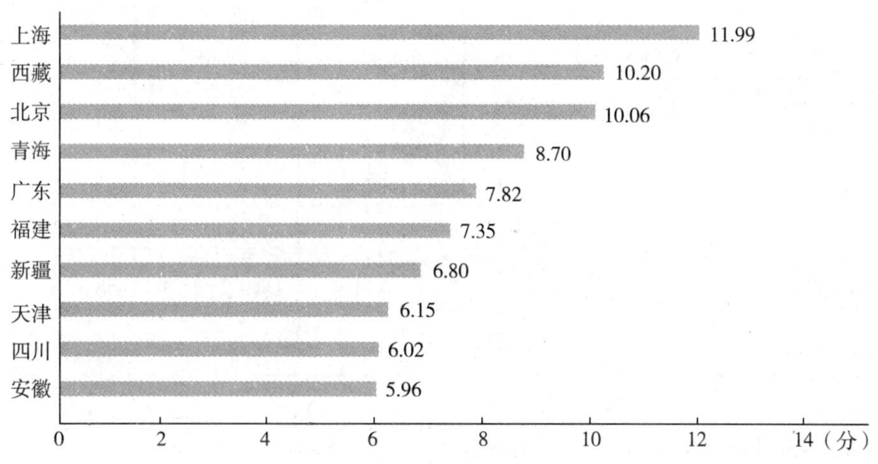

图 4-4 2019 年分区域结构优化度得分前 10 名

从得分的地域差异来看，产业金融结构优化度得分与区域经济发展水平之间相关性不强。可以看到，部分西南、西北地区的省份表现甚至要优于华东地区的部分省份。排名前十的省份中，有 1 个来自西南地区，即西藏，其结构优化度得分达到 10. 20 分，排在全国第 2 名；西北地区的省份占 2 个名额，分别是青海和新疆，分别排在全国第 4 名、第 7 名。

如表 4-3 所示从具体指标表现来看，前十名来自非东部沿海地区的省份中，结构优化度主要体现在贷款投放严格执行国家政策规定以及向社会私募资金上。以西南地区的西藏为例，其 2019 年小微企业贷款余额占比达到了 41. 51%，仅次于福建；而同期西藏的涉农贷款占金融机构本外币贷款余额比重高达 29. 93%，与青海、新疆、安徽、四川等地水平相当。另外，虽然从直接融资对地区经济发展支持来看，直接融资对经济发达地区的支持作用要强于经济欠发达区域，但西藏、青海属于特例，由于享受到了证券行业提供的精准扶贫支持，利用资本市场获取私募资金的便利度要大幅高于其他地区。

表 4-3　2019 年结构优化度排名前十地区具体指标值

地区	结构优化度排名	直接融资占社会融资规模（增量）比重（%）	小微企业贷款余额之比（%）	涉农贷款占金融机构本外币贷款余额比重（%）	境外贷款占金融机构本外币贷款余额比重（%）	私募资金增量占社会融资规模（增量）比重（%）
上海	1	36. 44	26. 69	1. 97	5. 14	38. 95
西藏	2	32. 25	41. 51	29. 93	0. 00	93. 37
北京	3	50. 99	23. 50	4. 50	2. 08	17. 86
青海	4	1. 07	25. 48	33. 38	0. 62	172. 70
广东	5	28. 28	30. 54	8. 15	2. 22	9. 02
福建	6	11. 19	49. 61	25. 77	1. 84	9. 94
新疆	7	8. 64	22. 40	36. 81	2. 45	15. 30
天津	8	34. 32	31. 43	5. 38	0. 14	0. 01
四川	9	17. 73	28. 44	27. 49	1. 13	0. 01
安徽	10	8. 58	54. 13	30. 60	0. 54	0. 01

从私募股权投资市场的发展情况来看，发展不平衡的现象较为突出，就私募资金增量占社会融资规模（增量）比重这项指标而言，全国仅有上海、北京、广东、福建、宁夏、西藏、新疆、浙江超过全国平均水平。其中，上海私募规模增量一家独大，2019 年私募资金与社会融资规模（增量）比重达 38. 95%，虽然青海占比更高，但总量较小。

对比表 4-3 的具体结构优化度数据，江苏排名靠后，主要是直接融资占社会融资规模（增量）比重、境外贷款占金融机构本外币贷款余额比重、私募资金增量占社会融资规模（增量）比重在全国省区市中水平较低所造成的。从各个指标的相关总量数据来看江苏的数据不错甚至很强，但是结构评价看的是相对数，所以江苏在结构优化这一方面都要有所关注和加强。

三、分地区服务有效度评价

分地区服务有效度评价，主要由人民币一般贷款加权平均利率、GDP 与全社会融资规模（增量）之比、银行业集中度、境内股票融资额与股票市场交易额之比和保险密度 5 项指标来衡量，即通过评估各地区的融资成本、地区证券化率以及地方金融服务资源充足性等来评判。

根据图 4-5 统计得出的分地区指数评价显示，2019 年产业金融发展服务有效度得分前十强地区为北京、上海、河南、内蒙古、湖北、重庆、宁夏、天津、新疆和山东。

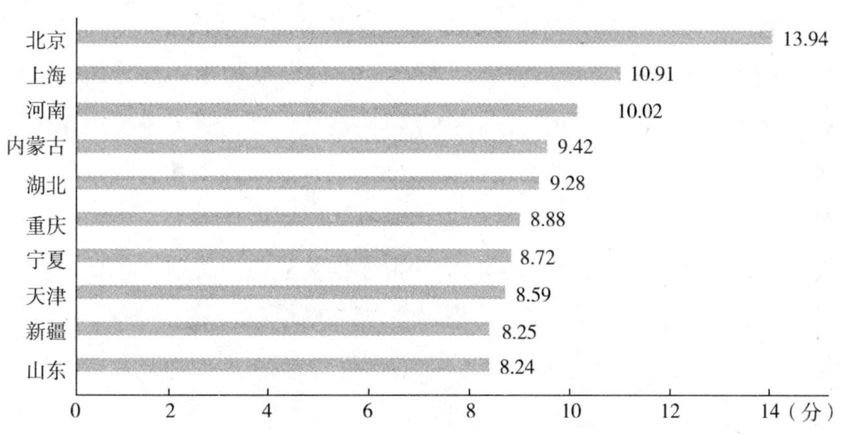

图 4-5　2019 年分区域服务有效度得分前 10 名

从得分值可以看到，各地区产业金融在满足实体经济发展的有效性服务方面是存在差距的，只有北京、上海、河南三地得分超过 10 分。31 个省区市的服务有效度平均得分为 8. 11 分，内部差异不大，与中位数 7. 85 差距较小，说明得分分布对称性较好。大部分省区市只能以较低的服务水平服务于产业金融发展，进一步提升的空间较大。

从分项得分的地域差异来看各地区产业金融服务有效度的表现，经济体量相对较小的中西部地区，其实体经济发展的金融服务需求更容易被满足，产业金融服务有效度就相对更高一些；而东部经济发达地区特别是经济体量规模较大的省份，其产业金融服务的需求越大，有效性越难得到满足。内蒙古、宁夏、新疆等省份经济体量小，其产业发展所需的金融服务需求相对小，再加上国家对其的政策支持和资源倾斜，其服务有效度相对较高。

从具体指标表现来看，31 个省份中，16 个地区的利率水平高于全国平均水平，经相关系数显著性检验，经济规模与利率之间没有规律可循，4 个直辖市资金使用成本相对较低，其他省份与利率之间也都没有规律可循。尽管国家在不断推进利率市场化，但从实际情况来看，各地区资金的利率基本上被控制在国家法定基准利率较小的幅度内上下小幅波动。除西藏外，我国各地区企业融资成本差异并不明显，31 个省区市（不含港澳台地区）2019 年的一般贷款加权平均利率基本维持在 6%上下。西藏地区属于特例，享有国家规定的低利率政策，平均资金成本要低于国家法定基准利率标准 2 个百分点。

利用 GDP 与全社会融资规模（增量）之比可以反映不同区域社会融资服务对经济发展的效益，可以看出辽宁、内蒙古、陕西、海南、安徽、山东、湖北排名靠前，单位融资产出效益超过 5 亿元。经济发达区域效果相对较低，说明资金效用较低，资金的宏观配置应向中西部地区倾斜更为有利。

银行业集中度是反映银行业多元化的重要指标，但银行业集中度与经济多元化似乎没有关联，除西藏集中度高达 88%，属于特殊情况外，北京、上海、天津位居前 2~4 名，沿海发达区域该指标数值同样也较高，中西部人口大省、农业大省该指标数值较低。可能是因为直辖市、经济发达区域投资项目多、收益高，国有大行一致将其作为重点区域进行布局。而且，考虑到国家对西藏等西部欠发达地区的金融扶贫政策支持等因素，未来西藏等西部地区该项指标数值可能还会上升。

境内股票融资额与股票市场交易额之比与经济发展水平有显著关联性，上海、北京、天津、广东、浙江等经济大省占比较高，中西部相对欠发达省区占比较低。江苏仅占 0.39%，不在高水平之列。2019 年，江苏境内融资额只有 600 多亿元，相当于浙江的一半，北京的 1/4。

保险密度可以反映出保险业对产业发展的支持作用，这项指标与经济发展水平有直接关系，经计算，相关性在1%的水平上显著，说明产业发展越好，获得的保险支持越高，欠发达区域水平低，具有较为明显的“马太效应”。

从表4-4排名前十名服务优化度的具体数据可见，江苏仍旧没有进入前十名，未来要查找短板进行提高，例如银行业集中度以及保险密度等指标，需要继续做好服务优化。

表4-4 2019年服务优化度排名前十地区的具体指标值

地区	服务优化度排名	人民币贷款加权平均利率（%）	GDP与全社会融资规模（增量）之比	银行业集中度（%）	境内股票融资额与股票市场交易额之比	保险密度（元/人）
北京	1	4.59	2.42	44.21	0.8087	9640
上海	2	5.40	4.42	42.01	1.1405	7084
河南	3	6.14	4.79	26.00	0.4450	2531
内蒙古	4	6.42	7.54	35.32	0.4530	2874
湖北	5	5.75	5.25	39.00	0.5068	2916
重庆	6	5.36	3.95	25.00	0.0434	2934
宁夏	7	6.16	4.68	41.00	0.1009	2828
天津	8	5.13	4.92	41.00	0.6519	3629
新疆	9	5.59	4.61	39.00	0.1738	2630
山东	10	5.36	5.14	31.17	0.2918	3223

四、分地区创新发展度评价

区域创新发展维度，主要由民营银行开办数量、每百万人口新三板市场挂牌数、创业板上市公司占上市公司比重和人均私募基金管理规模（实缴）4项指标来衡量，即通过评估各地区的支持中小微企业创新成长、推动创新型金融业态发展等角度来评判。

图4-6统计得出的分地区指数评价显示，2019年产业金融创新发展度得分前十强地区为北京、上海、江苏、广东、浙江、天津、四川、江西、湖南和湖北。可以看到，31个省份在创新发展度方面的差异巨大，两极分化严重。31个省级行政区中（不含港澳台地区），北京创新发展度得分最高，为18.99分；青

海得分最低，为0.22分，两者相差85倍。这跟我国经济发展的结构影响创新发展有很大关系。

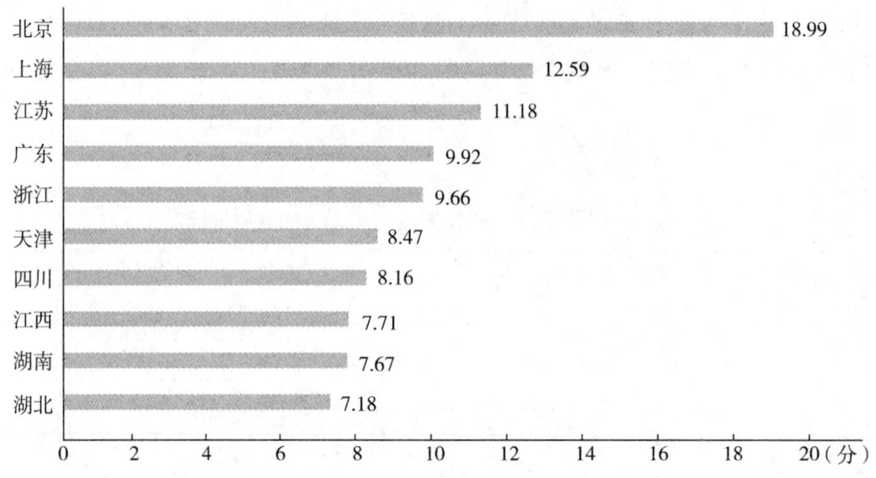

图4-6　2019年分区域创新发展度得分前10名

从分项得分的地域差异来看，产业金融的创新活动和支持主要集中在我国沿海经济发达地区和部分中西部经济大省，西部省份的产业金融创新发展支持基本可以忽略不计。首先是近几年部分省份陆续有民营银行挂牌成立，具有较为严格的设立标准，截至2019年有16个省市设立民营银行，主要集中在4个直辖市、华东各省，东北、华中部分省以及西南地区的四川，西北地区是空白。其中，江苏、浙江和广东三省均有2家获批。截至2019年底，从绝对指标来看，来自广东的新三板挂牌公司数最多，达到了1878家，但是通过计算每百万人口新三板市场挂牌数，广东不再居首位；从绝对指标来看，北京紧随其后达到了1617家，但是从相对指标来看，北京以75.12家居首位；最后重点看江苏，在新三板挂牌公司总数上达到了1390家，在绝对指标上落后于广东和北京，但是从每百万人口新三板挂牌数来看，仅仅小于北京，从相对指标来看优于广东。相对来说，西部地区省份由于经济体量较小，企业整体发展水平和发展质量均明显不足。

另外，扶持中小企业，尤其是高成长性、创新性企业的创业板上市公司，对创新起到积极推动作用。截至2019年，各省区市创业板上市公司占上市公司比重仍呈现沿海经济发达区域占优的格局，江苏、北京、广东、四川、湖南、江西、浙江7省市占比超过20%，江苏最高达到31%。经济相对欠发达的西部地区，上市公司数量少、比重低。

北京、上海和广东三地在私募基金发展领域大幅领先于全国其他地区，截至2019年底，三者的私募基金管理规模（实缴）均超过了2万亿元，其中北京、上海超过3万亿元。江苏只有7306亿元，排在浙江之后，居第5位。但经过人口平均后，有一定变化。北京、上海十分突出，人均超过10万元，第3名是西藏，为7.9万元。再依次是天津、广东、浙江，江苏列第7名，人均为0.9万元。东北、西北地区私募人均水平较低。

如表4-5所示，江苏在此分项排名回归总体排名的阶段显露出与其经济发展体量相符的得分，由于江苏地处东部地区，金融创新活动较为活跃，因而在这一维度取得了明显的优势。尤其是在一些类似民营银行政策数量方面以及创业板和新三板方面，都对江苏得分助益良多。

表4-5　2019年创新发展度排名前十地区的具体指标值

地区	创新发展度排名	民营银行开办数量（个）	每百万人口新三板市场挂牌数（个）	创业板上市公司占上市公司比重（%）	人均私募基金管理规模（实缴）（万元）
北京	1	1	75.12	31	15.12
上海	2	1	29.45	16	12.45
江苏	3	2	13.26	31	0.91
广东	4	2	7.20	29	2.25
浙江	5	2	10.79	20	2.11
天津	6	1	10.37	15	4.19
四川	7	1	3.25	24	0.23
江西	8	1	3.44	21	0.33
湖南	9	1	2.57	21	0.09
湖北	10	1	5.30	17	0.25

五、分地区环境适应度

创新发展维度主要由银行机构不良贷款率、国家财政科技支出占总支出比重、每百万人中注册会计师数、每百万人口中执业律师数、每百万人口中资产评估机构数5项指标来衡量，即通过评估各地区的风险状况、政府支持力度以及中介配套环境等来评判。

从图4-7可以看到，北京一枝独秀，接近满分；位居第二位的上海只有不到11分。其他29个省份在环境适应度方面的差异并不那么显著，31个省份整体在环境适应度方面均有一定的基础条件。

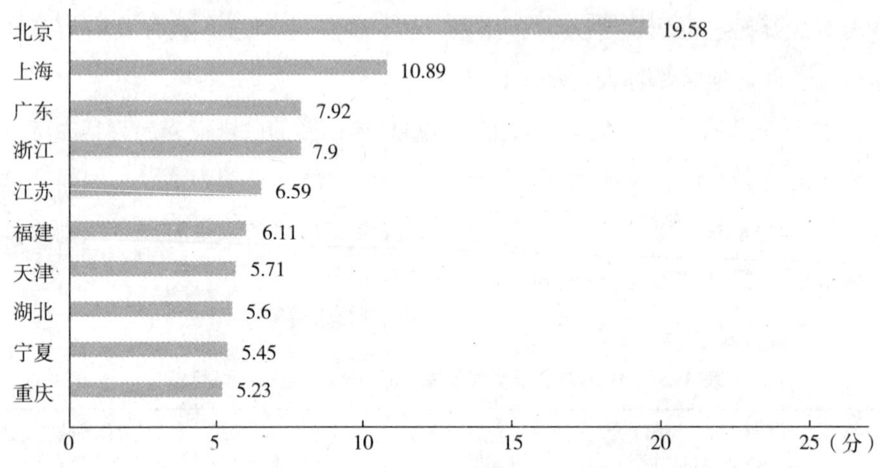

图4-7　2019年分区域环境适应度评价得分前10名

从分项得分的地域差异来看，产业金融发展外部环境相对较优的地区依然主要集中在我国东部经济发达地区，东北、西部及部分中部地区省份则表现得相对差一些。

根据各地区区域金融运行报告显示，2019年各地区的银行不良贷款率整体略微上升，31个省份中有一半左右地区的不良贷款率超过2%，最低的是北京，仅有0.55%。北京、浙江和上海无疑是地方金融风险防控最为优秀的地区，三者不良率均不足1%。

科技投入占比高，意味着建立创新型国家的战略和未来经济发展有直接关系，有助于为产业金融发展营造良好的发展环境。从国家财政支出中科技占比来看，经济发达区域占比较高，广东、北京和上海位居前3名。江苏省排在第5

名，安徽省以4.39%位居第4名。

专业中介机构总量主要计算了会计师事务所、律师事务所和资产评估机构的数量。传统经济发达地区的专业中介服务机构总量也要更多一些，截至2019年底，每百万人口中，北京专业中介机构从业人员和机构数量均居全国第1名，且首位度非常显著。接着是上海、天津、浙江和广东。

如表4-6所示，江苏所处分项得分地位与总体产业金融发展地位相符。产业金融环境适应度方面明显体现出东部地区的优势，东部地区不论在财政支出、科技研发，还是银行管理和专业技术人才方面都表现出极大的优势，但江苏在这一维度仍低于北京、上海、广东和浙江。

表4-6 环境适应度排名前十地区的具体指标值

地区	排名	得分值	银行机构不良贷款率（%）	国家财政支出中科技占比（%）	每百万人口中会计师数（人）	每百万人口中律师数（人）	每百万人口中资产评估机构数（个）
北京	1	19.58	0.55	6.69	614	1614	13
上海	2	10.89	0.93	5.71	280	1092	3
广东	3	7.92	1.20	7.47	87	425	2
浙江	4	7.90	0.91	4.33	113	515	4
江苏	5	6.59	1.04	4.31	70	377	3
福建	6	6.11	1.09	2.62	73	332	5
天津	7	5.71	2.29	3.04	128	523	3
湖北	8	5.60	1.30	3.86	74	242	3
宁夏	9	5.45	1.10	3.15	38	388	2
重庆	10	5.23	1.12	1.64	67	367	3

江苏产业金融发展情况与全国产业金融的总体发展情况息息相关，通过对全国分区域产业金融发展研究评价，能够更好地帮助江苏发掘优势、总结不足，得出在国内产业金融发展的具体定位。通过本节研究发现，从总体评价可以看出，江苏产业金融发展在全国地位基本处于第一梯队，从维度评价来看，江苏在资金支持、创新发展和环境适应等维度具有一定的优势，但是在结构优化和服务优化

维度则仅处于中间水平，未来仍有很大的进步空间。

以上是关于全国分省域产业金融发展的评价。但江苏产业金融发展毕竟具有自身发展的规律，接下来我们建立 2015~2019 年产业金融发展综合指数的时间序列来对江苏的产业金融发展趋势进行更加深入细致的评价。

第三节　江苏产业金融发展的综合研究

按照产业金融发展指数评价体系的数据收集情况尽最大努力构建江苏产业金融发展综合评价的指数指标，除了总量指数以外，还可以划分为以下五个维度，分别是资金支持度、结构优化度、服务有效度、创新发展度和环境适应度。按照这五个维度收集数据（涉及计算指标较多以及年份较长，部分统计数据已有变更，因此一些数据采取插值法和替换法来补齐），通过一系列相关指标数据得到有关总体和维度的指数，再分别从各个维度下的指标根据其内涵再进行指标的分项剖析，从而在整体上把握从 2015 年（基期）至 2019 年这一时间区间的江苏产业金融发展的状况。

一、总体得分

江苏产业金融发展的总得分如表 4-7 所示，呈现逐步升高趋势。自 2015 年以来，江苏产业金融发展总体态势向好，但增速不稳定。2016 年增幅超过 10%，后来持续降低，2018 年受大环境影响较大，但 2019 年增速回落，仅为 2.95%。由图 4-8 可见，江苏产业金融发展指数的增幅存在不稳定的波动现象。2019 年得分较上年增加 3.46 分，增长态势放缓。

表 4-7　2015~2019 年江苏产业金融发展指数

年份	2015	2016	2017	2018	2019
指数（分）	100	115.56	121.77	117.14	120.60
增长率（%）	—	15.56	5.37	-3.80	2.95

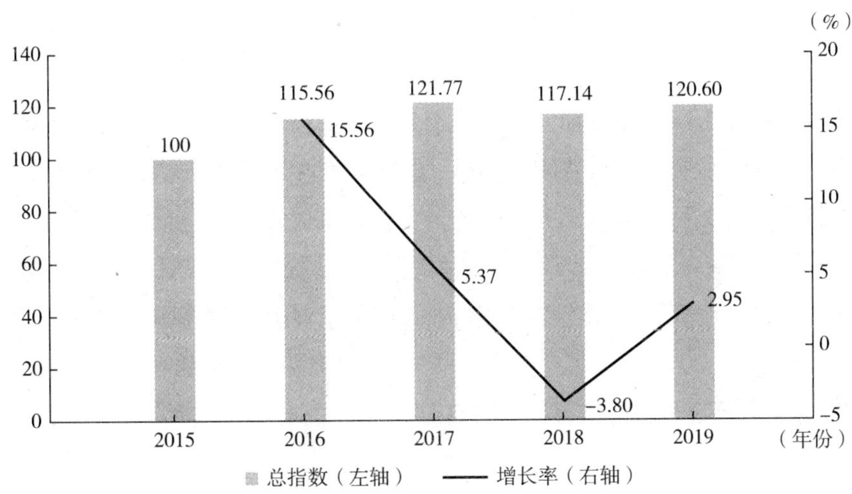

图 4-8　2015~2019 年江苏产业金融发展指数

图 4-9 为 2015~2019 年江苏产业金融发展指数结构，可以看出，江苏省结构优化度与服务有效性表现不佳，对总体正向得分产生削减作用。

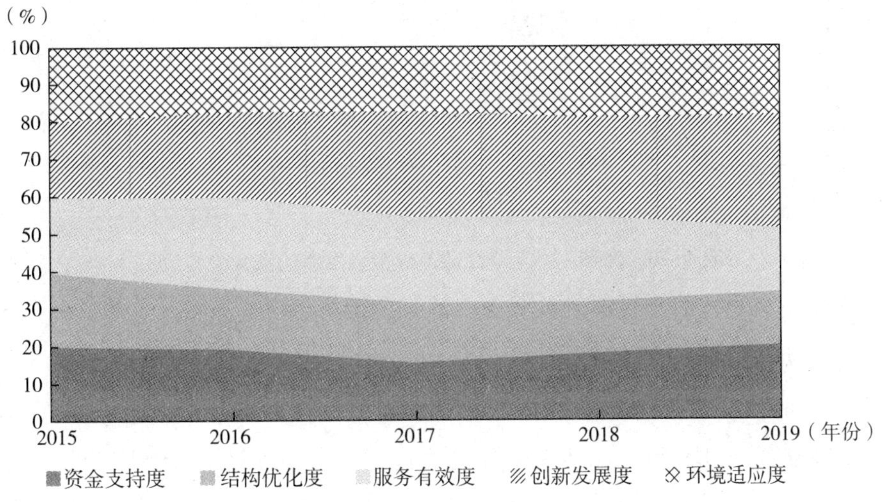

图 4-9　2015~2019 年江苏产业金融发展指数结构

二、资金支持度

资金支持度为一级指标项，下面详细分项为资金总支持、信贷资金支持、证券融资支持和保险资金支持等剖析项目，共涉及 9 项具体二级指标。通过该维度项下的指标评价，可以衡量江苏金融业对实体经济的资金支持总体情况。

（一）分项评价概况

从资金支持度分项的历年评分来看，2019 年得分继续呈现逐步增加态势，如图 4-10 所示。2019 年江苏产业金融的资金支持度年度得分较上一年度得分增加 2.56 分，并且已经高于 2016 年的得分水平，说明资金支持这一项江苏态势良好。

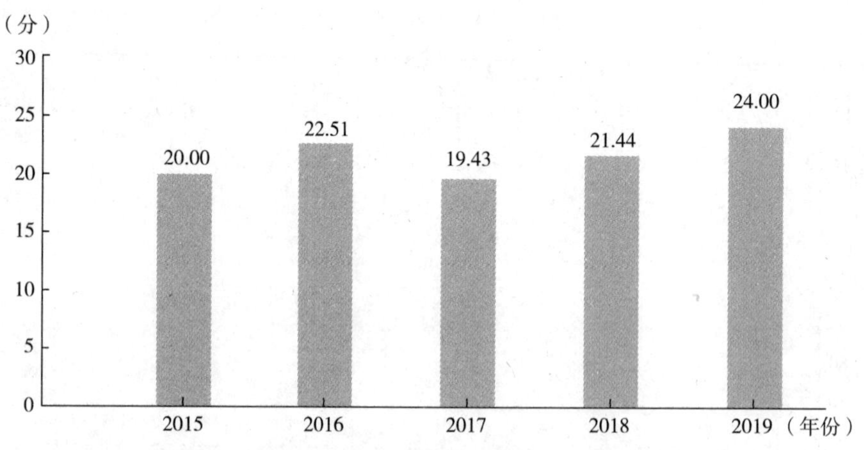

图 4-10　2015~2019 年江苏产业金融发展的资金支持度

2019 年江苏资金支持度分项的得分增长贡献主要来自信贷资金支持、保险资金支持和资金总支持 4 个方面，涉及 9 个二级指标，如图 4-11 所示。在信贷资金支持方面，2019 年，江苏当年社会信贷类融资规模继续较快增长，达到了 17561 亿元，较上年增长 43.6%，是当年 GDP 增量的 1.8 倍；保险资金支持较上年增加 0.4 分。在资金总支持方面，2019 年江苏社会融资规模（增量）达到 24103 亿元，较上年增长 36.2%。

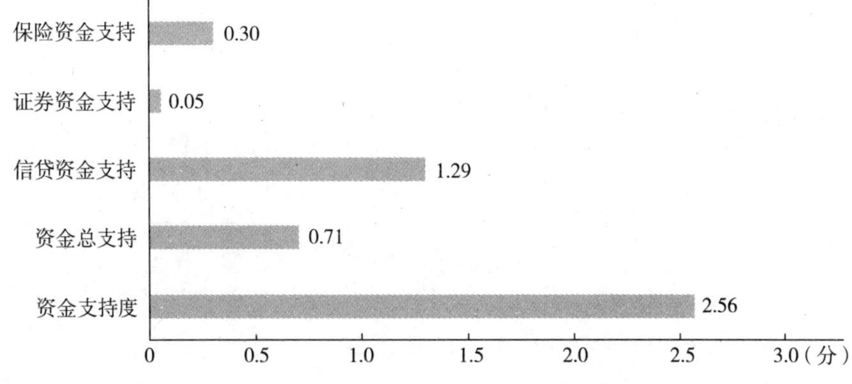

图 4-11 2019 年江苏资金支持度各方面得分变化

从构成资金支持度的四个方面得分变化来看，如表 4-8 所示，信贷资金支持得分 2019 年提升幅度最大，占全部提升贡献额的 50.4%。资金总支持这一分项得分在 2017 年短暂下降后，2018~2019 年持续提升，得分增加 0.71 分。保险资金支持得分 2019 年小幅回升，与 2018 年持平。在证券资金支持方面，直接融资规模跑赢了地区生产总值，2019 年得分同比增加 0.05 分。

表 4-8 2015~2019 年资金支持度得分情况 单位：分

指标 \ 年份	2015	2016	2017	2018	2019
资金支持度	20.00	22.51	19.43	21.44	24.00
资金总支持	7.00	9.68	7.30	8.91	9.62
信贷资金支持	7.00	7.94	7.58	7.45	8.75
证券资金支持	4.00	4.91	2.21	3.06	3.11
保险资金支持	2.00	2.53	2.86	2.56	2.86

（二）进一步细分项评价

1. 资金总支持

用资金总支持这一项衡量实体经济从全社会获取的资金支持情况，由社会融资规模（增量）与金融机构本外币存款余额之比和人均社会融资规模两项相对指标进行评价，如表 4-9 所示。

表 4-9 2015~2019 年江苏资金总支持具体指标值

具体指标 \ 年份	2015	2016	2017	2018	2019
社会融资规模（增量）与金融机构本外币存款余额之比（%）	10.56	13.34	11.31	15.29	15.34
人均社会融资规模（亿元/万人）	1.43	2.1	1.9	2.2	2.99

社会融资规模（增量）逐年增长，这与江苏经济平稳发展的态势基本一致。2019 年，江苏社会融资规模（增量）达到了 24103 亿元，占当年金融机构本外币存款余额的 15.34%，社会融资规模（存量）已经大于金融机构本外币存款余额。受国内外部环境影响，投资需求逐渐减缓，固定资产投资增速持续下降。2019 年全年人均社会融资规模较高，说明应加快实现消费内循环。同时，为适应经济结构转型升级和高质量发展的需要，江苏需要大力改善营商环境，持续推进新旧动能转换，以更好地满足市场的有效需求。

2. 信贷资金支持

信贷资金支持用来衡量银行业金融机构对实体经济的资金支持力度，由非金融企业及机关团体贷款余额与 GDP 之比、人均非金融企业及机关团体贷款余额、全社会固定资产投资额中来自金融机构贷款占比和非金融企业及机关团体贷款余额增速 4 项相对指标进行评价，如表 4-10 所示。

表 4-10 2015~2019 年江苏信贷资金支持具体指标值

具体指标 \ 年份	2015	2016	2017	2018	2019
非金融企业及机关团体贷款余额与 GDP 之比（%）	86.59	86.23	82.55	82.73	88.40
人均非金融企业及机关团体贷款余额（亿元/万人）	7.61	8.20	8.83	9.75	10.91
全社会固定资产投资额中来自金融机构贷款占比（%）	12.52	12.94	12.78	11.20	11.96
非金融企业及机关团体贷款余额增速（%）	11.42	9.06	8.25	10.77	12.20

2016~2018 年，虽然社会信贷类融资增量继续扩大，但明显低于同期 GDP 增量规模，使得非金融企业及机关团体贷款余额与 GDP 之比在 2016 年之后逐渐呈递减态势，信贷资金对实体经济的支持力度有一定程度的减弱。但 2019 年情况出现转机，社会融资增量增速快于 GDP 增量，从而扭转了下降局面。

非金融企业及机关团体贷款余额增速在回落到2017年的相对低点后，2018年止住下跌，2019年占比有显著提升。图4-12为2015~2019年江苏非金融机构贷款余额和GDP的发展趋势。

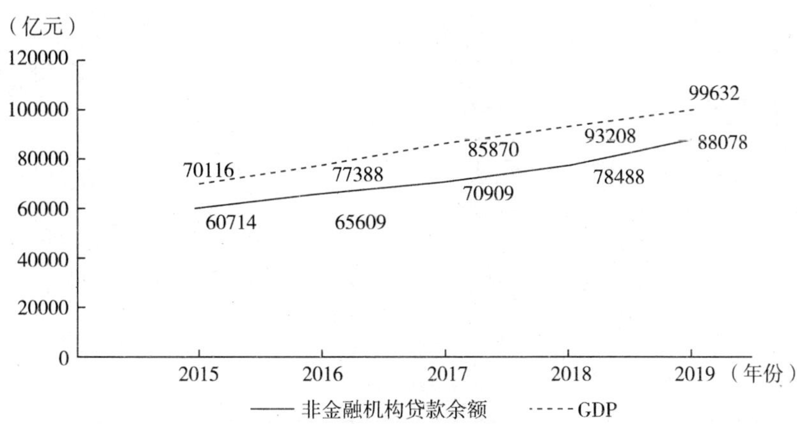

图4-12　2015~2019年江苏信贷资金对企业支持情况变化

3. 证券资金支持

证券资金支持用来衡量证券业金融机构对实体经济的资金支持情况，具体由相对指标直接融资（增量）与GDP之比、商品期货市场年度成交额与GDP之比进行评价，如表4-11所示。

表4-11　2015~2019年江苏证券资金支持具体指标值　　单位：%

具体指标＼年份	2015	2016	2017	2018	2019
直接融资（增量）与GDP之比	4.46	6.38	1.47	3.08	3.44
商品期货市场年度成交额与GDP之比	1.81	1.85	1.40	1.51	1.41

由表4-11可知，证券资金对实体经济的支持表现并不稳定，最能直观反映证券资金对实体经济支持的直接融资规模在2017年出现大幅下降，在2018~2019年有所回升。2017年直接融资（增量）与GDP之比较上年下降了4.91个百分点，2019年虽然比2017年回升近2个百分点，但仍不及2015年的水平。主

要原因是2017年市场资金成本有所抬升，债券市场波动较大，股票市场表现整体平淡，而定向增发等监管政策趋严，直接影响了直接融资规模。

图4-13是2015~2019年江苏直接融资规模的变化情况。

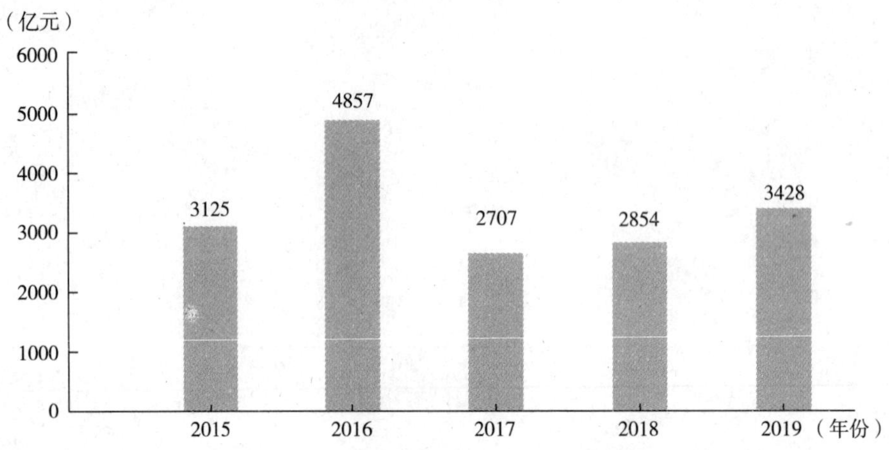

图4-13　2015~2019年江苏直接融资规模变化

另外，值得关注的是，如表4-11所示，商品期货市场年度成交额在经历了连续提升后，2017年交易额明显萎缩，目前仍在较低水平徘徊。

4. 保险资金支持

作为市场的主要参与者之一，保险资金在稳定市场方面起着重要的作用，也被看作资本市场上的压舱石。保险资金支持用来衡量保险业金融机构对实体经济的资金支持情况，由相对指标保险深度来评判，如表4-12所示。

表4-12　2015~2019年江苏保险资金支持具体指标值

具体指标＼年份	2015	2016	2017	2018	2019
保险深度（%）	2.80	3.54	4.00	3.58	4.00

2015~2017年，伴随着保险业的持续高速增长，保险资金支持的力度继续稳步提高，保险对全社会经济发展所起到的支持作用十分明显，2017年江苏省保

险深度达到 4.00%，但 2018 年下滑到 3.58%，2019 年又恢复到 4.00%，这主要是由于经济下行，地区生产总值增速进一步放缓所致。

三、结构优化度

结构优化度为一级指标，下面的详细分项为投向结构、普惠度、开放度共计 3 个方面 5 项二级指标。通过该维度项下的指标评价，意在反映江苏金融服务实体的融资结构特点、服务产品特点等。

（一）分项评价概况

如图 4-14 所示，从 2015~2019 年江苏结构优化度分项的历年评分来看，自 2015 年以来，整体得分低于 2015 年，2018 年大幅下降，2019 年虽较上一年得分增加 1.16 分，但距离 2015 年的水平尚有 2.66 分的差距。这说明资金投向的调整有难度，结构优化任重道远。

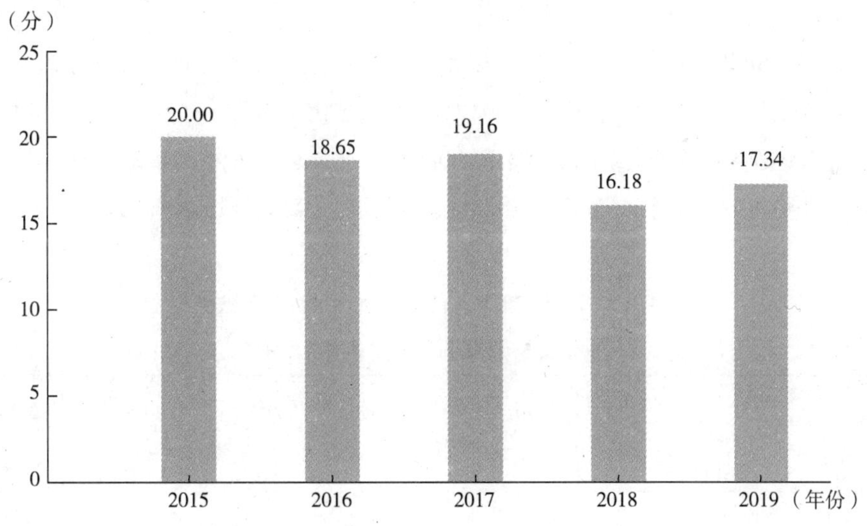

图 4-14　2015~2019 年江苏产业金融发展指数在结构优化度分项评分

从结构优化度的各分项得分变化来看，如图 4-15 所示，江苏金融服务普惠度得分在 2015~2017 年连续缓慢增长后在 2018 年下降。金融服务的投向结构和开放度得分呈现降低趋势，表明江苏在这两个领域的优化改善成效不如预期理想。

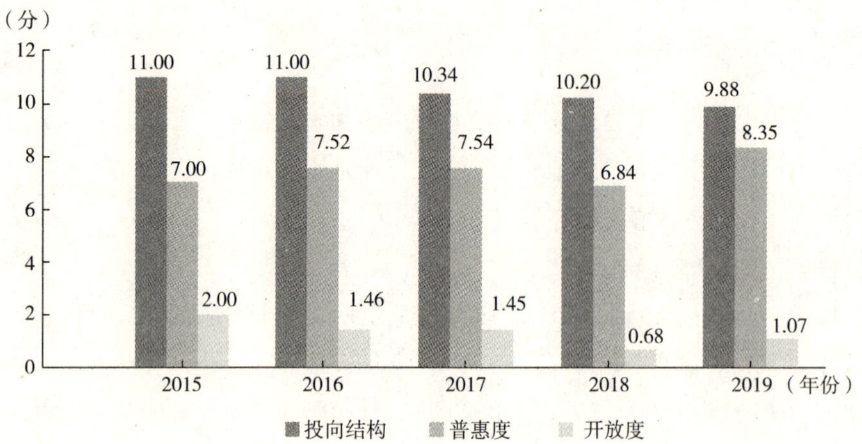

图 4-15　2015~2019 年江苏产业金融指数结构优化度分项下各二级指标得分

2015~2019 年江苏产业金融发展指数结构优化度及分项下二级指标得分情况可见表 4-13。从年度变化来看，2019 年结构优化度分项得分有一定幅度增加。其中，投向结构继续缓慢下跌，体现在制造业投入增速下降，房地产业投入增速略高。普惠度得分有较大幅度上升，主要是小微贷款大幅增加所致。

表 4-13　2015~2019 年江苏产业金融发展指数结构优化度及分项下二级指标得分情况

指标＼年份	2015	2016	2017	2018	2019
结构优化度	20. 00	18. 65	19. 16	16. 18	17. 34
投向结构	11	11. 00	10. 34	10. 20	9. 88
普惠度	7	7. 52	7. 54	6. 84	8. 35
开放度	2	1. 46	1. 45	0. 68	1. 07

图 4-16 是关于结构优化度各分项年度得分变化，开放度得分减少势头得到初步控制，2019 年增加 0. 39 分。

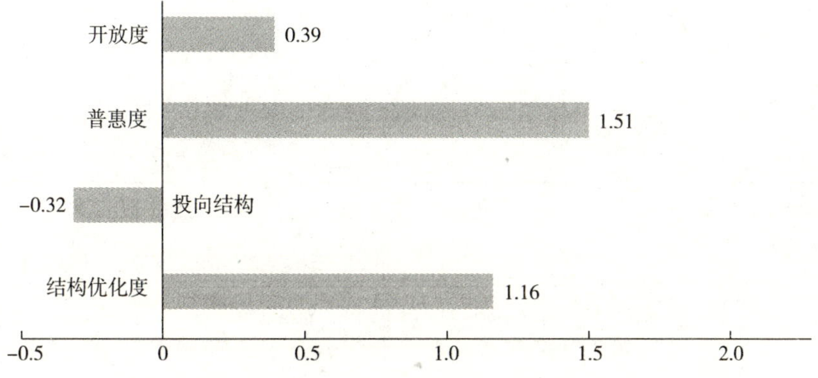

图 4-16 江苏产业金融发展指数结构优化度各方面年度得分变化

（二）进一步细分项评价

1. 投向结构

投向结构反映了资金投向，由直接融资占社会融资规模（增量）比重以及私募资金（增量）占社会融资规模（增量）比重两个二级指标来进行评价，如表 4-14 所示。

表 4-14 2015~2019 年江苏产业金融发展指数融资结构项下具体指标值

单位：%

具体指标 \ 年份	2015	2016	2017	2018	2019
直接融资占社会融资规模（增量）比重	27.43	28.98	17.76	16.13	14.22
私募资金规模（增量）占社会融资规模（增量）比重	5.68	3.91	6.89	6.33	4.28

自 2017 年起，直接融资占社会融资规模（增量）比重有了较大幅度下降，2019 年直接融资总规模增加了 500 多亿元，但其占比却比 2018 年下降了近 2 个百分点。私募资金规模在 2017~2018 年达到一个很高的程度，现在有“退热”的现象。

2. 普惠度

普惠度反映的是金融机构对小微企业、“三农”的金融支持力度，由小微企业贷款余额占企业贷款余额比重和涉农贷款占金融机构本外币贷款余额比重两个相对指标进行评价，如表 4-15 所示。

表 4-15　2015~2019 年江苏产业金融发展指数普惠度项下具体指标值

单位：%

具体指标＼年份	2015	2016	2017	2018	2019
小微企业贷款余额占企业贷款余额比重	19.02	23.54	24.21	22.04	33.29
涉农贷款占金融机构本外币贷款余额比重	32.03	30.44	29.81	26.98	24.79

近年来，江苏金融业对小微企业、农业的资金投入是增加的，特别是 2019 年小微企业贷款取得突破性进展，贷款占比提升 11.25 个百分点，说明国家出台一系列支持小微企业贷款的政策措施见到实效。但与非农行业相比，涉农贷款存在着惜贷现象，2019 年占比与 2018 年相比下滑 2.19 个百分点，力度明显不足。

有关普惠度分项指标中关于小微贷款和涉农贷款的具体数据图可以参见图 4-17，可以看出普惠金融关于小微贷款发展趋势一直存在良好发展态势，涉农贷款虽然绝对额度在增加，但是贷款比例存在下滑趋势。

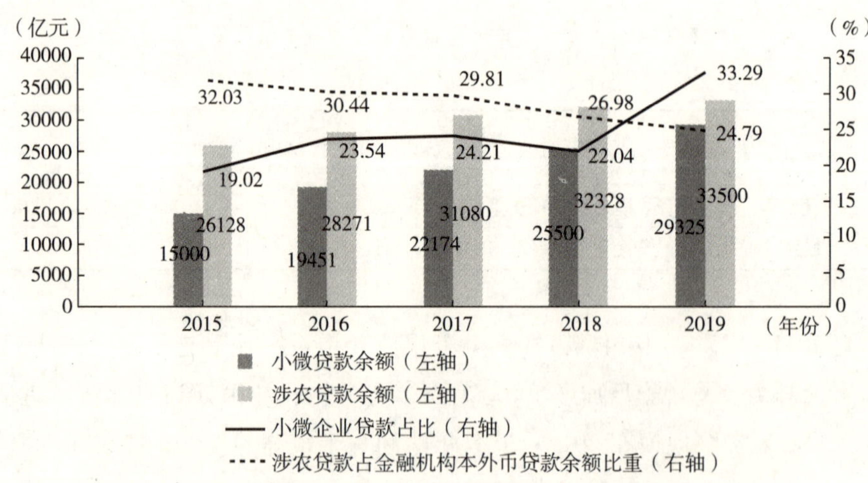

图 4-17　2015~2019 年江苏小微企业贷款和涉农贷款相关指标变化

3. 开放度

开放度反映的是向境内贷款的情况，由相对指标境外贷款占金融机构本外币

贷款余额比重进行评价，如表 4-16 所示。

表 4-16　2015~2019 年江苏产业金融发展指数开放度分项下具体指标值

具体指标 \ 年份	2015	2016	2017	2018	2019
境外贷款占金融机构本外币贷款余额比重（%）	0. 31	0. 22	0. 22	0. 21	0. 17

2015~2019 年，江苏省境外贷款余额由 250. 35 亿元降至 223 亿元，占金融机构本外币贷款余额比重也由 0. 31%降至 0. 17%。

四、服务有效度

服务有效度为一级指标项，从社会融资效率、银行服务效率、证券服务效率 3 个视角共计 5 项二级指标反映。通过该维度项下的指标评价，可以衡量江苏产业金融发展过程中的服务有效性和服务效率。

（一）分项评价概况

如图 4-18 所示，从服务有效度分项的历年评分来看，江苏产业金融的服务有效度得分有提高，但年度间不平衡，2019 年仅为 20. 66 分，较上年有较大幅度下降，这主要是受国家政策调控影响，2019 年股票债券融资规模只有上年的 60%。

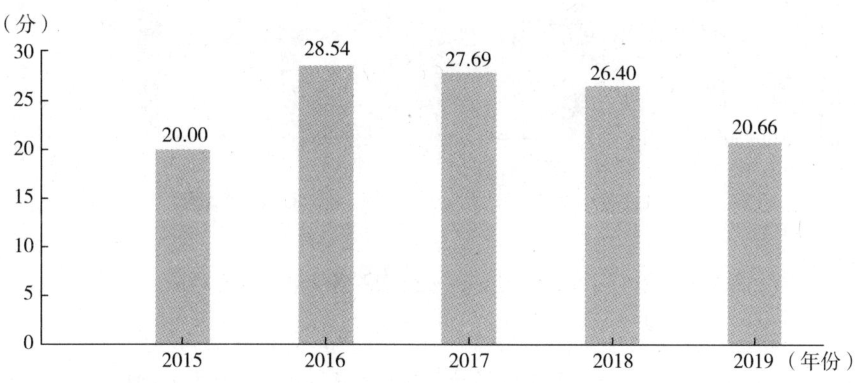

图 4-18　2015~2019 年江苏产业金融服务有效度方面的分项评分

如表 4-17 所示，从构成产业金融服务有效度的三个方面得分来看，银行服务效率和证券服务效率均有提高。然而，社会融资效率的得分不甚理想，2018~2019 年出现下降趋势。

表 4-17　2015~2019 年江苏产业金融发展指数服务有效度各方面得分情况

单位：分

指标＼年份	2015	2016	2017	2018	2019
服务有效度	20.00	28.54	27.69	26.40	20.66
社会融资效率	10.00	8.87	9.44	8.92	8.29
银行服务效率	5.00	5.09	5.18	5.49	5.30
证券服务效率	5.00	12.61	6.53	16.19	9.11

如图 4-19 所示，银行服务效率相对较为稳定，而证券服务效率呈现一定程度的反复波动。

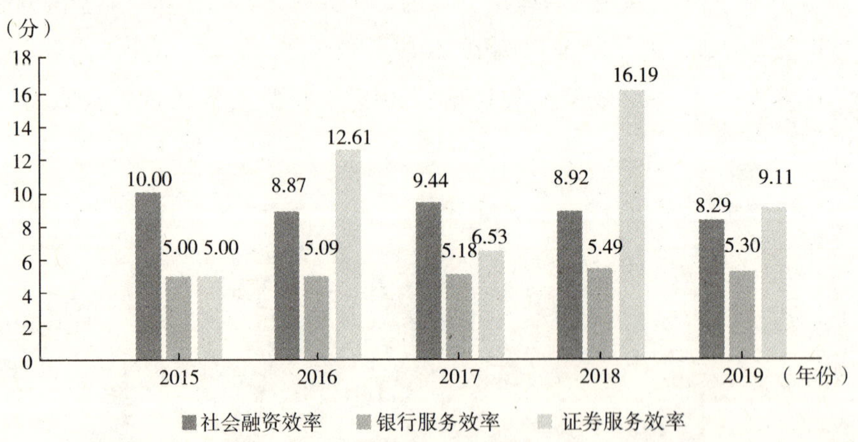

图 4-19　2015~2019 年江苏产业金融服务有效度得分构成变化

2019 年，江苏产业金融服务有效度出现大幅下滑，见图 4-20，主要由证券服务效率主导，社会融资效率、银行服务效率也出现小幅下降。

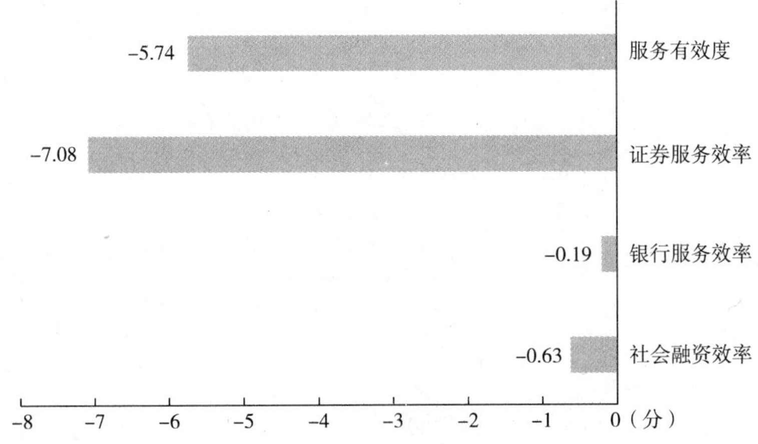

图 4-20 2019 年江苏产业金融发展指数服务有效度各分项得分变化

（二）进一步细分项评价

1. 社会融资效率

社会融资效率反映了实体企业从金融系统获取资金的成本和产出效率，由人民币一般贷款加权平均利率和 GDP 与全社会融资规模（增量）之比两项指标进行评价，如表 4-18 所示。

表 4-18 2015~2019 年江苏产业金融发展指数社会融资效率项下具体指标值

具体指标 \ 年份	2015	2016	2017	2018	2019
人民币一般贷款加权平均利率	5.64	5.44	5.80	6.01	5.72
GDP 与全社会融资规模（增量）之比	6.15	4.54	5.64	5.23	4.13

长期来看，江苏实体企业的在正规金融部门融资成本一直在 5.4%~6.0%波动，如图 4-21 所示，在 2018 年达到 6.01%的高点后，2019 年回落了 0.29 个百分点，这与国家大力推进供给侧结构性改革有直接关系。

另外，GDP 与全社会融资规模（增量）之比在 2016 年达到相对低点后，2019 年又进一步下跌，总体从 2015 年的 6.15 高位下降至 2019 年的 4.13。这反映出社会融资规模增量的支持效率有所下降，2019 年每 1 个单位的社会融资规模增量，可有效支持 4.13 个单位的 GDP。

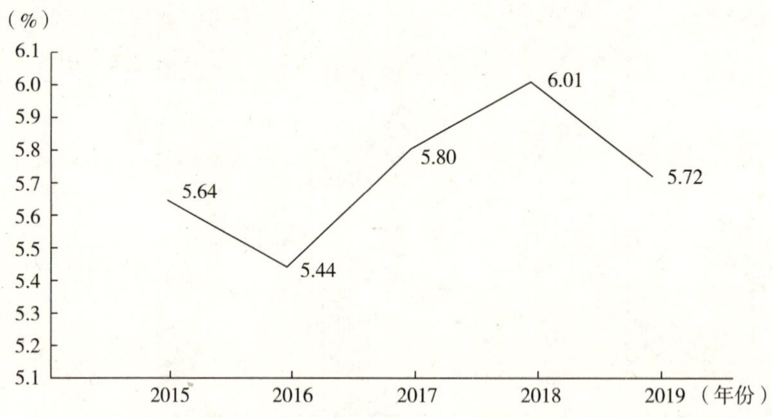

图 4-21　2015~2019 年江苏人民币一般贷款加权平均利率变化

2. 银行服务效率

银行服务效率指标由银行业集中度进行评价，该指标是逆指标，数值越小越好，数值越大表明银行业资源越集中，行业的垄断特征就越显著，客观上行业的市场竞争效率就会受到影响。具体指标值如表 4-19 所示。

表 4-19　2015~2019 年江苏产业金融发展指数银行服务效率项下具体指标值

单位：%

指标＼年份	2015	2016	2017	2018	2019
银行业集中度（%）	43.39	42.62	41.85	39.49	41.95

银行业集中度是指资产规模排在前五位的银行资产所占的比重，直观的统计可见图 4-22。2015~2018 年，江苏银行业集中度呈现下降态势，但 2019 年该指标转为上升态势，银行业集中度逆势上扬 2.46 个百分点，意味着江苏银行业的头部话语权在增加，主要是广大中小银行融资成本高和效益下滑。随着地方性商业银行的不断涌现，这将进一步加速银行业的市场化竞争进程，不仅有利于行业产品和服务的创新，提升行业服务水平，也有利于降低企业的融资成本。

3. 证券服务效率

证券服务效率由境内股票融资额与股票市场交易额之比指标进行评价，反映企业通过股票市场进行融资的情况。具体指标值如表 4-20 所示。

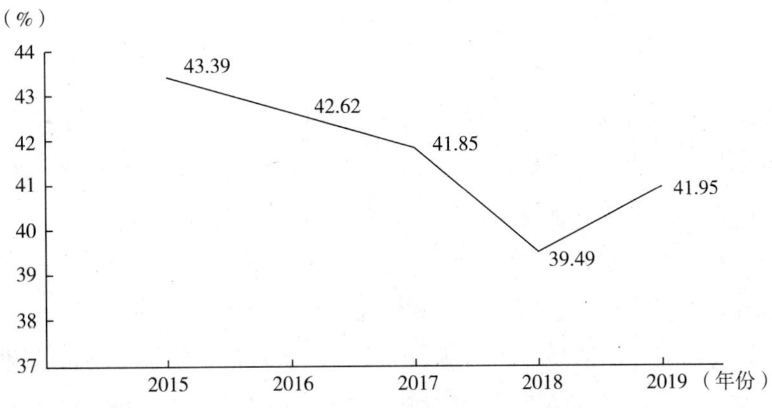

图 4-22　2015~2019 年江苏银行业集中度指标变化

表 4-20　2015~2019 年江苏产业金融发展指数证券服务效率项下具体指标值

单位：%

具体指标 \ 年份	2015	2016	2017	2018	2019
境内股票融资融券额与股票市场交易额之比	1. 37	3. 46	1. 79	4. 44	2. 50

2015~2019 年，江苏交易所股票融资融券额波动性较大，图 4-23 是关于上市公司融资融券金额的统计示意图，从 2015 年的 961 亿元的最低水平，上升到 2018 年的 4138 亿元，2019 年又滑落到 2488 亿元，上市公司融资能力不够稳定，这与国家证券融资政策变化有直接关系。

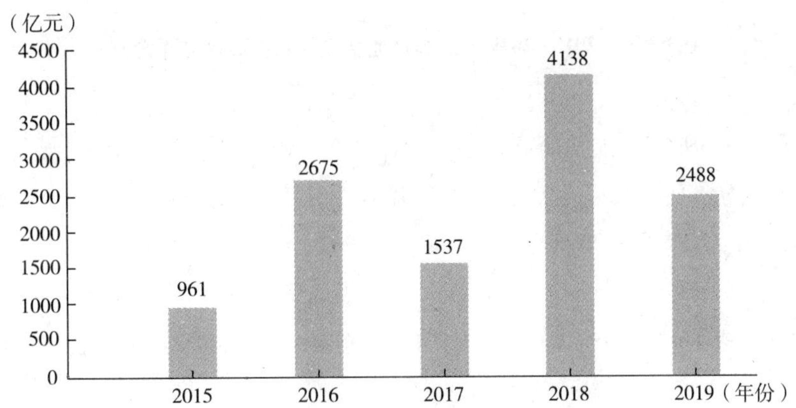

图 4-23　2015~2019 年江苏上市公司融资融券金额

五、创新发展度

创新发展度为一级指标项，下设反映新型金融发展和金融支持“双创”发展两个角度共计4项二级指标。通过该维度项下的指标评价，可以看到我国产业金融发展过程中的金融创新支持能力和创新成效。

（一）分项评价概况

伴随着人工智能、大数据、云计算、区块链等新型技术的兴起，一批跨界应用的金融创新成果开始涌现，为金融服务实体经济提供了新的支持方式和支持内容。在此推动下，江苏产业金融的创新发展度得分保持增长态势，见图4-24。

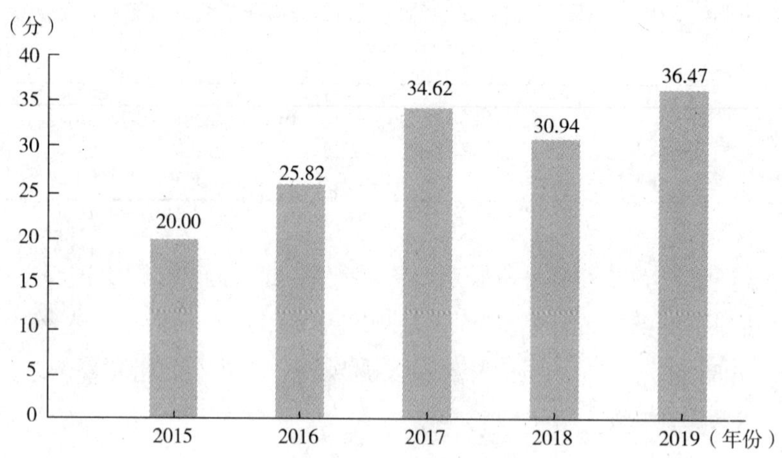

图4-24　2015~2019年江苏产业金融创新发展度方面得分

如表4-21所示，从创新发展度的历年评分变化来看，江苏产业金融的创新步伐总体较为顺利。2017年，创新发展度得分出现高速增长，较上一年度得分增加8.8分，但增速在2018年又有所放缓，2019年又转为上升。

表4-21　2015~2019年江苏产业金融创新发展度各方面得分情况　单位：分

年份 指标	2015	2016	2017	2018	2019
创新发展度	20.00	25.82	34.62	30.94	36.47

续表

年份 指标	2015	2016	2017	2018	2019
新型金融发展	9.00	5.86	12.29	11.23	14.41
金融支持“双创”	11.00	18.05	15.99	15.00	14.69

如图 4-25 所示，从构成创新发展度的得分项的数据来看，江苏产业金融在新型金融发展方面经历了 2016 年的相对低点之后保持着稳定增长。

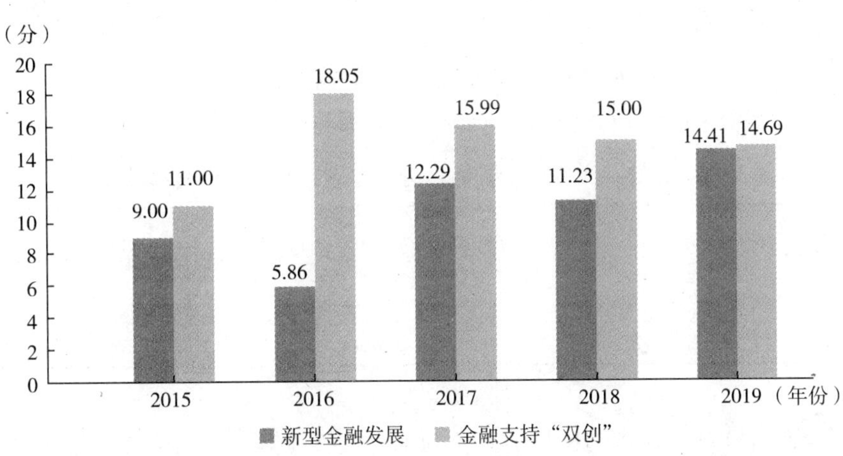

图 4-25　2015~2019 年江苏产业金融创新发展度分项得分构成

2019 年，从构成创新发展度的两个得分项的具体数值变化来看，创新发展度新增的分值全部来自新型金融发展，金融支持“双创”略微有所回落，可以非常直观地从图 4-26 中看到这一维度各分项的年度得分变化情况。未来在金融支持“双创”方面应该出台更多有力措施，在这一方面江苏还有比较大的进步空间。

（二）进一步细分项评价

1. 新型金融发展

新型金融发展用来衡量新型金融的发展状况及其对实体经济的支持力度，新增民营银行数量、人均私募基金管理规模两项相对指标进行评价，如表 4-22 所示。

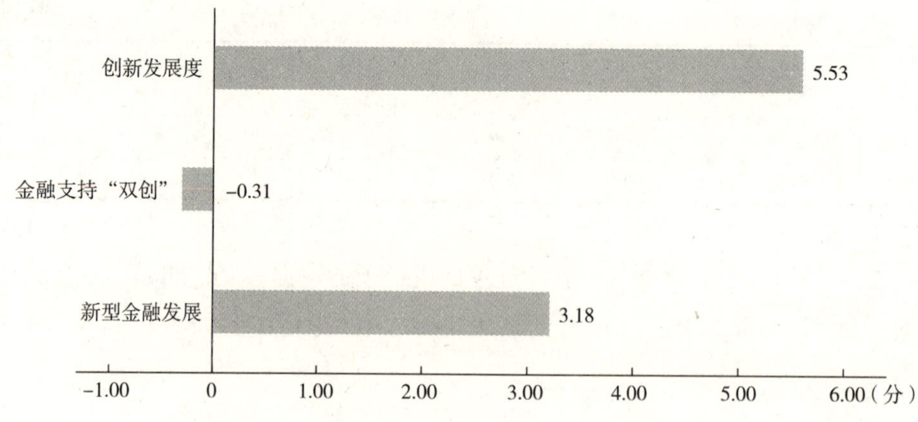

图 4-26　2019 年江苏产业金融创新发展度得分变化

表 4-22　2015~2019 年江苏产业金融新型金融发展项下具体指标值

具体指标＼年份	2015	2016	2017	2018	2019
新增民营银行数量（个）	0	0	1.00	0	1.00
人均私募基金管理规模（亿元/万人）	0.37	0.45	0.59	0.74	0.88

近年来，江苏深入贯彻执行国家“在加强监管前提下，允许具备条件的民间资本依法发起设立中小型银行等金融机构”的改革目标，2017 年全省民营银行数量实现从无到有的发展，全年新增 1 家民营银行——苏宁银行。2019 年又批准设立锡商银行。

图 4-27 显示，2016 年，江苏私募基金全面展开，年末余额达到 1912.0 亿元，较上一年同比增长 25.3%，2017 年呈现爆发式增长，登上 4500 亿元台阶，其后虽然增速降下来了，但仍在两位数高位，2019 年管理规模超过 7000 亿元，说明私募基金风险可控，国家给予积极支持。

此外，一些新型金融发展方兴未艾，近几年江苏小额贷款公司行业与全国一样，风险频发，发展日益艰难，受国家监管政策影响而规模收紧，小额贷款公司行业发展有所停滞。如图 4-28 所示，2019 年，江苏小额贷款公司行业贷款余额降至 800 亿元以下，继续呈现减少趋势。曾被寄予厚望的小贷行业发展每况愈下，江苏省内多地都开启针对小贷公司的整治“风暴”，小贷公司数量、贷款规

模不断缩水。鉴于小额贷款变动剧烈、发展曲折，本次有关新型金融发展的指标中未将其纳入。

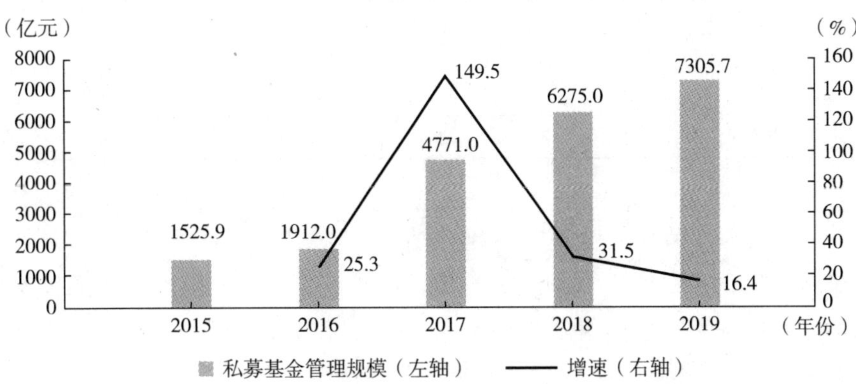

图 4-27　2015~2019 年江苏私募基金管理规模变化

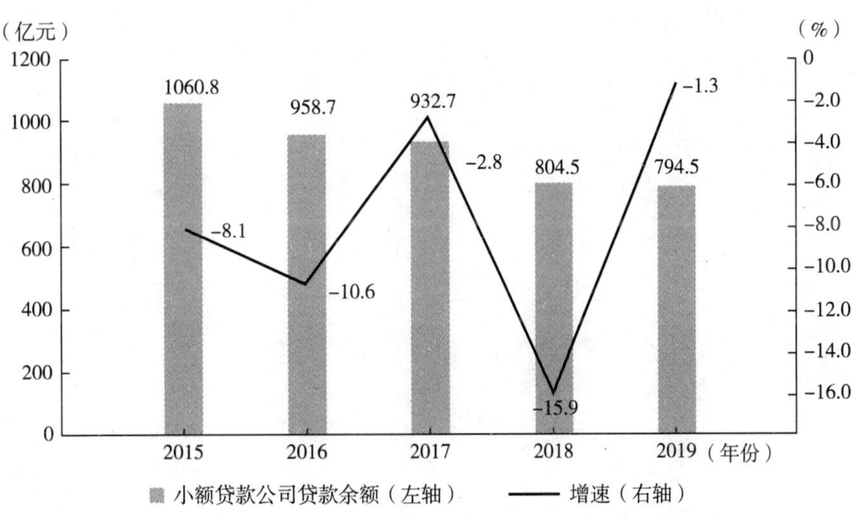

图 4-28　2015~2019 年江苏小额贷款公司行业发展规模变化

2. 金融支持“双创”

金融支持“双创”用来衡量金融业对创新创业活动的服务效能，由每百万人口新三板市场挂牌数和创业板上市公司占上市公司比重两项相对指标进行评价，如表 4-23 所示。

表 4-23　2015~2019 年江苏产业金融支持“双创”项下具体指标值

具体指标 \ 年份	2015	2016	2017	2018	2019
每百万人口新三板市场挂牌数（个）	4.00	7.63	8.48	7.75	6.50
创业板上市公司占上市公司比重（%）	24	25	29	30	31

任何创新创业活动都离不开金融支持，资金是创新创业活动的活力源泉。显然，金融机构在“双创”活动中起到举足轻重的作用。有效的金融制度安排和创新的金融服务手段是创新创业迅速发展的关键因素。2019 年，江苏金融对创新创业的支持进一步加强，不过增长幅度有所放缓。

新三板挂牌数从 2017 年起逐步减少，2019 年比上年减少 203 家。上市公司筹集资金在经过 2016~2018 年徘徊阶段后，2019 年净增 1100 多亿元，上市公司筹集金额与 GDP 之比也登上 3%台阶，提升 0.99 个百分点，直观的上市公司发展规模变化可见图 4-29。

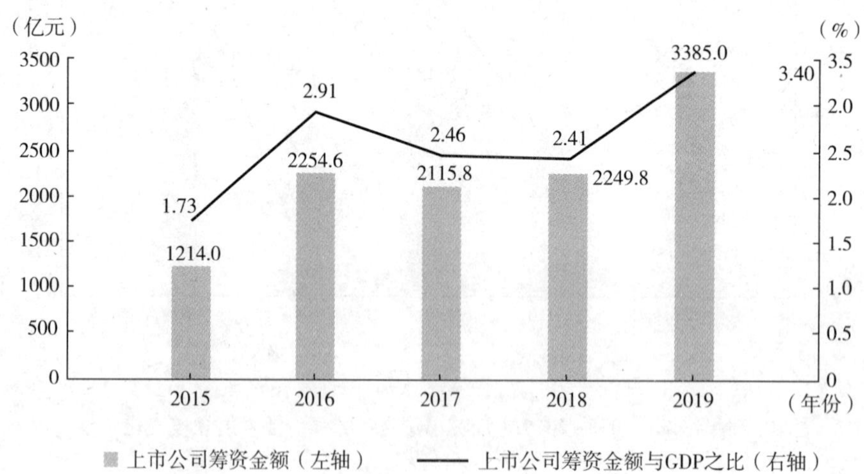

图 4-29　2015~2019 年江苏上市公司发展规模变化

创业投资发展规模的变化统计如图 4-30 所示，创业投资规模急剧减少。受

国家调控政策影响，创业板投资自2017年起呈现50%跌幅。2019年江苏年度创业投资规模仅剩下37.46亿元，较上一年同比下降50%，仅占年度创业投资规模与上市公司筹资额之比1%，显得微不足道。

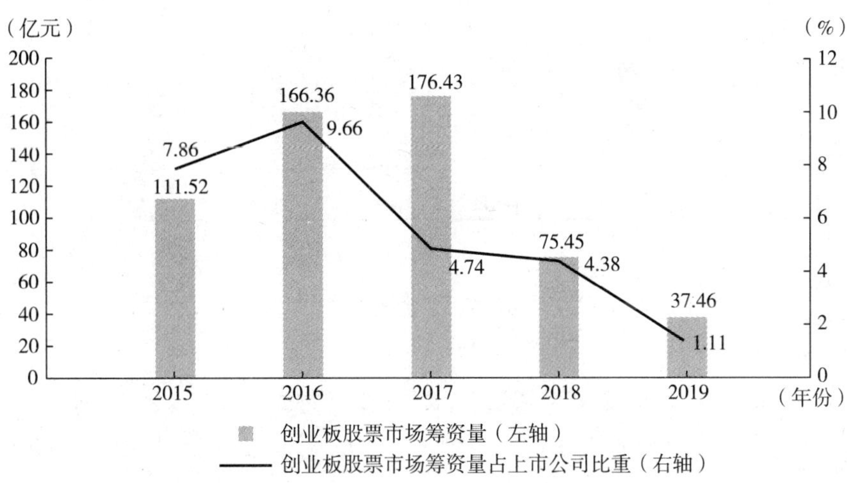

图4-30　2015~2019年江苏创业投资发展规模变化

六、环境适应度

环境适应度可以从反映风险环境、政务环境中介环境的分项共计5项二级指标来反映。通过该维度下的指标评价，可以衡量社会各界对产业金融发展环境的适应情况。

（一）分项评价情况

从环境适应度分项的历年评分来看，基本呈现逐年上升的态势，特别是2017~2018年，金融环境得到较大改善。具体直观的统计可以见图4-31。环境适应度各方面的历年得分情况可以在表4-24中看到。

结合环境适应度分项的总得分情况和分项评价，总的来说，环境适应度在向好的方向发展，由于政务环境有一定的降速，最终环境适应度总得分有所下降。

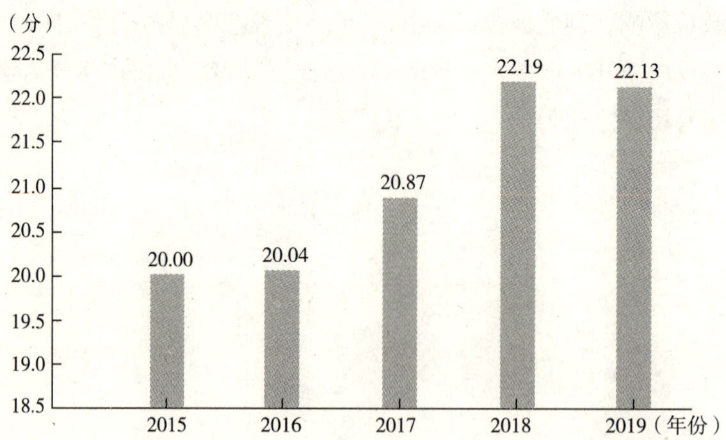

图 4-31　2015~2019 年江苏产业金融发展的环境适应度分项评分

表 4-24　2015~2019 年江苏产业金融发展环境适应度各方面得分情况

单位：分

指标＼年份	2015	2016	2017	2018	2019
环境适应度	20.00	20.04	20.87	22.19	22.13
风险环境	8.00	8.74	7.49	7.35	9.66
政务环境	3.00	2.98	3.21	3.45	3.39
中介环境	9.00	9.32	9.93	14.34	14.82

从构成环境适应度得分的各个方面来看，尽管江苏产业金融发展的外部环境总体向好，但是各分项环境指标的表现差异较大。其中，政策环境和中介环境适应度总体基本实现正增长，而风险环境适应度却出现一定程度的下降后又增长的趋势。图 4-32 可见得分项和分项的构成。

2019 年，环境适应度分项得分保持增长。其中，中介环境和政策环境是本年度改善最为明显的领域，改善成果较好。而风险环境得分较 2018 年下降 0.14 分，反映风险环境出现一定程度的恶化。具体的环境适应度各方面得分变化可见图 4-33。政务环境略微呈现收紧管理的态势，得分有细微降低。

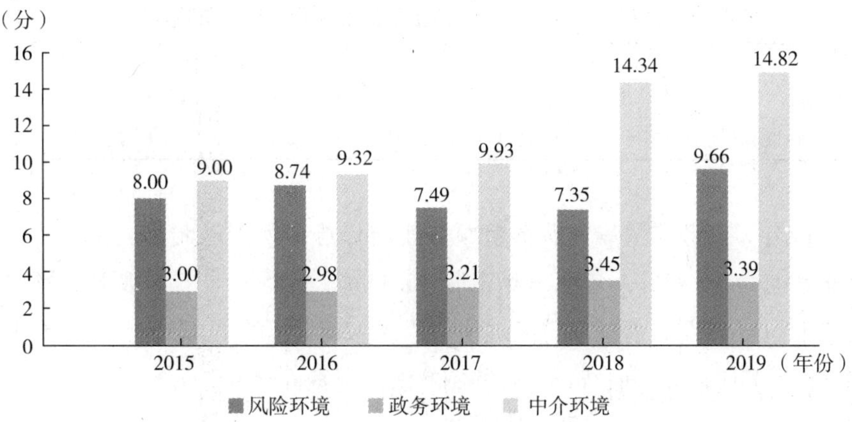

图 4-32 2015~2019 年江苏产业金融发展环境适应度分项得分构成

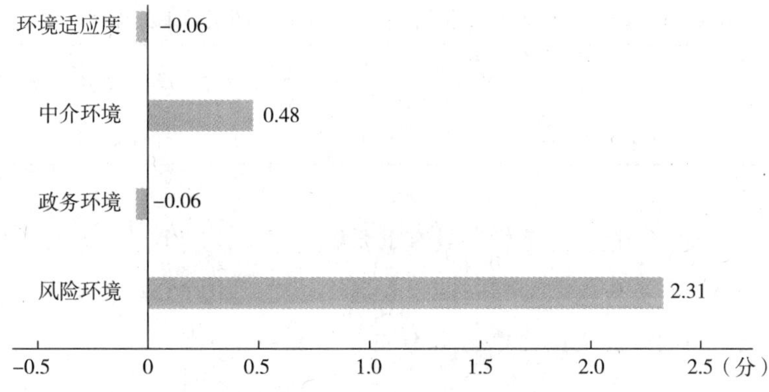

图 4-33 2019 年江苏产业金融环境适应度各方面得分变化

(二)进一步细分项评价

1. 风险环境

风险环境是从潜在风险的角度衡量产业金融的外部发展环境，主要由银行机构不良贷款率这个相对指标来进行评价(见表 4-25)。

近年来，江苏全省银行规范放贷，机构不良贷款率逐步下降。表 4-25 显示，2019 年江苏银行机构不良贷款率仅为 1.04%，低于全国银行不良贷款率 1.74%，全省银行业运行稳健，风险可控，服务实体经济质效进一步提升。

表 4-25　2015~2019 年江苏产业金融发展风险环境项下具体指标值　单位：%

具体指标 \ 年份	2015	2016	2017	2018	2019
银行机构不良贷款率	1.49	1.36	1.25	1.21	1.04

2019 年，江苏非法集资涉案金额快速增长势头得到遏制，全年非法集资涉案金额增速为 34.43%，较上一年下降 15.11%。但是非法集资涉案金额上升至 297.77 亿元，其与社会融资总额增量之比由 2015 年的 1.02%上升至 2018 年的 1.68%，江苏应该守住底线，有效遏制非法集资案件高发势头。

2. 政策环境

政策环境是从政策支持的角度衡量产业金融的外部发展环境，由相对指标科技支出占财政总支出比重进行评价，如表 4-26 所示。

表 4-26　2015~2019 年江苏产业金融发展政策环境项下具体指标值　单位：%

具体指标 \ 年份	2015	2016	2017	2018	2019
科技支出占财政总支出比重	3.84	3.81	4.11	4.41	4.31

由于科技发展对社会经济发展具有重要促进意义，近年来江苏对科技的重视程度有所提高，江苏省财政对科技的投入逐年递增，2019 年科技支出达到 542 亿元，科技支出占财政总支出比重达 4.31%（见图 4-34）。

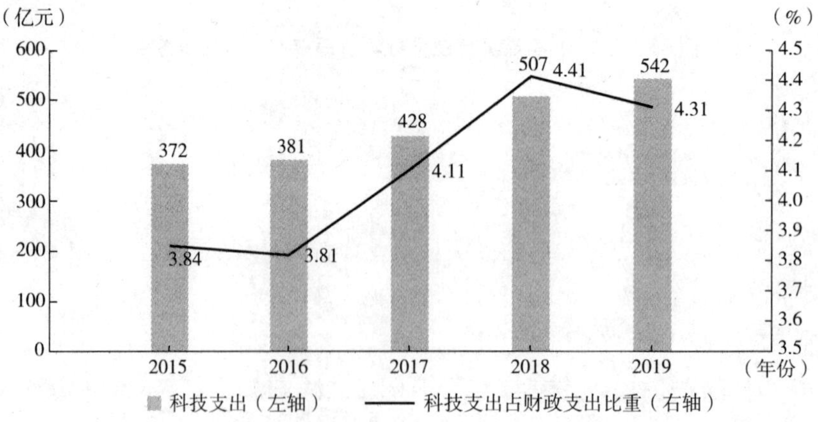

图 4-34　2015~2019 年江苏科技支出规模及科技支出占财政支出比重变化

3. 中介环境

中介环境是从中介机构的角度衡量产业金融的发展环境，由每百万人口注册会计师数、每百万人口执业律师数和每百万人口资产评估机构数三项涉及金融专业技术领域储备的相对指标来进行评价，如表 4-27 所示。

表 4-27 2015~2019 年江苏产业金融发展中介环境项下具体指标值

具体指标 \ 年份	2015	2016	2017	2018	2019
每百万人口注册会计师数（人）	64. 77	66. 98	68. 37	68. 41	69. 65
每百万人口执业律师数（人）	228. 85	239. 63	272. 23	284. 97	377. 46
每百万人口资产评估机构数（个）	2. 32	2. 38	2. 47	2. 53	2. 59

截至 2019 年末，江苏省每百万人口注册会计师数达到 69. 65 人，较上一年同期小幅增加 1. 24 人。近年来，江苏律师事业发展势头迅猛。2019 年末每百万人口执业律师数持续增加至 2. 59 人，较上一年同期增长 2. 37%。随着为评估行业创造良好的发展环境，江苏资产评估机构数量在近几年持续稳步增长，2019 年末每百万人口资产评估机构数上升到 2. 53 家。

本节就 2015~2019 年江苏产业金融发展的综合指标的发展趋势以及各个分项指标的发展情况都进行了详细阐述，一些领域呈现出持续上升发展的态势，还有一些分项存在下降和回冷的现象，这在经济转型调整时期是正常的。总的来说，江苏的产业金融发展虽然存在优势也存在短板，但是结合前一章江苏省在全国的地位来看，很多指标的绝对数据还算是比较理想的，基本上不管是表现优异的资金支持度指数、创新发展度指数和环境适应度指数，还是在中游徘徊的结构优化度指数和服务有效度指数，江苏均处于一定程度的靠前发展的位置。一定程度上，江苏存在各个地市产业金融发展水平不平衡的状况，下一节将会对 2019 年江苏 13 个地市进行分城市的产业金融发展指数的综合评价，并比较 2015~2019 年 13 个城市的产业金融发展状况的变化情况。

第四节　江苏地市产业金融分地区发展指数

为了更好地研究江苏省产业金融的发展情况，我们在总体研究的基础上，对江苏省内13个地区城市的产业金融发展指数进行测度，通过横向比较，为江苏产业金融的发展状况提供更为全面的展示和参考。

一、总体评价

根据2019年所收集的江苏分城市数据，由于各个地市发展情况并不均衡，地方统计局发布数据机制存在一些系统性差异，出现一些指标和数据获取不到的情况，我们一方面采用插补和替换法，另一方面最终决定采取因子分析综合评价法即通过提取的因子得分进行加权计算得到江苏地市产业金融分地区发展指数。江苏产业金融发展总体评价的城市排名见表4-28。

表4-28　2019年江苏产业金融发展城市排名及得分情况

排名	城市	产业金融发展水平综合评价得分
1	南京	76.25
2	苏州	76.25
3	无锡	67.59
4	常州	62.93
5	南通	61.12
6	镇江	55.94
7	徐州	54.82
8	泰州	53.33
9	扬州	53.22
10	盐城	52.25
11	连云港	50.88
12	宿迁	48.69
13	淮安	48.11

南京和苏州在本次城市排名中并列第一名，综合得分均为 76.25 分，在各个分项指标中苏州在金融支持实体经济发展方面态势较好，南京在一些金融创新领域部分领先。

二、发展趋势评价

通过 13 个地市数据的收集、调整和数据预处理之后，根据评价指标体系，运用 SPSS 和 Excel 软件所做出的 2015～2019 年江苏产业金融的分城市发展得分如表 4-29 所示。

表 4-29　2015～2019 年江苏产业金融分城市发展得分

排名	2015 年		2016 年		2017 年		2018 年		2019 年	
	城市	得分	城市	得分	城市	得分	城市	得分	城市	得分
1	南京	72.53	南京	73.14	南京	74.09	南京	74.33	南京	76.25
2	苏州	71.70	苏州	72.75	苏州	73.83	苏州	74.10	苏州	76.25
3	无锡	66.31	无锡	67.94	无锡	68.02	无锡	68.44	无锡	67.59
4	常州	63.42	常州	65.34	常州	65.59	常州	65.81	常州	62.93
5	南通	61.02	南通	62.05	南通	62.94	南通	63.02	南通	61.12
6	镇江	55.77	徐州	56.44	徐州	56.86	徐州	57.12	镇江	55.94
7	徐州	54.97	镇江	55.28	镇江	55.29	镇江	56.43	徐州	54.82
8	扬州	52.53	扬州	52.78	扬州	52.93	扬州	54.05	泰州	53.33
9	泰州	50.16	泰州	50.63	泰州	51.17	泰州	52.66	扬州	53.22
10	连云港	48.31	盐城	48.54	连云港	49.16	连云港	49.73	盐城	52.25
11	盐城	47.94	连云港	48.47	盐城	48.85	盐城	49.28	连云港	50.88
12	淮安	46.85	淮安	46.92	淮安	47.13	淮安	47.9	宿迁	48.69
13	宿迁	46.12	宿迁	46.47	宿迁	46.83	宿迁	46.98	淮安	48.11

注：由于指标体系有所更改，2019 年江苏分城市产业金融发展指数方法更改为因子分析综合评价法，与 2015～2018 年所采用模糊评价方法不同，此处 2019 年指数是为了保持数据的一致性通过标准化转换之后所得到的经过调整后的数据，仅供参考。

从表 4-29 可以看出，2015～2019 年，江苏各城市的产业金融得分均处于持续增长状态，这与省级数据的情况是完全一致的，也说明近年来江苏产业金融得到了快速发展，金融支持实体经济发展前进的步伐也逐步加快。总体上，江苏各个城市金融业服务实体经济的质量都在不断提升。

从各城市的具体产业金融发展的得分情况看，可以得出如下结论：

第一，江苏产业金融发展“南北差异”显著，呈现出典型的产业金融“苏南发展快、苏北发展慢”特征。从表 4-28 的结果看，2015~2019 年，产业金融得分较高的地区多为苏南地区，南京、苏州、无锡、常州、南通始终位居前五名，且在五年间名次没有发生太多变化。2019 年，南京和苏州的得分并列第一名，南京得益于在金融创新项目方面有优势，但是苏州在金融服务实体经济发展方面开始具有越来越大的影响，未来苏州有成为江苏产业金融发展第一名的趋势。苏北重镇徐州直到 2016 年才“挤进”第六名，2019 年徐州名次有所滑落，镇江再次位列第六名。盐城、连云港、淮安、宿迁也始终位于全省的后四位，但是 2019 年都有很大发展，尤其是盐城开始紧跟泰州和扬州步伐。虽说排位靠后的四个城市进步很大，但江苏产业金融发展的区域不平衡性更加突出，苏南和苏北差距开始有所拉大。

第二，江苏各城市产业金融发展水平相对固定，个别城市之间的抢位战较为激烈。从 2015~2019 年的得分情况看，前五名位次没有改变，但是 2019 年苏州明显提升，改变了多年来南京排位第一名的状况，首次出现并列得分第一的情况。排名第五名之后的城市中也有徐州和镇江、扬州和泰州、盐城和连云港多次相互发生过位次的更迭，其余各市排名没有变动。尤其体现在苏北城市当中，虽然各市基本上都在进步，但地方城市的竞争动力有所增强。例如连云港的产业金融得分连年持续升高，但是仍然面临盐城的“黑马”竞争压力，城市产业金融的竞争态势一定程度上有利于江苏整体城市实体经济的持续发展。

第三，南京、苏州在产业金融发展的省内优势明显，苏州与南京在 2019 年已无差距。从具体得分情况看，南京、苏州两个城市在产业金融发展方面在省内都具有相对优势，苏州的产业金融发展不容小觑，这主要是苏州依托其较为深厚的工业基础，吸引了大量的金融资金和中介服务，形成了产业与金融融合的良好局面。未来苏州有可能独自代替南京占据江苏产业金融发展的榜首。第三名无锡与南京和苏州都存在一定的差距，短期内无法撼动南京和苏州的排头地位。

从分城市的得分情况，我们可以得出如下结论：一是要积极鼓励和引导各个城市竞争，激发其“弯道超车”的积极性。江苏省委、省政府应做好引导，激发地方政府产业金融发展的竞争性、主动性，通过地方竞争形成“比着干”的

良好氛围，在良性循环中发展产业金融。二是要夯实实体经济基础，以实体经济的发展推动产业金融，以良好的产业金融服务实体经济。金融是为了促进实体经济发展而生的，要通过努力发展实体经济尤其是制造业来吸引金融资金、金融创新和金融中介，真正形成产业与金融“深度融合”的机制，为产业金融的发展夯实基础。

第三篇

需求实践篇

该篇主要是从江苏省的视角来看金融与三大产业融合情况，目的是根据不同类别产业的规模和结构分析不同产业对金融的需求情况（融资模式、融资规模），从而寻找金融在服务实体经济中的短板，并结合江苏省内外、国内外的金融对产业支持的经验，提出金融支持产业发展的相应政策建议。

第五章　江苏农业发展现状及其对金融的需求分析

本章总结了江苏省目前农业现代化的发展现状，参考和借鉴有关评价农业现代化发展水平的指标体系，结合江苏实际，对江苏省农业现代化的发展趋势和结果进行分析，并对农业现代化发展过程中的短板问题进行进一步的阐述，得出江苏省农业现代化对农业金融的具体需求的结果。

第一节　江苏产业发展总体状况

本节对江苏省经济发展总体概况进行简单概括，从而作为第三篇的总体概述。

一、2019 年江苏经济发展概况①

2019 年，面对国内外风险挑战明显上升的复杂局面，面对复杂严峻的外部环境和经济下行压力，江苏全省上下深入贯彻党的十九大，党的十九届二中、三中、四中全会精神和习近平总书记重要指示要求，全面落实党中央、国务院和省委、省政府各项决策部署，坚持稳中求进工作总基调，深入贯彻新发展理念，以供给侧结构性改革为主线，认真落实“六稳”工作要求，经济运行总体平稳、

① 数据来源：《2019 年江苏省国民经济和社会发展统计公报》。

稳中有进，产业发展基础稳固，需求动力基本稳定，结构调整稳步推进，民生福祉继续改善，新旧动能持续转换，高质量发展取得积极进展。国家统计局按照2020年1月开始实施的地区生产总值统一核算新方法和第四次全国经济普查结果，核定江苏省2019年全年地区生产总值为99631.52亿元，同比增长6.1%（见图5-1）。其中，江苏工业经济运行总体呈现先抑后扬、波动回升态势，2019年11月、12月工业增加值单月增速攀升，有效带动全年工业增加值增速回升至6.2%，与2018年相比高出1.1个百分点，展现了较强韧性。当前工业发展中不稳定、不确定性因素依然较多，工业、制造业投资低位徘徊，工业用电量低速增长，PPI持续走低，工业发展仍然面临较大压力。但是也需要看到，积极的财政政策、灵活适度的货币政策、制造业稳增长政策等诸多政策利好，工业结构的持续优化等积极因素不断累积，为工业发展提供了新动能。

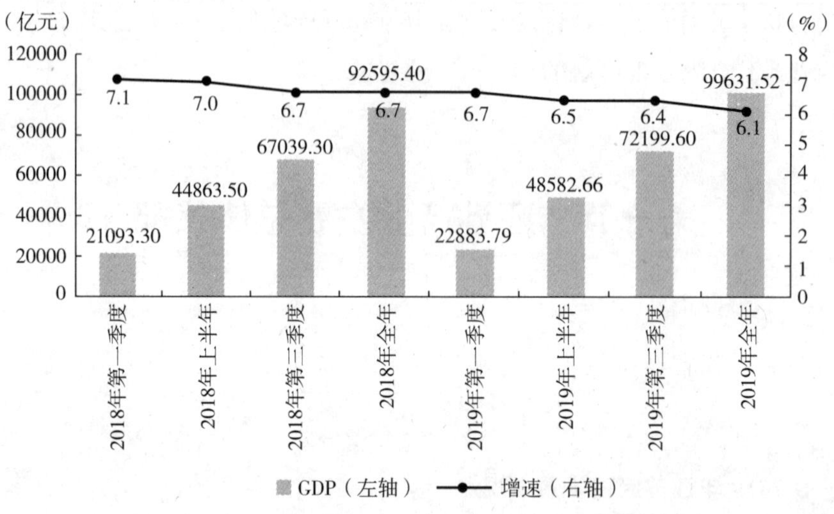

图5-1　2018~2019年江苏省GDP及增速变化趋势

资料来源：江苏省统计局、中商产业研究院。

如图5-2所示，分产业看，第一产业增加值4296.28亿元，同比增长1.3%；第二产业增加值44270.51亿元，同比增长5.9%；第三产业增加值51064.73亿元，同比增长6.6%。2019年，全省一般公共预算收入完成8802.36亿元，同比增长2.0%；考虑到国家实施的减税降费政策因素，同口径增长12.6%。

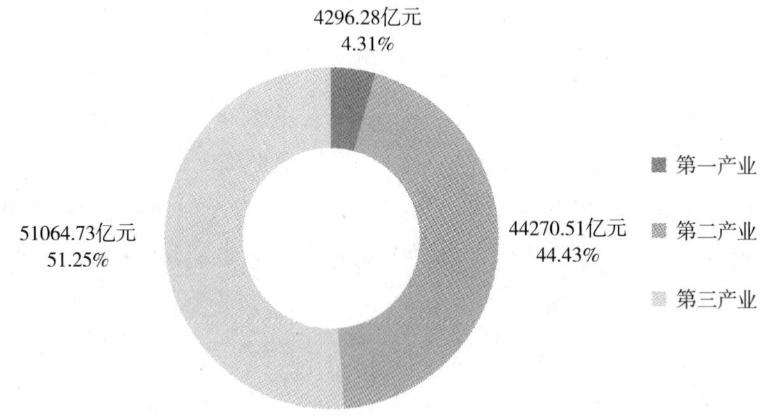

图 5-2　2019 年江苏三大产业增加值及占比情况

资料来源：江苏省统计局、中商产业研究院。

二、农业生产总体稳定，粮食总产再创新高①

2019 年，江苏粮食总产量 741. 24 亿斤，同比增长 1. 3%，夏季粮、秋季粮双丰收，创历史最高水平。粮食亩产 459. 1 公斤，比上年增加 13. 5 公斤，同比增长 3%。全年油菜种植面积 260. 3 万亩，同比增长 9. 1%；油菜总产量 50. 5 万吨，同比增长 10. 4%。生猪出栏 1921. 8 万头，同比下降 28. 3%；猪肉产量 146. 2 万吨，同比下降 28. 9%。全年家禽出栏 7. 0 亿只，同比增长 9. 0%；禽肉产量 115. 2 万吨，同比增长 9. 0%；禽蛋产量 212. 3 万吨，同比增长 19. 3%。农业结构持续优化，高标准农田占比达 65%，农业综合机械化水平达 86%，农业科技进步贡献率提高到 69. 1%。

三、工业运行总体情况②

2019 年，江苏规模以上工业增加值比上年增长 6. 2%。分经济类型看，国有企业增加值增长 18. 2%，股份制企业增加值增长 8. 5%，私营企业增加值增长 10. 1%。分行业看，40 个工业行业大类中有 31 个行业增加值比上年有所增长，24 个行业增加值增速比上年加快。其中，医药、交通运输设备、电气机械和专

①②　数据来源：江苏省统计局、中商产业研究院。

用设备等先进制造业增加值分别增长19.0%、17.3%、16.9%、8.2%。全年高技术制造业增加值增长6.8%，增速比规模以上工业高0.6个百分点，占规模以上工业比重达21.8%，比上年提高1.3个百分点。全年战略性新兴产业、高新技术产业产值分别增长7.6%和6.0%，占规模以上工业总产值比重分别达32.8%和44.4%。民营工业活力增强。全年规模以上民营工业增加值增长9.5%，比规模以上工业快3.3个百分点，对规模以上工业增长的贡献率达69.7%。全年规模以上工业企业产销率达98.5%。工业企业利润降幅收窄。2019年1~11月，全省规模以上工业企业实现利润总额6032.2亿元，同比下降3.6%，降幅比前三季度收窄0.9个百分点。

第二节　江苏农业发展现状①

基于自身资源禀赋及发展基础，江苏明确提出，要率先实现农业农村现代化和乡村治理现代化。本节对江苏农业发展总体情况进行分析，并且从农业产出效益、农业科技发展情况、农业产业化经营、农业物质装备、农业生态环境、农业支持保障六个方面总结了目前江苏农业现代化发展水平。

一、江苏农业发展总体情况

江苏地处南北气候过渡地带，生态类型多样，农业生产条件得天独厚，素有“鱼米之乡”的美誉。江苏是我国南方最大的水稻生产省份，也是全国优质弱筋小麦生产优势区。玉米、花生、油菜及多种杂粮、杂豆等特色粮食作物遍布全省。棉花、蚕桑生产稳定，野生中草药材千余种，园艺蔬菜是全省第一大经济作物。地方畜禽种质资源丰富，拥有畜禽遗传资源保护名录品种30个，其中15个被列入国家级畜禽遗传资源保护名录，国家级保种单位数量居全国第一位。

2019年，江苏坚持把实施乡村振兴战略作为新时代“三农”工作总抓手，农业农村保持良好发展势头。农业生产总体稳定。全年粮食总产量3706.2万吨，

① 数据来源：《2019年江苏省国民经济和社会发展统计公报》。

猪牛羊禽肉产量270.8万吨，禽蛋产量212.3万吨，牛奶总产量62.4万吨，水产品总产量484.8万吨（不含远洋捕捞）。

现代农业发展深入推进。2019年，江苏新建高标准农田350万亩，农业机械化水平达86%，农业科技进步贡献率达69.1%。高效设施农业面积占比达20.3%；有效灌溉面积达419.7万公顷，新增设施农业面积4.5万公顷，年末农业机械总动力5114万千瓦。新产业、新业态保持高速增长。农业新产业新业态增幅连续多年保持在20%左右，农产品网上交易额610亿元，休闲观光农业综合收入640亿元，绿色优质农产品比重超过58.7%。

农村创业创新主体培育加快。全省新培育高素质农民20万人，返乡下乡创业人员超过25万人，省级以上农业产业化龙头企业总数达823家，省级示范家庭农场1876家，农民合作社国家示范社476家、省级示范社1244家，农业产业化联合体500家。城乡居民收入差距进一步缩小，城乡居民收入比由上年的2.26∶1缩小为2.25∶1。

二、江苏省农业现代化发展情况

“十三五”时期，是江苏全面贯彻党的十八大和党的十八届三中、四中、五中、六中全会精神，深入贯彻落实习近平总书记系列重要讲话特别是视察江苏重要讲话精神、推动“迈上新台阶、建设新江苏”取得重大进展的关键时期，也是高水平全面建成小康社会的决胜阶段和积极探索开启基本实现现代化建设新征程的重要阶段。“十三五”期间，江苏现代农业发展的基础比以往任何时候都更加坚实，面临的形势比以往任何时候都更加复杂，各方面的机遇也比以往任何时候都更加难得。与全国其他省份相比，江苏现代农业基础总体较好，有着多重战略利好，面临重大历史机遇，但农业基数也相对较高，人多地少等资源环境制约表现得更加突出，农民对务农收入的期望值更高。

（一）农业产出效益

2019年江苏农业生产能力增强。全年粮食总产量3706.2万吨，比上年增产45.9万吨，同比增长1.3%。其中，夏粮1356.6万吨，同比增长2.3%；秋粮2349.6万吨，同比增长0.7%。粮食亩产459.1公斤，比上年增加13.5公斤，同比增长3.0%。种植业结构不断调整。全年粮食播种面积538.1万公顷，比上年减少9.4万公顷；棉花种植面积1.2万公顷，比上年减少0.5万公顷；油料种植面积 28. 3 万公顷，比上年增加 2. 0 万公顷；蔬菜种植面积 142. 4 万公顷，比上年减少 0. 1 万公顷。高效农业面积占耕地面积比重提高到 20. 3%。江苏农业产出效益的地区分布规律，可大致分为以下三个区域带：

第一个是整体经济迅猛发展的苏南地区（包括苏州、无锡、常州、南京、镇江）。苏南工业的发展优化了整个经济环境，同时带动了外商对农业的直接投资，与此相对应的是农民种田和投资者的积极性普遍提高，从而加大了农业的发展，吸引了“三资”（外商资本、工商资本和民间资本）的加入，形成了良好的投资环境和良性循环，并且向农业科技含量高的方向发展。

第二个是正在积极抓住机遇，发展相对落后于苏南的苏中地区（扬州、泰州、南通）。以上海为辐射中心的长三角整体经济发展迅猛，但由于地理位置和交通的原因，苏中地区的整体经济发展相对滞后，农业布局不适合自身的发展环境，所以，这些地区提高农业经济效益的主要途径，应着重在种植结构的调整上。

第三个则是整体经济发展欠发达的苏北地区（包括盐城、淮安、宿迁、连云港、徐州）。劳动力转移需要加快，农业生产条件有待提高。

除去个别城市，江苏农业产出效益发展水平在总体分布上基本符合以上三个区域，从此也可看出影响江苏农业产出效益的因素与各市的地理位置和环境，本身的整体经济实力和农业生产条件，以及各地的农业发展政策有很大关系。

（二）农业发展情况

“十二五”期间，江苏围绕种植农业、设施农业、生物农业、信息农业、生态农业、农产品精深加工等领域，组织实施农业高新技术研发项目。重点开展分子育种技术、高端农机、加工装备等前瞻性高新技术研发，引领全省生物制品、生物农药、智能化农业装备、农业物联网和农产品精深加工产地保鲜等农业高新技术新兴产业发展。同时，为加快江苏农业科技创新与产业化步伐，推进企业与高校、科研院所有效协同创新，加强农业产业技术创新联盟建设。

江苏在高度重视推动农业科技创新的同时，同样十分重视农业科技的推广与应用。江苏省逐步构建了以国家农业技术推广机构为主导，以农村合作经济组织为基础，农业科研教学等单位和涉农企业广泛参与的“一主多元”农业技术推广体系，并大力推进村级规范化农业科技服务站、农业科技超市、科技示范户建设。

为更好地促进农业科技发展，江苏高度重视农业科技园区建设，重点推进国家农业科技园区建设，大力推进省级现代农业科技园区建设。另外，江苏还大力培育农业科技型企业、科技型农业专业合作社、科技示范户等科技型农业经营主体。截至 2018 年底，江苏农业科技型企业达 800 家左右。

在各项措施的大力推动下，江苏农业科技得到了快速发展，农业科技进步贡献率得到了稳步提升。“十二五”时期，江苏农业科技进步贡献率为 65%，而 2019 年已达到 69.1%。除此之外，新型农业信息服务覆盖率也有了显著提升，从 2012 年的 78%增加至 2019 年的 84%。

（三）农业产业化经营

1. 农业产业化的经营主体多元化

随着产业化的稳步发展，各地新型经营主体蓬勃发展，更多农户参与到现代农业的发展进程中，共享加工与流通等环节带来的增值收益。

（1）农业龙头企业逐步崛起。

目前，江苏县级以上农业产业化龙头企业超过 7700 家，其中，国家级 61 家，省级 775 家；新增互联网农业、休闲观光农业等新业态省级龙头企业 55 家。2018 年，省级以上农业龙头企业年销售（交易）额达 7800 亿元，有 15 家企业销售（交易）额超百亿。全省已组建农业产业化联合体 289 家，有 100 家进入省级示范联合体名录，2500 多家龙头企业、家庭农场、合作社抱团发展，实现资源与信息共享。必须充分发挥龙头企业的作用，推进江苏农业高质量发展。

（2）家庭农场成为促进农村产业化的重要主体。

截至 2019 年，江苏全省经农业系统认定的家庭农场超过 4.89 万家，其中省级示范场 1406 家。全省各地积极鼓励家庭农场开展适度规模经营，常熟田娘农场、泰州上膳源有机农场等一批种养家庭农场发展农产品加工销售，开展农产品直销、乡村旅游，有力促进了产业联动。

（3）农村合作社成为推进农村产业化的主力军。

江苏农民合作社总数达 8.15 万家，农户入社率为 77.8%，创建国家示范社 496 家，数量居全国第二位。农民合作社大力发展加工流通与直供直销，产加销一体化或专门从事加工流通的占合作社总数的 50%以上。农业合作社多为非营利农民组织，农户通过合作社，提高了市场营销能力、抗风险能力和品牌竞争力，带动了农民持续增收。

2. 农业产业化的模式多样化

根据地区的资源禀赋条件、产业发展特色等条件，江苏各地积极探索适合当地的农业产业化模式。主要有以下几种模式：

（1）产业链延伸型。

以产业链某个环节为基点，向产前产后延伸，实现农技服务、生产、加工和销售环节的有机整合。例如，有“中国水蜜桃之乡”之称的无锡惠山区阳山镇，已将水蜜桃产业发展成为从生产、贮运、加工到流通的产业链条。目前已研发出水蜜桃汁、水蜜桃果酒等附加产品，同时拓展农业多功能性，打造了以生态高效农业、农林乐园、园艺中心为主体，体现花园式农场运营理念的农林、旅游、度假、文化、居住综合性园区。阳山镇以水蜜桃为代表的高效农业占农业的比重达98%，桃农人均纯收入超3万元。

（2）社会化服务型。

依托专业化服务组织，构建农业生产产前、产中和产后全过程服务，提升农业生产服务的专业化水平和社会化程度。例如，江苏百汇农业发展有限公司是江苏农业产业化龙头企业，是集种植、养殖、饲料加工、农产品期货交易市场、屠宰分割、肉制品加工、冷链物流、批发配送市场、副产品高科技转化等为一体，具有完整农业生态链的特大型农业产业化企业。2019年公司实现屠宰生猪39万头，同比增长95%，屠宰利润1200万元左右，同比2018年扭亏为盈。

（3）产业集聚型。

集聚农业各种要素，打造农业产业生产、加工集聚平台，提高农业综合生产效益。产业集聚模式的产业化主要是通过建设农业产业园区的形式来实现。现代农业产业园区在规模化种养基础上，通过生产+加工+科技聚集现代生产要素，创新体制机制，集中打造产业链，建设高水平的现代农业发展平台。例如，位于东台沿海经济区绿色食品产业园的江苏东台农产品加工集中区，自2009年启动建设以来，不断完善基础功能配套，招引高层次农产品加工企业入驻，致力于构建绿色生态、特色鲜明、高效优质的现代农产品加工企业集群，重点建设畜禽制品加工区、水产品加工区、农副产品加工区及物流中心，着力打造江苏沿海一流特色农产品加工集中区。2012年1月，江苏东台农产品加工集中区获批“省级农产品加工集中区”。目前，中粮肉食（江苏）公司、华大集团、光亚集团、江苏海天公司等61家农产品加工及配套企业相继入驻园区。2015年园区销售近60

亿元，实现税收超 5 亿元，企业带动农户近 7 万户，增加农民收入近 4 亿元。

（4）功能拓展型。

江苏立足于第一产业，同时积极挖掘农业在生态休闲、旅游观光、农耕文化、科技教育等方面的价值，拓展农业发展的领域和空间。例如，南京市江宁区的黄龙岘茶文化旅游村，以茶文化展示为内涵，着力打造融品茶休憩、茶道、茶艺、茶俗、茶浴体验、茶叶展销—研发—生产、茶宴调理、特色茶制品购买为一体的乡村特色茶庄。村庄现有总户数 43 户，2013 年 4 月以来，以黄龙岘茶文化村为核心的美丽乡村西部片区共接待游客 800 多万人次，年平均游客量达到 100 万人次，实现年综合收入近 1.5 亿元。

（5）农业+互联网型。

发展农村电子商务，利用互联网开展农产品线上销售。目前“互联网+”已融入江苏省农业全产业链条、全产业类别，催生了一批特色产业集群与创意休闲农业、智能农业、电商产业园等新产业、新业态、新模式。2019 年上半年，江苏农产品网络营销额达 310 亿元，同比增长 31.9%，在阿里巴巴平台上农产品销售额名列全国第一位，连续多年保持 20%以上的增速。在首创“一村一品一店”发展模式的宿迁，各县（区）均建成农村电子商务产业园，114 个乡（镇）建成乡镇电子商务服务中心，1392 个行政村实现村级网店建设全覆盖“一村一品一店”标准村占比超过 60%。

3. 农村产业化的利益联结机制多样化

农业企业与农户的利益联结主要通过签订合同订单的方式，主要形成了企业+合作社+农户、企业+种养小区+农户、企业+专业村+农户、企业+订单+农户等多种联农带农模式以及联合社（综合社）+社会化服务组织+专业合作社+家庭农场+农户的一体多元的综合服务模式，订单农业范围也不断扩大，签约农户数量不断增加。同时，也出现了租赁、托管、股份合作等利益联结模式，利益联结机制开始多样化发展。

（四）农业物质装备

1. 农机装备水平

“十二五”以来，江苏农业物质技术的装备水平持续长进，农机装备技术得到有效改善。江苏全省农业机械总动力持续上升，截至 2018 年底，农业机械总动力达到 5042.27 万千瓦，人均农机动力达到 6.59 千瓦。水稻、小麦、玉米的收割机保有量大大提高，大中型机械工具持有量增长较快。随着农民生活水平的提升，购买机械设备的数量和种类也有所增加，如以前几户共同使用一台拖拉机和收割机，如今基本每户必备一台，农机装备水平明显提高。

2. 农机作业水平

①粮食作物的机械化作业水平。2018 年新增有效灌溉面积 47.95 万亩，截至 2019 年底，江苏省农业的综合机械水平已达 86%，主要农作物的机械化水平高于 65%，高标准农田比重达 66.41%。机械水平的提高便于减少劳动力，农业生产效率得到提高，生产总量提高，基本实现了水稻生产机械化。从作物间机械化水平看，耕作、种植、收获的综合机械化水平从低到高依次为大豆、玉米、水稻、小麦。从各环节操作的机械化水平来看，机耕水平相对较高，然后是机收水平，最后是机械种植水平。②特种经济作物的机械化作业水平。油菜、花生、棉花的机耕水平相对较高；花生的机收水平和棉花的机收水平相对较低，其中棉花的机收水平基本为空白；油菜的机收水平远高于机械化种植水平。③畜牧水产养殖的机械化水平。畜牧业机械化可以在降低劳动力的同时有效提升劳动生产率，并且确保畜牧业产品的质地和产量，从而促使畜牧业的规模化、产业化发展，也为达到畜牧业现代化奠定了一定的基础。据资料统计，畜牧业相关机械化水平中，牧草生产加工的机械化水平最高，其他环节如饲草投喂、粪污清理、挤奶、剪毛等的机械化水平相对较低。④设施农业的机械化水平。2018 年，江苏粮食播种面积 7520.2 千公顷，采运机械化水平最低，然后分别是种植机械化水平、环境调控机械化水平、灌溉施肥机械化水平、设耕整地的机耕水平。

（五）农业生态环境

江苏以种植业和畜牧业为主，农业生产机械化水平相对较高，居全国第一位，但化肥使用量和农药使用量也位居前列。2018 年 1 月底，江苏印发了《关于加快推进农业绿色发展的实施意见》，提出建设农业发展与农业生态协调发展的生态江苏。截至 2019 年底，全省 66.41%的农田达到高标准要求，并按照生态农业发展的要求，土地用养结合，减少土地负荷。全省推广测土施肥技术，2017 年推广面积达到了 480 万公顷，同时推广秸秆还田、绿肥种植技术等。在化肥使用量方面，全省的使用量和单位面积使用程度都有所下降，目前，围绕推广有机肥，减少化肥的使用进行调整，通过创建示范县来推广有机肥替代化肥、机械化施肥、水肥一体化智能配肥等高效施肥技术。在灌溉方面，建立高效的节水制度，提倡喷灌、滴灌和管道为主的节水灌溉方式。截至 2018 年底，全省农业废弃物综合利用率达 82.70%，比上年提高 1.7 个百分点。

（六）农业支持保障

农村金融的发展对促进整个农业发展尤其是农业现代化的发展具有举足轻重的作用，农业现代化的发展需要农村金融配套完整的金融服务。《江苏统计年鉴》显示，2014~2019 年，涉农年末贷款余额增加比重分别为 6.61%、7.85%、8.21%、9.93%、9.32%、9.90%。近六年金融机构对农业的贷款增加额比例维持稳定增长，但与农业发展速度比较，支持力度有限。财政对农业总投入的增长幅度与财政经常性收入增长幅度之比维持在 1.1 左右，但有个别年份为负。2018 年农业保险费收入为 38 亿元，相比于 2017 年增加了 2 亿元。

第三节　江苏农业现代化发展对金融的需求分析

农业现代化是一个国家和地区现代化的重要内容，江苏提出的农业现代化工程就是要适时推进农业现代化建设，改善农业生产条件，优化产业结构，增强农业经营活力，提升综合生产能力。农村金融体系的健康运行能够满足农村经济主体的正常金融需求，能够促进农村经济的持续发展和农民收入的稳定增长。

本节就目前江苏农业现代化发展现状分析结果，总结出为实现江苏农业现代化对农村金融体系的需求主要包括对农业小额信贷、农业保险、财政支农、股权融资以及农业产业引导基金的需求。

一、江苏农村金融的需求主体

江苏农村范围内存在多种金融需求主体，例如，农户、农村企业、农村基础设施建设、村级组织及乡镇政府等。由于后两种组织均起到引导农业生产、乡镇企业经营和农民收入增长的作用，因此以下主要讨论农户、农村企业和农村基础设施建设三个主体的金融满足和支持现状。

（一）农户

早期阶段，农户家庭经营收入占主导，由于农业经营本身具有一定弱质性，农业基础建设周期长，资金需求量大；同时融资条件过于苛刻，缺乏相应抵押品，授信额度低，长期存在金融抑制，因此农户收入会有较高的不确定性。另外，农业生产要素禀赋、外部环境差异、用户受教育程度不同决定了农户金融需求呈现复杂性特征。

据此，农民可分为三种类型：生存压力型、追求收入型和经济发展型。生存压力型农户收入结构单一，生活水平较低，收入只能勉强维持基本的生存，因此无论是日常消费还是农业生产都需要大量的资金，但是，由于缺乏担保和担保信贷额度较低，很难从正规金融机构获得全额信贷支持。追求收益型农户经济基础较好，获取资金主要用于扩大农业生产或获得更高消费需求，这部分农民通常可以从金融机构获得小额信贷需求，但仍然没有满足大的资金需求。经济发展型农户往往有相对更高的教育水平，有能力从事规模化的农业生产或其他非农高效益产业，该阶段农户往往需要大量资金促进家庭整体收入增长或追求更高的社会地位，虽然相比其他农户拥有相对较多的资产，但是金融机构的抵押要求仍未得到满足，信贷资金的获取受到各种限制。

（二）农业企业

农业企业一般是由农民投资或举办的集体、合作、个体企业，发展农业企业有利于盘活农业交易交换，丰富农业商品和劳务市场；引流农村地区闲置劳动力，提高工资性报酬，改善收入结构；推动农产品深精加工，提升产出总价值等。

由于规模不同，农业企业包含了中小型企业和龙头企业。农村中小企业数量较多但规模较小，多是由个人投资或乡镇集资创办，由于规模较小，因此企业运营只能维持基本收益且不稳定，经营风险相对较高，社会认可度低，中小企业不是金融机构的首选客户群，金融机构也不愿意为其提供足够的信贷支持。龙头企业往往规模较大，专业化和现代化经营、管理制度可以获得更高的收益和发展速度，为了进一步扩大规模来增强竞争力，龙头企业同样面临较大的资金需求，但由于其更高的创造利润的能力和信誉度，往往更容易获得金融机构的放款。

（三）农村基础设施建设

农业农村基础设施和公共服务是乡村振兴总体任务的强力支撑，是实现农业强、农村美、农民富的重要抓手，将贯穿农业农村现代化的全过程。长期以来，江苏农业农村基础设施建设和公共服务对江苏农村经济社会发展产生了巨大的直接效应和间接效应，是推动农业农村发展的动力引擎。与全面实现农业农村现代化的要求相比，江苏目前农村基础设施供给与现代农业发展需求还不完全匹配，公共服务供给与农民的美好生活需要还有一定差距。江苏目前仍需要继续把基础设施建设重点放在农村，持续加大投入力度，加快补齐农村基础设施短板，促进城乡基础设施互联互通，推动农村基础设施提档升级。继续把国家社会事业的发展重点放在农村，促进公共教育、医疗卫生、社会保障等公共服务向农村倾斜，初步建立健全全民覆盖、普惠共享、城乡统一的公共服务体系，推进城乡基本公共服务均等化。

目前，农业农村基础设施和公共服务的供给决策更多地体现了各级政府部门的意愿和能力，对农民需求的反映还不够充分，人居环境、基础设施和公共服务的城乡差距还比较大。今后，江苏农业农村基础设施建设和公共服务要更加注重农民的主体需求、乡村产业发展的需求，提高农民参与决策的主动性和积极性，提升基础设施和公共服务供给的民主化、科学化水平。同时，依法合规加大对农村基础设施建设的中长期信贷支持，重点支持苏北地区农民群众住房条件改善等农业农村重点领域和薄弱环节，让基础设施和公共服务供给在农业农村现代化中发挥更大效用。

二、江苏农村金融的产品与服务需求

综合以上农村金融的需求主体分析以及对江苏农业现代化指标评级分析后，目前服务于农业现代化的农村金融需求主要有以下几个方面：

（一）农业小额信贷需求

所谓小额信贷，主要是为中低收入人群和微型、小型企业提供的，贷款金额一般为1000元以上20万元以下，主要解决一些小额、分散、短期、无抵押、无担保的资金需求的金融服务活动。江苏从2001年开始全面推广农村小额信用贷款，江苏农村信用社作为全国小额信贷的主要试验田，把简化贷款手续，支持农村发展建设服务、想方设法地解决农民“贷款难”问题作为主要工作来抓，并且取得了明显成效。经过多年的努力，农村小额信用贷款走过了一个飞速发展的时期。截至2019年12月末，江苏所有农村乡镇网点均开办了农户小额信用贷款业务，农业贷款达3325.64亿元，较年初增加517.47亿元，增长18.43%，超过各项贷款增速2.68个百分点。这对农业增效、农民增收致富和农村经济发展起到了积极的推动作用。江苏探索出了一种政府组织引导、民资踊跃参与、市场接纳认可的小额信贷模式，但其中仍存在一些问题需要进一步完善。

（二）农业保险需求

为了鼓励农业金融的发展，江苏省财政厅联合邮储银行和中国人民财产保险公司于2016年成立了“农业保险贷”项目，为江苏各市的农业发展提供资金保障，同时也稳固了江苏农业保险在全国的领先地位。截至2016年底，江苏农业保险险种已达52个，农业保险已为全省参保农户提供约3073.5亿元的风险保障，全省已支付农险总赔款101.18亿元，2262万户次农民从中受益，基本实现了对主要种植业、养殖业和高效设施农业保险的全覆盖。2019年全省主要种植业保险承保覆盖面超过90%，高效设施农业保险保费占比达56.94%，省级财政农业保险费补贴为9亿元。江苏作为国家农业保险试点省份的十余年间，在江苏省委、省政府及相关职能部门的协同工作下，江苏各级农险保费补贴比例从2007年的60%提高到2017年的不低于70%（据世界银行在65个国家的调查显示，发达国家农业保费补贴平均为44%），江苏农业保险的发展在很大程度上促进了农业的发展，同时也促进了农业科技的发展。

农业保险制度设计的初衷是保障粮食及农业生产的稳定和基本安全，但随着农村各项事业的推进和农民对美好生活的更高向往，对保险保障的内生性需求比以往更显迫切，实现新时期农业现代化目标，迫切需要农业保险这一金融工具保驾护航。

1. 创新发展农业保险是现代农业政策实施组合拳和精准发力的需要

农业现代化的加快推进离不开政策的扶持。目前江苏对“三农”的各类资金补贴总量并不低，但面临财政负担重、可持续性难度大等困境。同等规模的补贴资金如果以保险的方式来对接，则完全属于国际上公认的“绿箱”政策，同时可以发挥杠杆效应，体现更好的普惠性。在农业生产发生大灾害时，按照“谁受灾、谁获偿”的原则，用保险赔偿代替财政救助对受灾农户进行补偿，体现了救灾的及时性和精准性。加快推进农业现代化需要在更高层次上稳定“三农”的风险保障预期。

2. 创新发展农业保险是现代农业经营主体培育和壮大的需要

以农村合作社、农业龙头企业等为代表的新型农业经营主体在农业现代化进程中发挥着主力军的引领作用。江苏新型农业经营主体占比已接近50%，保费占比接近60%，而且随着农村土地确权、流转的趋势性演变还将持续提升。相比于一般的小农户，新型农业经营主体已经不再是生计型或兼业型农户的简单再生产，而是走市场化程度高的扩大再生产之路。这类主体经营规模大、潜在风险高，对保险保障水平和保障范围的需求也必然更高，尤其是日益凸显的农产品价格与收入波动。

3. 创新发展农业保险是现代农业生产体系结构优化和保障升级的需要

农业现代化的重要标志是品种结构、产品结构、生产结构、产业结构的整体性提质和增效。在加快特色产业扩面的同时，要关注现代农业生产的全方位风险保障需求，既要应对农业生产内生的自然风险，还要重视与商品化密切相关的市场风险、质量风险、物流运输风险；不仅希望农业保险能在传统保障领域展现特长，还需要在提供增信、促进融资方面发挥独特作用；不仅要着眼于农业生产收益的保障，还应将保险的功效衍生到美丽乡村建设等领域。

农业保险在重点发展价格保险、收入保险以及地方特色农产品保险的同时，还需要加快建立金融机构服务乡村振兴的专门考核评价机制，让金融对乡村的供给既有数量更有质量。同时，还可以进一步发挥江苏省信用再担保集团、江苏省农业信贷担保公司作用，完善涉农贷款风险分担与补偿机制，对为涉农信贷提供担保的第三方机构，按其担保业务的余额给予一定的风险补偿。

（三）财政支农需求

财政支农投入不仅可以保发展、惠民生，更能促进农业现代化进程，主要体现在以下几个方面：一是财政支农投入可以促进农业科技水平和劳动力素质提升；二是财政支农可以促进农业基础设施和农业机械化水平跃升；三是财政支农可以促进农业信息化服务推广；四是财政支农可以促进农业生态环境改善。

近年来江苏省委、省政府及相关职能部门积极推动农业供给侧结构性改革，全省13市因地制宜，大力发展规模高效的养殖业、区域特色产业，建立现代农业产业园，健全农村电网设施，鼓励支持发展家庭农场、农民合作社等新型农村经营主体带动农村整体实现脱贫攻坚任务。当前，尽管江苏现代农业发展已经具备了较好的基础和条件，但在财政支农投入促进农业发展中，仍然存在一些不足。

1. 财政支农投入结构亟须调整，促进农业现代化投入的重点领域还不够突出

江苏现代农业发展中存在的矛盾主要体现在农业生产与环境容量之间的矛盾、农业生产环境与农产品质量安全之间的矛盾以及农民素质与现代农业发展之间的矛盾。

现代农业发展资金的使用范围，主要包括以下几个方面：一是优势特色主导产业。主要用于支持高效种植业发展、标准化健康养殖、农产品加工能力提升和农村三次产业融合发展等方面。二是培育新型农业经营主体。主要用于支持农民合作社、家庭农场和农业企业高质量发展、开展农业生产社会化服务等方面。三是现代农业产业园区等平台载体建设。主要用于支持农业产业园区等平台载体的公共基础设施和公共服务能力建设等方面。四是农机具购置补贴。主要用于支持从事农业生产的个人和农业生产经营组织对购置补贴机具品目内的农业机械予以补贴。五是其他与现代农业发展相关的任务与项目。当前江苏用于农业生态环境保护类支农资金和现代服务体系建设类资金比例不太高，这对现代农业的快速发展形成了一定制约。此外，江苏现代农业发展也面临农户兼业化、劳动者素质不高、劳动者年龄偏大和现代农业人才缺乏等制约，因此用于强农惠农政策补贴类资金也需要稳步增加。

苏南、苏中和苏北财政支农资金来源构成上存在明显差异。苏南依托雄厚的地区经济和财政实力，对现代农业发展投入了大量资金，以昆山市为例，2019年的财政支农投入为195086万元，县级投入比例高达75%。苏中和苏北地区，受地区财力限制，而这些地区的农业现代化进程更需要支持和帮扶。

2. 财政支农效果有待改善，现代农业产业的布局不尽合理，规模集聚效应还不够显著

从江苏各类支农政策的实施效果看，由于政策设计层面和执行层面等因素，各类政策在实施中都不同程度地存在一些问题。补贴类支农政策中，种粮补贴和良种补贴政策对农业生产条件较差的地区效果并不明显，且存在一些地方政府部门对种粮补贴的积极性不高现象。另外，近年来农业生产资料价格的过快上涨抵消了种粮补贴的作用，种粮直补对农户增收的作用有限。扶持农业产业化政策效果有限，农民专业合作社存在发展规模较小、运转资金不足、经营管理人才缺乏问题；农业产业化龙头企业对农户带动作用有限，农户从中受益较小。此外，江

苏农业的产业构架以及农产品供给结构与发展的要求在一定程度上存在不对称；生产与市场的矛盾还没有根本改观，利益联结机制尚需改善。

3. 财政支农投入机制设计仍需完善，促进农业现代化发展的机制还不健全

财政支农投入机制设计和绩效管理中的农业绩效评价体系还不够成熟。虽然发布了财政支农投入农业项目绩效考评办法，但仍缺乏统一的操作程序和具体办法，考核过程存在形式化的现象，不能完全反映财政支农投入对农业现代化促进作用的实际效果。农业部门作为公共服务部门，提供的物品或服务中多为以产生社会效益、可持续发展效益为主的公共物品或准公共物品，涉及公平、责任、素质等方面的目标则难以简单量化分析，为财政支农投入促进农业现代化发展的机制设计增加了难度。各级地方政府对于促进现代农业发展机制的认识有待进一步深化，组织化的推进机制有待建立完善，农业扶持和保护、土地流转和监管等方面的政策机制有待探索研究。

（四）股权融资需求

随着企业生产规模的不断扩大，需要投入更多资金以支持更大的需求，此时内源融资已经不能满足企业的需求，便需要通过外源融资来满足企业的资金需求。外源融资是指企业从其他经营主体获取资金用于自身的经营的过程，包括股权融资和债务融资。一般情况下，与债务融资比较，股权融资的成本较高，但与此同时，股权融资也在现金流约束和风险承担方面具有得天独厚的优点。

农业本身具有投资周期长，受自然条件、市场波动影响较大的特点，股权融资可以更好地适应农业产业化经营中企业的永久性和风险性投资需求。但现阶段，由于受到运营模式和土地制度的限制，农业企业往往规模有限，农业生产的产业化程度较低，从而大大限制了农业企业的资本市场参与度。从上市公司看，A 股农业上市公司不足百家，占全部上市公司数量比重不到 3%，市值比重不足 2%，场内市场服务的农业企业无论从数量上还是融资规模上都相对有限。

为提高江苏省内农业企业的股权融资能力，江苏省农业农村厅、江苏省地方金融监督管理局联合印发《江苏股权交易中心开设“农业板”工作方案》，在深入调研江苏农业实际情况与需求的基础上，江苏股权交易中心建立了区域性股权市场“农业板”业务制度和审核标准。该板块是针对江苏农业企业生产经营特点、资本市场服务需求，为省内农业企业打造的专属服务板块。为挂牌农业企业提供展示宣传、投融资等综合金融服务；引导农业企业实施股份制改造，建立健

全现代企业制度，提升经营管理水平，借力资本市场做大做强。截至目前，在江苏股权交易中心“农业板”挂牌企业已超过200家。

（五）农业产业引导基金需求

引导基金是由政府设立并按市场化方式运作的政策性基金，面向广大创业投资企业，其宗旨在于充分放大政府财政资金的杠杆效应，增加创业投资资本供给，完善创业发展环境；有效引导创业投资资金向新兴产业领域的企业投入，培育壮大战略性新兴产业规模，推进全省经济结构调整和产业升级。

引导基金按照“政府引导、市场运作、科学决策、严格管理”的原则，资金专门投向江苏省境内的新能源、新材料、生物技术与新医药、节能环保、软件和服务外包、物联网和新一代信息技术等新兴产业。同时，引导基金按照效率优先、兼顾地域经济发展的原则，与现有的国家级引导资金和市、县其他创业投资引导资金之间建立协调配合机制，科学合理地使用资金，提高资金配置效率。

2016年，泰州农业开发区农业投资基金成立，这是江苏省政府投资基金出资设立的第一只农业板块基金。该基金将立足泰州，面向全省，通过股权投资、债转股等多种形式为企业发展提供帮助，缓解相关优质农业项目资金短缺难题。新成立的该基金总规模10亿元，以泰州农业开发区为发起人，首期出资1亿元，由江苏省政府投资基金等四名合伙人共同出资。

设立现代农业产业基金，符合江苏省委、省政府和各市委、市政府加快转变财政扶持方式的要求。放大政府投资基金引导和撬动作用，吸引各类社会资本投资农业农村领域，省级政府投资基金投资农业农村项目超额收益可以部分或全部让利社会资本。通过加大专项资金整合力度，将原分散于涉农各部门的财政无偿专项资金进行整合，将资金“有偿化”为基金形式，投向农业企业，并获取一定的收益。一是提高财政资金使用效率，通过发挥市场在资源配置中的决定作用，筛选出真正有潜力的本地优质农业企业进行扶持；二是发挥财政资金的杠杆作用，引导和撬动更多的金融资本和社会资本共同参与“三农”建设，扶持农业龙头企业的发展；三是增加财政资金“蓄水池”功能，通过有偿使用财政资金，基金规模会滚动发展变大，在目前本级财力有限、专项资金逐年削减的情况下，能够稳定地给农业企业的发展提供资金保障。

三、影响农业发展金融需求的因素分析

农村金融体系的有效性程度如何，在于其是否能够满足农村经济主体的有效金融需求，能够促进农村经济的持续发展和农民收入的稳定增长。影响江苏农业现代化发展金融需求的因素众多，主要包括以下几个方面：

（一）农业生产的收益和风险特征

贷款利率是信贷资金的融资成本，根据价格需求的一般规律，随着贷款利率的升高，贷款的有效需求逐渐降低。金融市场的利率对农户的借贷需求具有调节作用，根据一般的市场机制，借贷利率与农户的借贷需求应具有负相关关系，即在其他条件不变的情况下，农户借贷需求随利率的上升而下降。

在贷款利率受到控制的情况下，风险和收益成为能否获得银行信贷支持的主要指标。农业生产面临较大的自然风险和市场风险，虽然新型农业经营主体提升了农业抵御风险的能力，但其经营管理与现代企业相比还存在较大差距，导致农业产出和收益存在较大不确定性。对种植业、养殖业以及种养兼业的比较发现，大田作物成本大、利润低；相对而言，养殖业的利润较高，可能比种植业更容易获得贷款；种养兼业由于经营风险相对小，也比较容易得到贷款。

近年来，江苏新型农业经营主体蓬勃发展，其在基础设施、设备、机械购置与租赁方面需求较大，因此对融资依赖性比较强，但缺乏合适的担保物和抵押品。金融机构往往会偏好于规模较大、相对成熟的农业龙头企业，忽视小型、微型新型农业经营主体的融资需求，削弱了金融机构对农村经济的支持作用。

（二）农企治理水平与信贷准入标准的适应程度

信用是金融体系运行的基础，而信用信息不对称已成为目前金融机构不愿过多涉足农业产业的重要原因。根据信贷配给理论，当面临对贷款的超额需求又无法分辨单个借款人风险时，为避免逆向选择，银行不会进一步提高利率，而是会在一个低于竞争性均衡利率但能使银行预期收益最大化的利率水平上满足信息较对称的借款人的需求。

相较于其他领域，农业产业经营主体大多体量较小，运行不规范，治理缺陷广泛存在，信息不对称问题相对严重，因此上述信贷配给情况发生的可能性更高。此外，公共部门在协助银行甄别农业主体规范性上发挥的作用有限，存在信用信息体系建设推进缓慢，银、政、企、保信息共享平台缺失等问题，加之司法

支持乏力，致使不少金融债权难以落实，影响了失信惩戒的效果，也制约了金融支农合力的形成。

由江苏省人民政府支持设立、江苏省财政厅监管的省级政策性农业信贷担保平台，其根本目的是解决原有商业金融体系无法解决的“融资难”“融资贵”等农业适度经营主体发展困境问题，贯彻落实“乡村振兴战略”、助力农业现代化建设。产品既可支持涉农小微企业、专业合作社，也可支持种养大户、家庭农场，单户额度300万元以内，贷款利率控制在年息6.22%以内，担保费率不超过1%，这在很大程度上降低了贷款成本，有利于满足农民的金融需求。

（三）农业人口的收入水平

不同收入水平的人群金融需求是不一样的。通常情况下，低收入阶层的金融需求相对单一，主要围绕存款、取款、个人汇款等基本服务，进一步地则会涉及助学贷款、下岗职工贴息贷款、小额扶贫贷款等普惠性金融产品。中收入阶层则会更多地涉足信用卡、住房按揭，汽车等大件耐用消费品按揭、投资理财等金融服务。高收入阶层在一般服务的基础上，会对高端理财、经营性融资、跨国结算、留学金融等产品和服务产生需求。

当前，我国农村人口的收入整体来看较城镇居民还存在较大的差距，特别是依赖于农村和农业生产的人群，还占有相当的比例。现阶段农业生产方式和农村经济体制，在一定程度上制约了农村人口收入的进一步提高。农村人口的金融需求整体处于较低水平。

结合江苏具体情况，农户之所以更加偏好小额贷款，主要原因有以下两个方面：一是农民收入水平不高且不稳定。这是由农业生产具有生产收益低、农产品附加值低、风险高等特点所决定的，使农户很难满足对大额资金借贷的抵押资产要求，只能选择对抵押资产要求低的小额度贷款，从而导致规模经济效应无法形成。二是伴随着外出务工劳动力的增多，农户的工资性收入对农业生产收入产生了替代作用，当农户需要资金时，就会选择外出务工，而不仅依靠较少的农业生产收入，这样就减少了借贷需求。

（四）农村金融生态环境

农村金融生态环境对农村经济的发展起着重要的作用，它是农村经济发展的外部条件。农村金融生态环境涵盖很多内容，包括农村经济环境、法制环境、政策环境、信用环境等。良好的农村金融生态环境对农村金融的健康发展、合理配置资源、促进农村经济协调发展有着重要的意义。

当前的农村金融生态环境除了农业本身发展程度较弱的影响外，还有法制环境欠佳，相关农村金融法律法规不完善；征信体系滞后，缺乏健全的信用登记制度和信息共享机制；诚信意识不强，缺失有效的失信惩罚机制；行政干预过多，导致金融活动的风险居高不下；农业经营主体对金融政策的认知不足，以致农户对金融支持需求意识薄弱等，从而大大阻碍了农村金融产品与服务的发展与创新。

从江苏来看，目前农村信用信息在有效整合方面还有所欠缺，信息的部门化、碎片化制约了农村普惠金融的发展，风险意识不足。从中国人民银行、银保监会到江苏省相关部门纷纷出台了关于金融支持新型农业经营主体发展的相关政策，但新型农业经营主体对金融法律法规、金融信贷政策、优惠扶持政策等信息的认知程度偏低，降低了一些新型农业经营主体的融资决策的合理性。

四、小结

本章主要从需求的角度分析了经济现代化最早的江苏农户与农村企业借贷存在的约束性因素。分析显示，农村企业欠发达地区农村金融市场体系往往发展缓慢，农户融资与农村小企业融资约束性因素存在相似性，信息不对称、高交易成本、抵押担保缺乏是限制农户与农村小企业从正规金融市场获得贷款的主要原因。因此，在加强银行类金融机构发展的同时，也应该重视非银行、创新性金融机构在农村金融市场体系中的作用。

第六章　江苏第二产业发展及对金融的需求分析

本章总结了江苏第二产业的发展现状，结合江苏实际，对江苏第二产业的发展趋势和结果进行分析，并对第二产业发展过程中的短板问题进行进一步的阐述，再借鉴国内各省份的经验，提出江苏第二产业对金融的具体需求，最后提出相关政策建议。

第一节　江苏第二产业发展现状①

一、工业增速稳中有进

继 2019 年 11 月，江苏规模上工业增加值单月大幅提升 4.5 个百分点后，12 月单月增速继续环比提升 1.1 个百分点，达到 9.3%，进一步带动全省工业增加值增速回升，年度增速达到 6.2%。2019 年，江苏推动重化工企业安全环保整治提升和关停搬迁，推进钢铁企业由沿江向沿海布局的调整和去产能工作，对重工业的发展造成一定影响，工业中，重工业增加值和轻工业增加值分别增长 6.1% 和 6.4%，重工业低于轻工业 0.3 个百分点。分行业来看，40 个工业行业大类中增长面达到 77.5%，其中 24 个行业增加值增速比上年加快。其中，先进制造业

① 数据来源：江苏省统计局、国家统计局、中商产业研究院。

和高新技术产业表现抢眼。医药、交通运输设备、电气机械和专用设备等先进制造业增加值分别增长 19.0%、17.3%、16.9%、8.2%。高技术制造业增加值增长 6.8%，高于规模以上工业 0.6 个百分点，占规模以上工业比重达 21.8%，比上年提高 1.3 个百分点。

分工业类型看，国有企业增长较快，民营工业活力增强。国有企业增长 18.2%，与规模以上工业相比高出 12 个百分点，分别高于民营工业和私营工业 8.7 个和 8.1 个百分点。民营工业增加值增长 9.5%，高于规模以上工业 3.3 个百分点，环比提升 0.4 个百分点，对规模以上工业增长贡献率达 69.7%。私营工业增加值增长 10.1%，高于规模以上工业 3.9 个百分点。从规模上来看，大中型企业增加值同比增长 4.8%，低于规模以上工业企业 1.4 个百分点。江苏工业产销率为 98.5%，生产和销售衔接良好。从全国及周边省（市）情况看，江苏工业保持了相对较快的增长（见图 6-1）。2019 年，全国、浙江、广东、山东、上海规模以上工业增加值分别增长 5.7%、6.6%、4.7%、1.2%、0.4%。江苏高于全国平均水平 0.5 个百分点，分别高于山东、上海、广东 5.0 个、5.8 个和 1.5 个百分点，仅低于浙江 0.4 个百分点。

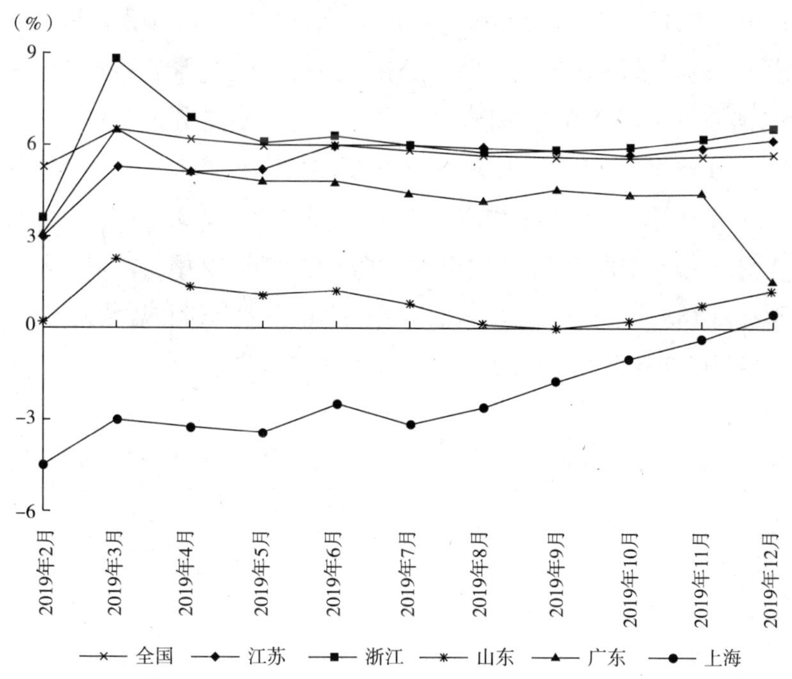

图 6-1　2019 年 2~12 月全国及部分省市规模以上工业增加值累计增速

二、行业生产稳中趋降

2019 年，江苏工业完成工业产值同比增长 5.3%，比上年下降了 3.1 个百分点。41 个大类行业中，有 27 个行业产值同比实现不同程度增长。其中，废弃资源综合利用业、金属制品机械和设备修理业、医药制造业、非金属矿物制造业、交通运输设备业分别增长 25.8%、24.0%、16.7%、16.5%和 15.6%。部分装备制造业增速出现下降，其中，通用设备制造业、专用设备制造业同比分别增长 4.8%、8.3%，比上年回落 5.7 个、8.3 个百分点。一些轻工业增速出现轻微下行，其中造纸和纸制品业、食品制造业分别下降 1.3%和 0.9%，比上年减少 7.6 个、2.5 个百分点。工业企业利润降幅收窄。2019 年 1~11 月，全省规模以上工业企业每百元营业收入中的成本为 85.05 元，比上半年下降 0.44 元。成本下降提高了企业利润空间，全省规模以上工业企业利润总额虽然同比下降了 3.6%，但是降幅比前三季度收窄 0.9 个百分点。

三、区域工业运行平稳

2019 年，江苏区域工业运行平稳，13 个设区市中有 10 个设区市增速高于全省平均水平。连云港、常州、扬州、徐州、无锡、宿迁、淮安、南通、南京、泰州 10 市工业增加值累计增速高于全省平均水平，分别高出 3.3 个、2.9 个、2.3 个、2.0 个、1.6 个、1.5 个、1.3 个、1.0 个、0.8 个、0.2 个百分点，盐城、苏州、镇江 3 市分别低于全省平均增速 4.6 个、3.4 个、1.3 个百分点。与上年相比，有 7 个设区市相比上年增速出现不同程度的回升，其中，徐州工业增加值增速比上年提高 18.1 个百分点。增速回落的 6 个市中，苏州和盐城回落幅度较大，比上年分别下降 2.6 个、2.4 个百分点（见表 6-1）。

表 6-1 2018 年和 2019 年江苏设区市工业增加值累计增速比较 单位：%

年份	2018	2019	变动
江苏	5.1	6.2	1.1
连云港	-6.7	9.5	16.2
常州	6.6	9.1	2.5
扬州	5.1	8.5	3.4

续表

年份	2018	2019	变动
徐州	-9.9	8.2	18.1
无锡	9.0	7.8	-1.2
宿迁	7.8	7.7	-0.1
淮安	4.8	7.5	2.7
南通	7.7	7.2	-0.5
南京	7.8	7.0	-0.8
泰州	5.5	6.4	0.9
镇江	-3.5	4.9	8.4
苏州	5.4	2.8	-2.6
盐城	4.0	1.6	-2.4

资料来源：江苏省统计局、中商产业研究院。

四、投资结构不断优化

2019 年，江苏工业投资增长 3.9%，制造业投资增长 4.6%。其中传统制造业投资增速放缓，高技术产业投资、装备制造业投资保持较高增速，工业投资结构不断优化。计算机通信和其他电子设备制造业、电气机械和器材制造业等行业投资同比分别增长 18.3%、14.4%，分别超过全省制造业增速 13.7 个和 9.8 个百分点。工业技术改造投资增长 8.6%，高于制造业投资增速 4.0 个百分点。高新技术产业投资增长 23.3%，新旧动能转换不断加快。航空航天制造业同比增长 69.4%，电子及通信设备制造业增长 69.0%。部分轻工业投资增速放缓，食品制造业完成投资同比下降 14.0%，烟草制品业完成投资同比下降 55.7%。一些高耗能行业投资显著回落，有色金属冶炼和压延加工业行业投资同比下降 23.0%，火力发电完成投资同比下降 32.4%。

五、工业存在的主要问题

2019 年，江苏工业经济增速总体运行在合理区间，“稳”的态势明显。但“稳”的背后也存在隐忧。一是部分行业增长乏力。2019 年以来，江苏行业产值整体增速保持平稳，但部分行业生产持续低迷，增速低位运行，特别是汽车制造业下行趋势比较明显。2019 年，汽车制造业增速下降 2.2%，比上年回落 9.4 个百分点。汽车制造业关联产业多，衔接供需两端，既是拉动区域工业增长的重要动力之一，也是消费的重要内容，对汽车制造业生产下滑现象应予以关注。二是需求端对工业品价格支撑渐趋弱化。2019 年以来，受内外需求偏弱影响，江苏 PPI 进入持续下降通道，累计降幅不断提高。受原材料和劳动力价格上涨等因素叠加影响，企业生产效益下滑明显，企业利润处于负增长区间，12 月降幅略有收窄，当前工业生产运营面临的压力依然较大。三是融资难问题依然存在。虽然截至 2019 年 11 月末，制造业贷款本外币余额占到了所有贷款余额的 12.6%，但是传统“垒大户”的固有模式并没有根本性扭转，而是转向了“垒小优质户”，导致对小微企业的贷款集中于少数优质客户，更多的小微企业并没有享受到政策利好。民营企业贷款终身追责制的存在，也进一步抬高了民营企业获得民间贷款的难度，融资难、融资贵也成为不少民营企业的痛点和难点。

第二节　江苏第二产业对金融的需求分析[①]

一、融资贵：源于制度僵、流程长、环节多

因为规模小、缺少抵质押物、风险大，民营企业、中小微企业要想在银行拿到贷款，并不容易。一般来说，在没有充足抵押物的情况下，它们需要寻找一家担保机构，由担保机构向合作银行申请贷款。贷款到期之后，必须要先还掉贷款，才能再从银行贷款。顺利的话，可以很快从银行拿到第二次贷款，如果不顺利，就要把之前走过的流程再走一遍。

在这个过程中，企业要提供担保费、上浮的贷款利率以及其他杂项费用。虽然央行公布的贷款基准利率不高，但是经过这些环节层层加码之后，企业拿到的贷款利率并不低。其中，最为突出的是“过桥”费用，即如果贷款到期时，企

① 赵伟莉．江苏省政府召开降低企业融资成本推进会　精准施策，解决融资难融资贵［EB/OL］．中国江苏网，［2018-11-02］．http：//baijiahao. baidu. caml/s?id=1615977403301130356&wfr=spider&for=pc.

业手上没有足够资金还款，那就要找其他资金垫付一下。因为企业要得急，所以“过桥”资金的利息很高，大多数为日息0.4%，且最少不低于三四天。“曾经有一笔300万元的贷款到期，一周时间，仅‘过桥’费用就支付了20多万元。”南通一家刺绣公司老总心疼地说。

融资难、融资贵，喊了很多年，解决了很多年，但问题仍然存在。从2018年前三季度的金融运行形势来看，出现了总量增加、结构优化、成本趋降的向好态势。但是经济金融互动中政策传导不畅、市场预期不稳、政策合力不彰显等新老问题仍然凸显。中国人民银行南京分行行长郭新明直言，当前普遍反映货币政策传导机制不畅，在央行和实体经济之间确实隔着金融机构这一中介桥梁。

目前，银行信贷依旧是民营企业、中小微企业融资的主渠道。而长期以来形成的基础设施贷款、国有企业项目贷款等方式，银行已经固有一套流程，这套流程在面对民营企业、小微企业时，并不适用。为了引导金融机构创新体制机制，改善服务流程，从中央到地方均出台了一系列政策，主要集中在银行信贷资源、人员、考核等方面，虽然取得了一定的效果，但是与市场需求仍不匹配。

二、融资难：需精准分析、精准解决

中国人民银行南京分行数据显示，截至2018年9月末，小微制造企业新增贷款量占全部制造业企业的42.6%，较上年同期大幅提高了8.9个百分点。贷款利率自2018年4月开始下降，目前逐步企稳，并进入下降通道。江苏银保监局筹备组组长熊涛说，每次跟企业交流，“融资难、融资贵”都是绕不过去的坎，而在与银行业金融机构交流时，它们总觉得在解决融资难、融资贵方面做了不少事，为什么还是得不到企业与政府的认可？“两方面的对话很难统一，究其原因，需要精准分析，究竟是什么行业、哪类企业面临着融资难、融资贵。如果是有市场、有前景，暂时资金困难的企业，该帮要帮。而如果是‘两高一低’行业的企业，那该退还是要退，信贷资源要向高质量发展领域倾斜。我们需要打开融资链条，看看是哪个环节存在不畅通，银行业金融机构需要再进一步创新体制机制，创新产品，精准服务实体经济。”郭新明说，金融机构必须优化内部经济资本分配，加强绩效考核，落实尽职免责制度，确保“真金白银”和政策扶持能够成为实体经济的有效投入。

三、增量、增信、增产仍不足

融资难、融资贵，如何对症下药？江苏省地方金融监管局局长查斌仪说，解决这个问题，需要进一步深化金融改革，完善金融基础设施服务。推动省级综合金融服务平台建设，扩大影响力，借助于互联网技术改善银企对接效率；完善普惠金融工作机制；推进小微企业转贷方式创新；加强直接融资服务拓宽融资渠道、强化再担保体系建设。以省级综合金融服务平台为例，半年时间仅核准接入各类金融机构 52 家，企业用户注册数 2. 79 万户，撮合成功授信 1763 笔，金额 70 多亿元，其中首次获得授信的有 498 户。这对于江苏制造业的融资需求来说，无疑是杯水车薪。

针对企业最头疼的“过桥”资金问题，南通继在全省创新成立转贷基金后，又成立了全省首家转贷服务公司，目前与 23 家银行签署了转贷服务战略合作协议。南通市常务副市长单晓鸣介绍，南通常设“融资会诊直通车”“金融帮服万企行”“金融顾问百企行”活动，与政府主导建立的综合金融服务平台、创业融资服务平台、中小企业金融服务中心三大平台，共同构成了解决企业融资难题的组合拳。

从江苏全省来看，2018 年前三季度，全省各级公益性转贷应急资金平台为 6000 多家企业提供转贷金额近 7000 亿元。工商银行江苏分行行长田枫林说，对于民营企业、小微企业贷款，工行以“保本微利”为定价原则，从 2018 年第二季度开始，对单户 1000 万元以内的小微企业融资实现差异化定价，2018 年第四季度计划再投放不低于 100 亿元小微企业贷款，执行利率控制到更低水平。“降低融资成本是一项长期和系统工程”，田枫林说，2019 年将对 5 万户普惠金融客户进行上门走访，为不少于 2 万户新小微企业客户提供金融服务。

江苏省财政厅副巡视员徐洪林认为，财政与金融政策需要更加协同，进一步通过财政资金的引导作用，构建各类风险补偿基金，提高金融机构服务实体经济的积极性。

第三节　江苏金融对第二产业的支持路径

一、江苏出台支持企业融资的政策

全面对标国际标准市场规则体系，聚焦市场主体融资难、融资贵、拖欠账款等“痛点”“堵点”问题，以打造国际一流的营商环境。要全面对标国际高标准市场规则体系，以市场主体需求为导向，以政府转变职能为核心，以创新体制机制为支撑，深化简政放权，强化公正监管，优化政务服务。同时，鼓励各地区、各部门结合实际先行先试有利于优化营商环境的改革举措；对探索中出现失误或者偏差，符合法定条件和国家、省有关政策要求，且勤勉尽责、未牟取私利的，可以依法予以免责或者减轻责任。

聚焦解决市场主体的“痛点”“堵点”问题，对中小微企业的融资难、融资贵、拖欠企业账款等问题进行重点立法。对金融机构为民营企业和中小微企业提供贷款等相关金融服务做出不少特别规定。例如，鼓励、引导各类金融机构增加对民营企业、中小微企业的信贷投放和其他信贷支持，并合理增加中长期贷款和信用贷款支持，提高贷款审批效率；鼓励动产抵押、质押等形式的担保物融资，推动建立全省统一的动产担保登记平台等。同时，专列一条明确：“机关、事业单位不得违反合同约定拖欠市场主体的货物、工程、服务等账款，国有企业、大型企业不得利用优势地位拖欠民营企业、中小企业账款，不得违背民营企业、中小企业真实意愿或在约定的付款方式之外以承兑汇票等形式延长付款期限。”

深化制度改革，实现企业开办全程在线办理，推进“证照分离”改革，完善企业注销和破产重组等退出制度，简化流程，压减办理时间。强化政府在产业政策引导、投资促进服务、境外投资服务、突发事件的救助等方面职能，创新政企沟通机制，及时倾听和回应市场主体的合理反映和诉求，依法帮助市场主体协调解决生产经营中遇到的困难和问题。

按照建设服务型政府和“数字”政府的要求，要求推进政务服务标准化、落实首问负责、首办负责、当场办结等制度；推动政务服务向基层延伸，对政务服务信息化、电子证照和印章、政务数据共享等进行规范，如有关部门应当深化数据共享应用，能够通过部门间数据共享收集的，不得要求服务对象重复填报。

二、出台金融支持制造业的政策建议①

制造业是实体经济的主体，金融服务实体经济，重点在制造业，难点也在制造业。为引导金融业加大对制造业的支持力度，江苏省银保监局制定了《关于银行业和保险业支持全省制造业高质量发展的指导意见》（以下简称《指导意见》）从主要目标、重点支持领域、主要工作举措和相关保障措施四个部分着手，着重解决优化各项资源配置、强化产品服务创新、科学匹配贷款期限和合理控制融资成本等问题。

（一）进一步降低制造业企业综合融资成本

数据显示，江苏制造业贷款余额已保持 34 个月持续正增长。截至 2020 年 4 月末，全省银行业制造业贷款余额为 20784 亿元，较年初净增 1353 亿元，增长 6.9%，超过上年全年增量。除了继续保持制造业金融服务向好态势之外，《指导意见》提出，从 2020 年开始，通过三年努力，实现制造业金融服务“增量、扩面、提质、降本”。

具体而言，增量，即制造业全口径融资、制造业全部贷款、制造业中长期贷款、制造业信用贷款余额明显高于上年，努力实现制造业贷款增速不低于各项贷款平均增速。扩面，即加大“首贷户”信贷投放力度，实现制造业贷款户数明显增长，制造业贷款占比较低的机构要制订提升计划。提质，即努力实现制造业中长期贷款增速不低于各项贷款平均增速，适当下放信用贷款审批权限，合理提高制造业不良贷款容忍度。降本，即进一步推动降低制造业企业综合融资成本。

（二）重点支持新基建等六大领域

金融活水如何精准滴灌制造业，哪些领域将收获政策红利？《指导意见》明确了六大方向。

---

① 孙忠．增量扩面提质降本 江苏出台银行保险支持制造业高质量发展指导意见［EB/OL］．中国证券网，［2020-06-09］．http：//news. cnstock. cam/news, yw-202006-4545853. htm.

一是先进制造业企业集群。支持全省重点培育的新型电力装备、工程机械、物联网、高端纺织、前沿新材料、生物医药和新型医疗器械、集成电路、海工装备和高技术船舶、高端装备、节能环保、核心信息技术、汽车及零部件、新型显示等先进制造业集群。

二是十大战略性新兴产业。支持新一代信息技术、高端软件和信息服务业、生物技术和新医药、新材料、高端装备制造、节能环保、新能源和能源互联网、新能源汽车、空天海洋装备、数字创意产业十大战略性新兴产业企业。

三是名单内高新技术企业。支持国家、省有关部门认定的高新技术企业，特别是省市科技主管部门确定的“白名单”科技企业。支持省“双创”计划、留学回国人员创新创业计划和人才创新创业大赛等重点引进的先进制造业高层次创新创业人才项目。

四是传统产业转型升级。支持江苏省钢铁和有色金属、石油炼化、造纸纺织等传统产业中符合国家产业布局、技术改造方向、消费升级趋势以及开展国际产能合作的制造业企业转型升级，积极支持其智能化、自动化改造融资需求，择优支持退城入园、搬迁改造类项目。

五是细分行业龙头企业。支持工业重点产品工艺“一条龙”应用计划示范企业和示范项目、专精特新“小巨人”企业、单项冠军示范企业、瞪羚企业、独角兽企业等。

六是新基建领域制造企业。加大对5G、特高压、城际高速铁路和城市轨道交通、新能源汽车充电桩、大数据中心、人工智能、工业互联网等新基建领域制造业企业支持力度。

（三）四大举措确保政策实施有力

《指导意见》还提出一系列工作举措，确保政策落到实处。一是实行政策倾斜，优化配置各项资源。建立涵盖“专项信贷规模支持、专属客户评价体系、专项考核激励机制和专业经营管理团队”的“四专机制”。二是创新产品服务，匹配多元融资需求。包括创新金融产品、提供多元服务、拓宽融资渠道和完善保险保障等。三是主动减费让利，合理控制融资成本。包括合理减费让利、科学匹配期限、优化担保措施等。四是审慎稳健经营，完善风险防控机制。包括择优选择支持对象、强化全面风险管理、稳妥化解处置风险等。

同时，为进一步在服务实体经济的同时防范化解金融风险，下一步，江苏银保监局将围绕做好“六稳”工作，落实“六保”任务，通过持续监管督导、现场检查、普惠金融指标考核、监管会谈等手段，督促辖内银行保险机构认真贯彻落实《指导意见》等文件要求，切实加强对实体经济特别是战略性新兴产业和先进制造业企业的金融服务，确保金融活水流向实体经济。

第七章　江苏第三产业发展及对金融的需求分析

本章总结了江苏第三产业的发展现状，结合江苏实际，对江苏省第三产业的发展趋势和结果进行分析，并对第三产业发展过程中的短板问题进行进一步的阐述，再借鉴国内各省份的经验，提出江苏第三产业对金融的具体需求，最后提出相关政策建议。

第一节　江苏第三产业发展总体状况①

一、服务业保持较快增长

2019年，江苏服务业增加值比上年增长6.6%。全省规模以上服务业（不含批零住餐、金融及房地产业）实现营业收入13596.9亿元，同比增长8%，比上年同期加快0.9个百分点。调查的31个行业大类和4个中类中，有28个行业营业收入保持正增长，增长达80%。新兴服务业快速成长。软件和信息技术服务业、互联网和相关服务业营业收入分别增长18.8%、23.4%；快递业务量同比增长31.4%，带动邮政业营业收入同比增长13.5%。全年铁路运输总周转量增长6.3%，公路运输总周转量增长5.1%，机场旅客吞吐量、货邮吞吐量分别增长

① 数据来源：江苏省统计局、国家统计局、中商产业研究院。

13.2%、7.5%。规模以上服务业企业营业利润1139.5亿元，同比增长7.5%，比上年同期提高2.9个百分点。

二、金融业保持增势

2019年，江苏固定资产投资比上年增长5.1%。分产业看，第一产业投资增长9.5%，第二产业投资增长3.4%，第三产业投资增长6.3%。第二产业投资中，制造业投资增长4.6%；工业技术改造投资增长8.6%，增速比工业投资高出4.7个百分点。高新技术产业投资增长23.3%，增速比上年加快8.1个百分点。仪器仪表、电子和医药等新兴行业投资增速较快，同比分别增长127.0%、56.9%、53.3%。第三产业投资中教育业投资增长30.8%，文化、体育和娱乐业投资增长13.9%，公共管理、社会保障和社会组织投资增长15.0%，居民服务和其他服务业投资增长11.1%。房地产开发投资增长9.4%，其中住宅投资增长13.1%。全省商品房销售面积13872.9万平方米，同比增长3.6%；其中住宅销售面积12545万平方米，同比增长4.2%。2019年末金融机构人民币存款余额152837.3亿元，同比增长9.4%，金融机构人民币贷款余额133329.9亿元，同比增长15.2%，均比上年末加快1.9个百分点。2019年末，制造业贷款余额15538.1亿元，比年初增加705.7亿元，同比增长3.9%，增速比上年同期加快0.8个百分点；信息传输、软件和信息技术服务业贷款余额同比增长19.6%；科学研究和技术服务业贷款余额同比增长14.7%；公共管理、社会保障和社会组织贷款余额同比增长24.4%。

三、商业运行稳中有升

2019年，江苏社会消费品零售总额比上年增长6.2%。按经营单位所在地分，城镇消费品零售额增长6.0%，农村消费品零售额增长7.7%。按行业分，批发和零售业零售额增长5.9%，住宿和餐饮业零售额增长8.7%。从消费品类值看，基本生活类商品增势平稳。限上饮料类、烟酒类、日用品类商品零售额同比分别增长3.4%、4.1%、8.0%。消费升级类商品较快增长。书报杂志类商品零售额增长19.8%，中西药品类增长10.6%，化妆品类增长8.2%，增速比上年分别加快3.9个、7.9个和5.2个百分点。汽车及石油制品类增长乏力。汽车类商品零售额同比下降1.6%，降幅比上年收窄1.3个百分点；石油及其制品类商品零售额同比下降1.9%。网上零售占比提升。全年限上批零业通过公共网络实现零售额1391.7亿元，占比达10.4%，比上年提高0.8个百分点；限上住餐业实现网络餐费收入16.2亿元，占比为2%，比上年提高0.1个百分点。

四、财政收支平稳为第三产业发展提供必要基础

全年完成一般公共预算收入8802.4亿元，同比增长2.0%。税收收入7339.6亿元，同比增长1.0%，其中增值税3146.7亿元，同比增长1.4%；个人所得税349.3亿元，同比下降25.4%。税收收入占一般公共预算收入比重达83.4%。全年完成一般公共预算支出12573.6亿元，同比增长7.9%。民生支出保持较快增长，教育支出增长7.9%，文化旅游体育与传媒支出增长33.5%，科技支出增长13.5%，交通运输支出增长12.2%，城乡社区事务支出增长9.5%，住房保障支出增长7.5%，社会保障和就业支出增长7.6%。

第二节 江苏第三产业对金融的需求分析

一、江苏科技型企业的融资需求特点

截至2019年12月底，全省按照科技部统一要求进行评价，纳入江苏省科技金融风险补偿资金备选企业库并登记编号的科技型中小企业达23188家，省内科技型中小企业入库数在全国名列前茅。大量的科技型企业有旺盛的融资需求，且融资需求特点受到企业生命周期阶段和业务发展方向的共同影响。

（一）科技型企业融资需求阶段性强

科技型企业生命周期大体可分为初创期、成长期、成熟期三个阶段。在每个生命周期阶段，企业的规模、盈利能力、发展目标、技术创新、活跃程度、抵御市场风险能力都不相同，各阶段的融资需求也有较大差异。

处于初创期的科技型中小企业风险程度相当高，大部分企业的资金需求旺盛。该阶段的企业难以从银行获得贷款，风险投资介入比率低，只有极少数能在资本市场得到天使投资人的支持。进入成长期后，科技型中小企业的融资需求主

要是用于扩大生产规模、加大研发投入、拓展销售渠道等方面，资金需求量较大。这个阶段企业除了银行贷款以外，可以借助风险资本、场外股权市场等融资手段。步入成熟期，科技型企业拥有稳定的现金流和营业利润，风险降低，融资环境大为改善。企业除了银行贷款以外，还可以通过资本市场发行股票和债券等获得资金，风险资本在此阶段基本已退出。

（二）科技型企业融资风险和收益双高

研发初期的初创阶段仍存在着技术的不确定性；由技术向新产品转化的成长阶段存在着技术成果转化的不确定性；产品已实现量产的成熟阶段仍存在着市场需求的不确定性。这些分散在生命周期各阶段的不确定性共同构成了科技型企业融资的高风险。同时，风险与收益并存，科技型企业在将自主知识产权向高新技术产品或服务转化的过程中，也存在较高的盈利空间。

（三）江苏科技型企业融资需求逐步攀升

除了生命周期阶段的影响，科技型企业业务的发展也影响了资金需求。首先，江苏作为开放型经济大省，经济外向度高，在科技创新领域践行开放创新理念，不少科技型企业通过并购国内其他同行业企业来整合创新资源，实现规模经济，由此产生的兼并收购资金需求将越来越大。其次，随着“一带一路”倡议等国家战略的深度推进，越来越多的处于成长期和成熟期的江苏科技型企业通过绿地投资或海外并购来实现技术提升和跨越式发展。因此，江苏科技型企业“走出去”对外直接投资的资金需求也将更大。

二、现行科技型企业融资产品运行障碍

（一）科技型企业风险研判难度大

需求侧角度，科技型企业大多属于轻资产运营，大部分尚处于前期研发阶段的产业孵化期，创新活动的不确定性强，信用和研发风险难以研判。首先，信用风险方面，初创型科技企业在税务系统和中国人民银行征信系统中的数据积累薄弱。其次，研发风险方面，科技型企业的技术先进性和商业模式先进性涉及其商业秘密，大部分企业在研发能力的披露方面并不详尽。最后，科技型企业的厂房、机器、设备等有形资产有限，核心竞争力集中于发明、专利、知识产权等无形资产，但现行知识产权评价体系尚不健全，造成科技型企业无形资产的公允价值不易评估，流动性弱，难以符合质押要求。

（二）商业银行支持科技型中小企业意愿不强

供给侧角度，商业银行是江苏科技型企业最主要的资金供给方。然而，其风控要求与科技型企业的风险特征存在背离，导致其支持科技型企业，尤其是科技型中小企业的意愿始终不强。首先，银行等金融机构的风控要求严格，关注业务拓展中的风险背书，更倾向于要求强担保措施，风险缓释弱成为科技型企业融资的实际障碍。其次，银行面临着严格的外部监管和内部资产质量的考核，“尽职免责”的银行信贷人员考核体系在实施中难以真正落实，对业务人员拓展科技企业信贷业务的积极性形成制约。最后，科技型企业尤其是初创企业的融资需求具有“小”“频”“急”的特点，导致银行开展科技型企业信贷业务时，单笔业务授信成本高，规模不经济。科技型企业经营过程中的不确定性强于传统行业企业，更严苛的企业调查程序会带来银行额外的人力和财力投入，进一步增加信贷成本。此外，伴随“宁创贷”“锡科贷”等地方性产品及配套政策的陆续出台，“苏科贷”等苏字头产品的政策特殊性减弱，科技企业能够得到的资源优势也有所削弱。金融机构角度，贷款贴息取消后，“苏科贷”等产品收益水平大幅下滑，产品在银行内部收益考核中处于劣势地位，微薄的存贷利差难以有效支撑资金运营成本，导致业务拓展积极性下降。

（三）政府风险补偿基金执行问题多

第一，风险补偿基金申请手续繁杂，增加了银行的时间成本以及即期的不良贷款率。第二，政策不够灵活，补偿基金与银行科技型企业贷款业务需一一对应，且只能在科技型企业贷款年度净增额的一定比例内给予补偿，难以切实帮助银行分担科技型企业坏账的损失。第三，地方财政补偿效率和力度参差不齐，部分地区的地方财政补贴配套难到位。第四，风险补偿审批过程中，主管部门经办人员的尽职免责标准未统一。第五，具体业务在对接各级财政部门、各级科技主管部门及科技相关部门时，存在不同部门及层级间审核标准不统一、职责划分不明确、政策的传导机制通畅性欠佳等问题。总体上看，补偿手续烦琐，补偿金额难落实，大大弱化了财政资金的作用。

（四）资本市场直接融资手段利用不足

我国资本市场体系尚不完善，难以有效满足科技型企业多样化的融资需求。在创业投资基金方面我国仍存在法律法规不完善甚至缺失的现象，风险投资基金从入主企业到退出都面临较多的法律障碍，这极大地限制了创业投资基金的积极性。我国创业板市场与国外发达资本市场中同类型市场相比，上市条件较为苛刻，与主板市场相近，处于成长期的江苏科技型中小企业很难达到准入门槛。江苏的天使投资人数量还相当少，资金规模还不能满足创业者的需要。而且天使投资为了与其承担的高风险相适应，往往对科技型中小企业提出一系列严苛的股权和预期收益要求，使普遍较为保守的江苏创业者不易接受。总体上看，创业风险投资机构的投资额与江苏经济发展水平、江苏科技型中小企业融资需求相比差距还较大。

（五）现行产品设计及流程设计存在瑕疵

“苏科贷”产品设计方面，风险共担比例的制定缺乏可以量化的评价依据，未能完整覆盖科技型企业生命周期。“苏科贷”以企业年销售额5000万元为分类标准，设计了差别化的风险共担机制。规模以下科技型企业如果发生信贷违约，银行承担的损失比例小；反之银行承担的损失比例大。然而，一些年销售额刚突破5000万元、介于初创期和成熟期之间的科技型企业，经营风险并未降低。对于银行而言，此类信贷业务风险敞口陡增，尤其在整体利率下行的情况下，银行拓展此类业务的积极性不高。因此，“一刀切”的分类标准难以避免产品脱档、中部企业难获金融支持的困境。

“苏科保”产品开发方面，由于科技型企业的规律和共性难判断，企业管理水平和参保意识参差不齐，造成产品开发基数太小、补偿方式不符合大数法则等问题，导致保险机构产品开发动力缺失。

流程设计方面，“苏科贷”等产品的审批程序较复杂，审批周期长，能够获得审批的企业占比较低；信贷产品支持期限大多为一年，逐年清偿并续贷容易造成科技型企业资金断档，信贷持续性方面衔接有隙。此外，“白名单”覆盖面小，未纳入“白名单”的科技型企业获得科技融资支持的难度更大。

第四篇

政策实践篇

本篇重点分析区域（市、县、区）出台的产业与金融融合的政策对区域实体经济发展的推动作用，力求能够获得一些不同地区金融发展服务实体产业的经验或教训。

第八章　扬子江城市群的产业金融政策

在江苏“1+3”重点功能区战略中，“1”指的是扬子江城市群，包括江苏沿江的南京、镇江、常州、无锡、苏州、扬州、泰州、南通8座城市，涵盖了江苏经济最发达的地区，是全省经济的“发动机”和增长极。扬子江城市群的发展可以将苏南与苏中地区进一步融合起来，形成江苏高端发展的新经济板块，支撑全省、带动其他区域发展，形成长三角城市群北翼核心区、长江经济带绿色发展示范区和我国对外开放的重要门户。本章主要梳理和分析南京、镇江、常州、无锡、苏州、扬州、泰州7市的金融政策，兼顾南通。

第一节　扬子江城市群的主要产业金融政策

一、扬子江城市群的经济和金融发展概况

（一）扬子江城市群的经济发展概况

扬子江城市群地处“一带一路”和长江经济带建设两大国家战略的融合交汇地带，城市群总面积约5.1万平方千米，占江苏总面积的47.57%。2019年，扬子江城市群总人口约5025万，占江苏总人口的54.68%，占全国的5.75%；城市群地区生产总值合计为77013.33亿元，占江苏GDP的77.29%，占全国的7.77%；城市群人均GDP约为147267元，是江苏人均GDP的1.19倍，是全国的2.08倍。从扬子江城市群经济体量和发展质量来看，无疑是江苏乃至全国区域经济中的重要板块之一，载体作用尤为明显。主要经济指标见表8-1。

表 8-1　2019 年扬子江城市群主要经济指标

指标	南京	镇江	扬州	泰州	苏州	无锡	常州	南通	江苏	扬子江城市群占全省比重（%）
土地面积（平方千米）	6587.02	3843	6634	5787	8488.42	4628	4373	8544	107200	47.57
户籍总人口（万人）	722.60	270.16	457.14	500.55	703.55	502.83	385.00	759.80	7865.82	54.68
常住人口（万人）	850.00	320.35	454.90	463.61	1072.17	659.15	473.6	731.8	8070.0	62.42
GDP（亿元）	14030.15	4127.32	5850.08	5133.36	19235.8	11852.32	7400.9	9383.4	99631.50	77.29
人均 GDP（元）	165681	128979	128856	110731	179200	180000	156390	128295	123607	—
粮食总产量（万吨）	96.56	95.43	285.60	280.55	87.18	54.75	69.60	338.80	3706.20	35.30
工业增加值增速（%）	6.9	1.3	8.5	6.4	1.4	7.8	9.1	7.2	6.2	—
建筑业总产值（亿元）	4235.95	561.00	4228.60	3458.07	2679.60	1038.20	1906.8	1470.64	33103.6	59.14
固定资产投资增速（%）	8.0	2.0	6.1	6.0	8.3	6.1	5.6	6.6	5.1	—
社会消费品零售总额增加值增速（%）	5.2	5.4	6.3	5.2	6.0	8.5	7.8	5.6	6.2	—
进出口总额（亿美元）	4828.15	112.03	113.05	144.66	3190.90	924.30	2330.80	2519.90	43379.7	32.65
货运量（万吨）	41034.31	10289.11	15000	45296	17389.23	19587.30	16516.90	24584.00	258659.1	73.34
旅游总收入（亿元）	2784.95	1024.59	1010.2	414.03	2751	2062.90	1178.09	782.70	14321.6	83.85
金融机构人民币存款余额（亿元）	35536.08	5546.64	6700.46	6879.13	31652.10	17605.46	11176.9	13725.3	152837.3	83.72
一般公共预算收入（亿元）	1580.03	306.85	328.79	374.58	2221.80	1036.33	590.00	619.30	8802.4	80.18
一般公共预算支出（亿元）	1658.60	466.20	611.97	594.23	2141.30	1117.58	653.70	972.80	12573.6	65.35
居民人均可支配收入（元）	57630	44259	37074	37773	60109	54847	49840	40320	41400	—

资料来源：江苏及扬子江城市群各地市 2019 年国民经济和社会发展统计公报。

（二）扬子江城市群的金融发展概况

2019 年，扬子江城市群的金融业实现了稳步发展。南京 2019 年末金融机构本外币各项存款余额 35536.08 亿元，比上年增加 1007.34 亿元，比上年增长 2.9%。2019 年末金融机构本外币各项贷款余额 33585.88 亿元，比年初增加 4428.62 亿元，比上年增长 15.6%。全年新增上市公司 7 家，总数达到 117 家。拥有新三板企业 180 家、法人证券公司 2 家，法人期货公司 5 家。银行业金融机构 53 家；保险机构总数 107 家。①

镇江 2019 年末金融机构人民币存款金额 5546.64 亿元，比年初增加 501.43 亿元。2019 年末金融机构人民币贷款余额 5256 亿元，比年初增加 798.2 亿元。全年新增上市挂牌企业 62 家，其中，上交所科创板上市 1 家，新三板挂牌 2 家，江苏股交中心挂牌 59 家，新增股票融资 34.03 亿元。年末上市挂牌企业总数达 346 家，其中，主板上市 19 家（境内 13 家，境外 6 家），新三板挂牌 35 家，区域股交中心挂牌 292 家。②

常州金融市场运行稳健。2019 年全年实现金融业增加值 565.7 亿元，增长 9.2%。年末金融机构本外币存款余额 11176.9 亿元，增长 10.8%。金融机构本外币贷款余额 8593.5 亿元，增长 13.6%。新增上市企业 3 家，总数 61 家；新增新三板挂牌企业 10 家，总数 109 家。2018 年实现金融业增加值 420.5 亿元，增长 7.5%。③

无锡 2019 年末金融机构各项本外币存款余额达 17605.46 亿元，比上年增长 9.6%；各项本外币贷款余额 13556.67 亿元，比上年增长 12.0%。全年证券市场完成交易额 3.27 万亿元，比上年增长 37.0%。2019 年新增境内外上市公司 8 家，累计 146 家。全市证券交易开户总数 159.05 万户，托管市值 2358.37 亿元，增长 20.4%。年末全市共有证券公司 2 家，证券营业部 157 家。全年新三板企业挂牌 5 家，累计挂牌 273 家。④

苏州信贷规模再创新高。2019 年末金融机构总数 875 家。2019 年末金融机构人民币存款余额 31652.1 亿元，比年初增加 3085.8 亿元，比年初增长 10.8%；

---

① 数据来源：《2019 年南京市国民经济和社会发展统计公报》。

② 数据来源：《2019 年镇江市国民经济和社会发展统计公报》。

③ 数据来源：《2019 年常州市国民经济和社会发展统计公报》。

④ 数据来源：《2019 年无锡市国民经济和社会发展统计公报》。

金融机构人民币贷款余额 30116.7 亿元，比年初增加 3512.4 亿元，比年初增长 13.2%。金融机构人民币贷款首次突破 3 万亿元，成为全国首个人民币贷款超过 3 万亿元的地级市。全年新增上市公司 21 家，累计达 153 家，其中境内 A 股上市公司 120 家，累计募集资金 3031 亿元。科创板上市企业 6 家，数量列全国第三位。①

扬州 2019 年金融信贷较快增长。2019 年末金融机构人民币存款余额 6700.46 亿元，增长 11.7%。全市证券资金账户数 72.89 万户，比上年增加 5.1 万户，增长 7.5%。证券交易额 11943.35 亿元，比上年增加 1992.94 亿元，增长 20%，其中，股票交易额 8629.22 亿元，比上年增加 1915.19 亿元，增长 28.5%，占交易额的 72.3%；基金交易额 462.62 亿元，比上年减少 84.23 亿元，下降 15.4%，占交易额的 3.9%。②

泰州 2019 年金融信贷规模不断扩大。2019 年末金融机构人民币存款余额 6879.13 亿元，比上年增长 12.4%。金融机构人民币贷款余额 5493.92 亿元，增长 14.8%。全年制造业新增贷款 24.51 亿元。全年证券交易额 9811.17 亿元，比上年增长 92.6%，其中股票交易额 5261.12 亿元，增长 43.0%；基金交易额 174.06 亿元，下降 37.4%。③

南通 2019 年末本外币存款余额 13725.3 亿元，比年初增加 1511.1 亿元。2019 年末本外币贷款余额 10211.9 亿元，增加 1320.4 亿元。2019 年末全市上市公司 44 家，比上年新增 3 家，其中境内上市公司 35 家，比上年新增 2 家。上市公司通过首发、配股、增发、可转债、公司筹集资金 150.5 亿元。企业境内上市公司年末总股本 343.3 亿股，市价总值 3148.5 亿元。④

扬子江城市群 2019 年金融业主要经济指标具体见表 8-2。

表 8-2　2019 年扬子江城市群金融业主要经济指标

指标	金融机构人民币各项存款余额（亿元）	金融机构人民币各项贷款余额（亿元）	保费收入（亿元）
南京	35536.08	33585.88	762.83

① 数据来源：《2019 年苏州市国民经济和社会发展统计公报》。

② 数据来源：《2019 年扬州市国民经济和社会发展统计公报》。

③ 数据来源：《2019 年泰州市国民经济和社会发展统计公报》。

④ 数据来源：《2019 年南通市国民经济和社会发展统计公报》。

续表

指标	金融机构人民币各项存款余额（亿元）	金融机构人民币各项贷款余额（亿元）	保费收入（亿元）
镇江	5546.64	5256.00	140.00
扬州	6700.46	5374.85	178.81
苏州	31652.10	30116.70	710.50
无锡	17605.46	13556.67	431.23
常州	11176.90	8593.50	290.80
南通	13725.30	10211.90	312.50
泰州	6879.13	5493.92	193.05
江苏	152837.30	133329.90	3750.20
占全省比重（%）	84.28	84.14	80.52

资料来源：江苏及扬子江城市群各地市 2019 年国民经济和社会发展统计公报。

二、扬子江城市群总体产业金融政策概述

（一）进一步形成扬子江城市群融合发展的格局

推进扬子江城市群融合发展，使之成为未来江苏区域协同发展的最重要增长极，是扬子江城市群建设的重要使命，也给沿江八市带来全新的发展机遇。扬子江城市群在跨江融合发展中要突出政府推动、市场引导的作用，整合沿江八市的资源要素，沿江两岸的城市可以发展升级版的“飞地经济”，深入推进跨江联动发展，形成大中小城市以及城乡一体化的连绵发展态势，从而有效激发沿江八市发展的内生动力和共建合力，使扬子江城市群整体接轨上海，真正实现扬子江城市群的融合发展。①

（二）扬子江城市群建设思路

要围绕扬子江城市群建设的重点任务，超前谋划一些大手笔、新手笔，尤其在产业创新转型、基础设施建设、生态环保、对外开放等领域，加快推进一批、开工一批、超前谋划一批、积极向上争取一批重大工程项目，使之成为促进城市群建设的重要推动力。注重发挥改革的深刺激、强刺激作用，在行政管理体制、资源要素一体化配置机制、区域利益协调机制、产业创新发展机制、绩效考核体

① 资料来源：《智库专家团调研　扬子江城市群融合发展》。

制、城市群治理机制等方面，提出新思路、新举措、新招数。

（三）发展低碳经济，打造现代产业结构

发展若干绿色低碳先进制造业集群，形成服务经济与智能制造双强的现代产业体系。一方面，扬子江城市群需要努力在航天、智能制造、工业互联网、新能源、生物技术、高端装备制造等领域取得突破，打造以低碳、高端、现代化为主的先进制造业结构；另一方面，要大力推进金融、现代物流、科技信息等与制造业融合发展，使现代生产性服务业占比达50%以上。在农业领域，大力推动生产资源利用节约化、生产过程清洁化、废物处理资源化和无害化、产业链循环化，提高农业综合效益；在工业领域，全面推行“源头减量、过程控制、纵向延伸、横向耦合、末端再生”的绿色生产方式；大力发展金融服务、电子商务、文化、健康、养老等低消耗、低污染的服务业，推进零售批发、物流、餐饮住宿、旅游等行业服务主体生态化、服务过程清洁化、消费模式绿色化。

（四）发展跨江通海的现代交通体系

发展扬子江城市群，必须发展完善跨江通海、连接城乡一体化的立体、快速、大容量的现代交通体系和数字化、智能化、网络化基础设施。推进交通设施同城化，建立综合配套的交通网络，实现互联互通、立体对接。取消区域内除高速公路外的干线公路及桥梁收费，建立免费的农产品和食品运输绿色通道。在扬子江城市群中，南京应发挥自主创新的引领作用。

（五）扬子江城市群的应有定位——高度国际化的产业创新高地

产业迈向高端，高度突出创新空间的主诉求。扬子江城市群创新空间的主诉求就是产业创新，包括制造业、科技服务业、现代服务业，尤其在科学领域当中积极向高端产业迈进。以高度国际化的产业创新高地作为定位，从带动沿江地区发展，到建成全球性的中高端的现代产业集群体系，扬子江城市群实现“中部隆起”潜力巨大。

（六）融内联外式发展模式

宁镇扬一体化格局正在形成，近期将实现南京与镇江、扬州主城区间一小时通达，产业体系互补共荣，生态环境共保共治，民生服务同城共享，区域协同创新体系更加完善，科技创新能力显著增强。扬子江城市群毗邻上海，可以充分借鉴上海在智能制造、金融、投资等领域中的建设经验。上海资金和管理的注入将为江苏智能制造的发光发热设定了精彩预告，而对接上海则是扬子江城市群在发展中阔步的一道方向。

三、扬子江城市群各市产业金融政策情况

（一）南京的产业金融政策

2019 年，南京认真贯彻全国和江苏金融工作会议精神，紧紧围绕“服务实体经济、防控金融风险、深化金融改革”三大任务，营造优良金融环境，聚焦服务实体经济发展，着力构建银企命运共同体，取得了显著成效。

1. 金融政策对制造业发展的支持①

（1）加大制造业信贷投放力度。

各银行业金融机构加大制造业信贷投放力度，特别是加大对新一代信息技术产业、高端装备制造业等 7 大类 14 个重点领域的信贷支持，并推进钢铁、石化、汽车、电子等传统优势产业提档升级。

（2）着力解决“融资难、融资贵”的问题。

推动制造业企业多渠道融资，在鼓励金融机构开展排污权、碳排放权质押贷款等绿色金融业务的同时，支持有资质的商业保理公司与各类银行业金融机构合作，开展应收账款、存货、仓单等权益类质押融资。

（3）加大制造业企业“走出去”投融资的政策倾斜。

支持企业以境外资产和股权、矿权等权益为抵押获得贷款。在合理调控外债规模、促进结构优化和有效防范风险的前提下，鼓励资信状况良好、偿债能力强的重点制造业企业赴境外发行本外币债券。

（4）加强控制信贷风险防范。

鼓励和引导保险机构开展制造业贷款保证保险业务，为缺乏抵押担保手段的制造业中小企业提供贷款增信服务。各银行业金融机构逐步建立制造业信贷风险分担机制，在有效管控风险的基础上，减少对担保、抵押物的依赖。

2. 政府加大产业基金的投资

南京市政府设立了多项产业基金项目，其中包括 10 亿元民营企业转贷基金、百亿级纾困发展基金、南京国调国信智芯股权投资基金项目等。

---

① 南京市《关于金融支持制造业发展的实施意见》解读［EB/OL］.［2018-10-22］. http://www.nanjing.gov.cn/zdgk/201810/t20181022_573329.html.

（1）组建10亿元民营企业转贷互助基金。

南京出台《关于支持民营经济健康发展的若干意见》，颁布了《南京市民营企业转贷互助基金实施暂行办法》，基金总规模10亿元。

（2）组建百亿级纾困发展基金。

南京按照国有资本引导、市场化运作的原则，引导设立百亿元以上级别的民营上市公司和拟上市公司纾困和发展基金，帮助优秀民营企业防范流动性风险，并对符合经济结构优化升级方向、有前景、有市场、有技术优势的优质民营企业进行支持。

3. 加大对小微企业的融资支持

近年来，南京积极搭建小微企业融资服务对接平台，全面拓宽小微企业融资渠道。一是出台《关于加快科技金融体系建设促进科技创新创业的若干意见》。二是建立"小微金融直通车"对接平台。三是建立"融动紫金"中小微企业综合金融服务信息平台。四是建立总规模5000万元的股权质押融资风险补偿专项资金。五是建立小微企业应急互助基金。六是引导南京市创业投资基金加大对小微企业的股权融资支持。七是创新发展和利用多层次资本市场，引导小微企业挂牌融资。

4. 金融和科技创新创业、战略性新兴产业的深度融合

南京深入推动金融和科技创新创业、战略性新兴产业的深度融合，抢抓多层次资本市场体系改革和发展的契机，积极打造金融资本服务科技创新、人才创业、产业集聚的生态圈，一大批企业成功对接多层次资本市场。2020年以来，南京又新增8家企业上市，企业上市和多层次资本市场已经成为南京经济社会发展和城市转型升级的重要支撑力量。截至2020年7月22日，南京境内外上市公司共有123家。2020年，全市新增上市企业8家，首发融资额72.94亿元。值得一提的是，这些上市企业主要集中在信息技术、生物医药等领域。在上市公司数量激增的同时，南京境内上市公司总市值实现了3倍的增长，从2012年末的3307亿元增加到2020年的10821亿元。

（二）苏州市的产业金融政策

近年来，苏州全面加强国家创新型城市和苏南国家自主创新示范区建设，积极推进科技进步和技术创新，科技综合实力连续7年位居江苏第一位。

1. 金融服务实体经济规模较大

截至2019年末，苏州全市本外币各项贷款余额为3.09万亿元，同比增长12.53%，全年全市本外币贷款增加3381亿元，同比多增915亿元。从结构上来看，民营、小微领域信贷投入继续加大。2019年全年私人控股企业贷款增加425.5亿元，同比多增84.6亿元；年末全市普惠小微企业贷款余额同比增长24.07%，较企业贷款整体增速高出13.27个百分点。①

2. 加大金融政策对制造业的支持

苏州制定了金融支持制造业发展的具体政策，加大金融对制造业企业转型升级和创新发展的支持力度。第一项政策的目的是鼓励担保机构和再担保机构为符合条件的制造业企业提供融资性担保服务。第二项政策的目的是鼓励银行业金融机构为符合条件的制造业企业提供增量信贷服务。

3. 金融政策对民营企业的支持

搭建苏州综合金融服务平台、苏州地方企业征信系统、苏州股权融资服务平台三大金融基础设施，为金融机构与民营企业、小微企业融资牵线搭桥。截至2020年6月末，苏州综合金融服务平台累计注册企业69344家，共为19756家企业解决7226.55亿元融资。

4. 积极搭建金融服务平台

苏州市政府为全方位服务中小企业，搭建了苏州综合金融服务平台。这个平台打通了金融机构资金与企业融资需求之间的“梗阻”，形成企业守信用、机构有创新、政府有推动的综合金融服务机制，为企业创造了融资新空间。

第二节　扬子江城市群产业金融发展存在的问题

一、地区差距大、阻碍区域的快速发展

从金融业的发展来看，扬子江城市群各地区金融发展参差不齐，对实体经济

① 苏州2019年金融运营“成绩单”出炉　小微企业信贷支持力度加大［EB/OL］.［2020-01-20］. http://money.2500sz.com/doc/2020/01/20/536116.shtml.

的支持差别也很大。2019 年末，从贷款余额来看，南京金融机构人民币各项贷款余额 33585.88 亿元，苏州金融机构人民币各项贷款余额 30116.7 亿元，无锡金融机构人民币各项贷款余额 13556.67 亿元，南通金融机构人民币各项贷款余额 10211.9 亿元，常州金融机构人民币各项贷款余额 8593.5 亿元，泰州金融机构人民币各项贷款余额 5493.92 亿元，扬州金融机构人民币各项贷款余额 5374.85 亿元，镇江市金融机构人民币各项贷款余额 5256 亿元，合计 112189.42 亿元，占全省的 84.14%。

二、产业同构导致负面影响大于正面效应，产业集而不群现象突出

扬子江城市群产业同构现象既源于相似的要素禀赋，也是地方行政体制分割下竞相发展热门产业的结果。产业同构本身并不可怕，沿江各市的细分产业和产品并不同构，区域分工仍然存在，本可以发挥其协同效应，但由于各市突出提升本地配套率，导致产业发展呈现“大而全”“小而全”的布局，没能形成各市分工协作的区域产业集群。产业同构下恶性竞争导致的资源分散、重复建设是当前发展中的突出问题。加之市场化的出清机制没能有效发挥作用，导致一些产业产能过剩问题比较突出，制约了产业转型升级。

三、缺少中心城市发展体量、辐射带动能力不够强

城市体量不足，是南京发展为扬子江城市群中心城市的拦路虎。一方面，统计数据显示，南京现有土地面积、人口数量距离特大城市、中心城市定义尚有一定距离。另一方面，南京现有人口增加战略、区域引导战略缺乏长期连贯性规划，区域中心位置难以突出。多年来，南京对周边城市如镇江、扬州等进行一体化建设的向心力、聚合力始终不足。原因包括：南京中心地位一直未被上级政府、周边地区及南京自身明确认知；三市交界地区在功能设施、配套环境等方面缺乏衔接和协调；各城区之间的道路通达程度较差，交通系统存在割裂和阻滞。这些使得周边城市更多寻求与苏南城市及上海进行合作，而与南京渐行渐远。

四、“融资难、融资贵”问题突出

受外围形势、经济周期、产业转型等多重因素影响，当前，扬子江城市群民营经济发展中存在着一些矛盾和问题。其中，贷款到期转贷难是造成南京市民营

企业“融资难、融资贵”的重要原因之一。很多民营企业在贷款即将到期时，因为用款周期与贷款期限不匹配，无法及时筹措自有资金归还贷款，不得不通过民间借贷甚至是高利贷进行续贷。这种融资行为滋长了高利贷的生存空间，对正规金融形成挤压效应，大幅增加了民营企业的融资成本。更严重的是，一旦续贷不成功，企业极易发生资金链断裂，陷入困境。即便有的时候政府出台了这方面的政策，是否能在民营企业落实也是一个很重要的问题。

第三节　促进扬子江城市群产业金融发展的政策建议

一、加大南京自身发展力度，引领扬子江城市群实现区域率先发展

南京作为江苏省省会城市以及长三角地区唯一特大城市，应成为扬子江城市群率先发展的引领者，成为扬子江城市群综合实力提升的带动者，担负起长三角地区特大城市地位所赋予的重任。从扬子江城市群发展上看，也需要形成一个发展核心，形成“中心—外围”的发展格局，最大化地引领整个区域共同进步，而且能够更好地对接上海这一长三角地区龙头城市，形成更大范围区域辐射和带动作用。

二、建立对话沟通机制，引领扬子江城市群实现区域协同发展

扬子江城市群建设的目的是要打破区域壁垒、区域障碍，加快不同城市之间的一体化发展，整合内部资源和要素，促进它们自由流动，最大限度地实现资源和要素的有效利用。在这一过程中，关键就是要实现不同城市之间的协同发展。在国内外经济发展压力不断加大的今天，扬子江城市群八个城市只有打破壁垒、相互合作、协调一致，才能形成优势互补和资源的有效整合，实现合作共赢的发展态势。

三、突出转型升级，大力推动产业经济配套融合

优化产业结构，共建优势互补、协作紧密的现代产业体系。完善工业企业转

型升级正向激励和反向倒逼机制，运用差别化政策，推动制造业绿色高效发展。壮大金融、文化旅游、健康养老等产业，构筑扬子江城市群现代服务业高地。

四、注重分工协作，大力推动对外开放互动融合

发挥苏州开放型经济优势，打造扬子江城市群对外开放窗口，引领城市群更高层次参与国际合作。加快高端载体建设，提升苏州工业园区中新合作、昆山海峡两岸合作和太仓中德合作三大平台功能。积极参与“一带一路”建设，支持企业抱团“走出去”，参与全球产业链分工，培育本土型、地标型跨国公司。深化跨江合作，升级“飞地经济”发展模式，加快苏通等共建园区建设，促进互利共赢。

五、共建共享开放创新服务平台

首要的是发挥大平台的支撑作用。一个是苏南国家自主创新示范区。做好规划，引导各地明确战略性新兴产业发展重点，建设好未来网络试验设施等重大平台和纳米等产业技术创新中心。以市场化为手段，推进国家技术转移中心等跨地区综合性服务平台建设，推广技术产权交易市场服务体系，盘活扬子江城市群内技术创新资源。另一个是江北新区。借鉴北京中关村、上海张江高科技园区等建设经验，秉持“小政府、大社会”的理念，以服务对象需求为导向，大幅简化政务服务，推动管理体制、外贸、金融、科技、人才等为主要内容的改革创新，构建与国际接轨的管理体制、运行体制和创新生态。

六、明确产业发展龙头

产业发展离不开龙头带动作用，因此要根据扬子江城市群八市的比较优势，从不同领域明确产业发展的龙头。扬子江城市群中心领头城市尚不明确，各个城市都有一定的产业优势，但不足以带动整个区域的发展。明确产业龙头的思路是：加强区域中心城市建设；培育区域产业副中心；以特色产业为基础，建立若干产业基地（服务业集聚区）。总之，明确产业发展龙头，即形成“中心—副中心—产业基地”三级格局。在每个层次都有相应的龙头带动，南京是全域的龙头，也是宁镇扬板块的龙头；苏州是全域的副中心，也是苏锡常板块的龙头；南通是苏中板块的龙头。

第九章　江苏沿海经济区的产业金融政策

在江苏"1+3"重点功能区战略中，沿海经济区包括江苏沿海的南通、盐城和连云港。江苏沿海地区要积极谋划和推进现代海洋经济发展，彰显沿海经济带建设的特色优势。沿海三市各具优势，潜力极大，南通重点建设上海"北大门"，连云港是"一带一路"的重要节点城市，盐城具有发展海洋经济和生态经济的特殊优势，这一地区未来将成为江苏经济发展的新增长极。本章研究江苏沿海经济区的产业金融政策，主要分析南通和盐城 2 市的金融政策，兼顾连云港。

第一节　江苏沿海经济区的主要产业金融政策

一、江苏沿海经济区的经济和金融发展概况

（一）江苏沿海经济区的经济发展概况

江苏沿海经济区包括江苏沿海的南通、盐城和连云港。主要经济指标见表 9-1。

表 9-1　2019 年江苏沿海经济区主要经济指标

指标	南通	盐城	连云港	江苏	江苏沿海经济区占全省比重（%）
土地面积（平方千米）	8544	17000	7615	107200	30.93

续表

指标	南通	盐城	连云港	江苏	江苏沿海经济区占全省比重（%）
户籍总人口（万人）	759.8	824.7	534.4	7865.82	26.94
常住人口（万人）	731.8	720.89	451.1	8070.0	23.59
GDP（亿元）	9383.4	5702.3	3139.29	99631.5	18.29
人均 GDP（元）	128295	79149	69523	123607	—
粮食总产量（万吨）	338.8	712.3	366.56	3706.2	38.25
工业增加值增速（%）	7.2	-0.2	8.0	6.2	—
建筑业增加值（亿元）	667.4	52.25	-113.28	2252.16	26.92
固定资产投资增速（%）	6.6	4.9	6.8	5.1	—
社会消费品零售总额增加值（%）	5.6	8.0	5.2	6.2	—
进出口总额（亿美元）	3770.11	96.1	93.2	43379.7	9.13
货运量（万吨）	24584.0	—	24432.0	258659.1	—
旅游总收入（亿元）	782.7	421.9	587.93	14321.6	12.52
一般公共预算收入（亿元）	619.3	383	242.4	8802.4	14.14
一般公共预算支出（亿元）	972.8	—	465.9	12573.6	—
居民人均可支配收入（元）	40320	32096	28094	41400	—

资料来源：《2019 年江苏省国民经济和社会发展统计公报》《2019 年南通市国民经济和社会发展统计公报》《2019 年盐城市国民经济和社会发展统计公报》《2019 年连云港市国民经济和社会发展统计公报》。

（二）江苏沿海经济区的金融发展概况

2019 年，江苏沿海经济区的金融业实现了快速发展。2019 年末，南通本外币存款余额 13725.3 亿元，比年初增加 1511.1 亿元。2019 年末全市拥有保险机构 81 家，保险行业从业人员 5.2 万。年末全市上市公司 44 家，比上年新增 3 家，其中境内上市公司 35 家，比上年新增 2 家。上市公司通过首发、配股、增发、可转债、公司筹集资金 150.5 亿元。企业境内上市公司年末总股本 343.3 亿股，市价总值 3148.5 亿元。①

盐城信贷规模持续扩大。2019 年，全市共有银行业金融机构 43 家，年内净增 1 家，为渤海银行盐城分行。金融机构 2019 年末本外币存款余额 7038.2 亿元，比年初增长 9.6%。金融机构年末本外币贷款余额 5871.1 亿元，比年初增长

① 数据来源：《2019 年南通市国民经济和社会发展统计公报》。

17.3%。保险业健康发展。2019 年，全市拥有各类专业保险机构 61 家，其中市级产险公司 22 家，寿险公司 39 家。①

连云港金融市场稳中向好、信贷规模继续扩大。2019 年末，金融机构本外币存款余额 3621.56 亿元，比上年末增长 11.0%；本外币贷款余额 3460.22 亿元，增长 17.5%。银行住户存款余额达到 1621.93 亿元，增长 13.0%。保险业务收入再创新高。全市保险业务总收入 113.76 亿元，增长 10.0%。②

2019 年江苏沿海经济区金融业主要经济指标见表 9-2。

表 9-2　2019 年沿海经济区金融业主要经济指标

指标	南通	盐城	连云港	江苏	占全省比重（%）
金融机构人民币各项存款余额（亿元）	13725.3	7038.2	3621.56	152837.3	15.96
金融机构人民币各项贷款余额（亿元）	10211.9	5871.1	3460.22	133329.9	14.66
保费收入（亿元）	312.5	176.4	113.76	3750.2	16.07

资料来源：2019 年江苏沿海经济区各地市及江苏省国民经济和社会发展统计公报以及江苏省保监局。

二、江苏沿海经济区总体产业金融政策概述

（一）加快构建现代海洋产业体系

“1+3”功能区战略构想的“3”是在连云港、盐城、南通的沿海区域发展临港经济，建设沿海经济带。江苏作为海洋大省，以“海洋强省”战略为目标，根据从陆域到海洋、沿海到远海、浅海到深海的视角，对海洋三次产业进行分类细化，加快构建现代海洋产业体系，对全面建成小康社会具有重要的现实意义。主要做法如下：沿海陆域构建“一带、三港群、三功能区板块”的沿海产业布局新模式；沿海滩涂构筑“试验区、综合开发区、绿色城镇带”滩涂综合开发新格局；近岸海域开创“近岸海域综合开发与保护实验区”建设新局面；远海、深海海域拓展“蓝色经济”发展新空间。③

（二）创新平台建设，畅通融资渠道

近年来，南通围绕股权融资和债权融资两大功能，创新模式搭建线上线下

① 数据来源：《2019 年盐城市国民经济和社会发展统计公报》。

② 数据来源：《2019 年连云港市国民经济和社会发展统计公报》。

③ 刘波．沿海经济带助力海洋强省建设［N］．新华日报，2017-08-16.

“三大平台”，有效解决融资信息不对称、渠道不通畅等问题。[①] 盐城的信贷规模进一步扩大。积极推动金融机构盘活存量、用足增量，多渠道扩大实体经济信贷投放。[②]

（三）多渠道助力小微企业

2020 年 5 月 18 日，盐城出台了《关于有效发挥融资担保体系作用助力小微企业和“三农”发展的实施意见》（以下简称《意见》）。《意见》确定了融资担保机构支小支农的主业导向，明确了融资担保机构特别是政府性融资担保机构的准公共定位，并提出力争通过 3~5 年的努力，全市融资担保行业规模总量提升，注册资本总额达 70 亿元以上，其中国有资本不低于 50 亿元；全市融资担保机构担保能力增强，实现年融资担保总户数达 5000 户以上，在保责任余额超 200 亿元等目标。

三、江苏沿海经济区各市产业金融政策情况

（一）南通的产业金融政策

近年来，南通围绕“三项创新”，搭平台、推活动、强举措，努力提升金融服务实体经济的质量和效率，优化营商环境。[③]

1. 注重政策引导

南通出台《南通市企业信贷突发事件应急处置办法》，积极帮助银企双方化解资金链风险；牵头建立了常态化的防非宣传教育工作机制，推动防非宣传教育更广覆盖面、更高频次、更强针对性；不定期组织开展各类金融知识培训活动，努力满足企业的金融知识需求。加大政策引导力度，通过日常推动、月度通报、季度监测等措施，新增制造业贷款占全部新增贷款比重稳步提高。

2. 搭建服务平台

南通通过模式创新，围绕股权融资和债权融资两大渠道，搭建了南通市综合金融服务平台、南通市创业融资服务平台，着力打造了市中小企业金融服务中心，为企业提供“一站式”普惠金融服务。截至 2019 年末，南通市金融综合服务平台完成企业注册 16424 家，50 家金融机构在平台上线金融产品 185 项；累计

①③ 数据来源：南通市地方金融监督管理局。

② 数据来源：盐城市地方金融监督管理局。

发布需求179亿元，为4173家企业解决融资159亿元。

3. 举办融资助推活动

开通“融资会诊直通车”，了解制造业融资痛点难点。利用一年时间，对全市银行业金融机构和近100家企业进行了深入走访交流，了解企业经营动向、融资需求、服务诉求，向全市银行征求融资建议并及时向企业反馈。开展“金融顾问百企行”活动，大力推进企业上市挂牌。通过各种途径募集各领域资本市场专家顾问团，借助专业力量，为各不同阶段的企业提供量身定制的服务。

4. 强化保障高质量发展举措

顺畅转贷工作运行机制。为进一步规范全市转贷机构服务行为，促进银转合作顺利开展，南通市金融办与23家银行签署了《小微企业转贷服务政银战略合作协议》，推动召开南通市小微企业转贷服务管理机制协调会，形成《完善小微企业转贷服务管理机制协调会会议纪要》和《关于进一步深化全市小微企业转贷服务的指导意见》，进一步打通转贷环节的监管障碍。

（二）盐城的产业金融政策

1. 增强金融服务实体经济的能力

积极推动金融机构盘活存量、用足增量，多渠道扩大实体经济信贷投放。信贷结构进一步优化，制造业贷款增速位居全省前列。设立“过桥”应急资金，为周转暂时出现困难的中小微企业按时还续贷提供垫资服务，实行规定时间不收费或低收费。同时，鼓励金融机构在有效管控风险的前提下，落实好无还本续贷、循环贷款等流动资金贷款还款方式，降低企业“过桥”融资成本。加大银企对接力度，进一步解决银企信息不对称，有效缓解中小微企业融资难题。高效运行盐城综合金融服务平台，持续推动中小微企业和金融机构接入平台，实效融资服务两端高效对接。①

2. 推进产业投资基金发展

由江苏省政府投资基金、盐城市财政局、盐城国泰投资有限公司等六方出资设立的中韩（盐城）产业园发展基金，于2016年4月成立，实缴规模20亿元，首开江苏省、市、区三级出资设立区域引导母基金先河，现已成为全省6只区域基金中设立最早、投资最快、项目最多的一只。支持重大项目落地。

① 数据来源：盐城市政府网站。

3. 发挥“财政+金融”政策作用

积极发挥苏微贷、苏科贷、小微创业贷、科技成长贷资金池作用，鼓励和引导银行机构加大对中小企业信贷投放，充分发挥政策性担保公司过桥担保作用，帮助缓解中小微企业融资难问题。盐城市财政局联合盐城市地方金融局整合设立规模 6 亿元的盐城市中微企业信用保证基金，其中新设规模 2 亿元信保贷普惠型基金。拓展“财政+金融”服务实体经济新路径，鼓励和引导银行机构加大对中小企业信贷投放，降低实体企业成本，缓解“融资难、融资贵”的局面。①

（三）连云港的产业金融政策

1. 政府引导金融机构服务实体经济发展

连云港出台了《关于推动金融服务实体经济加快地方金融改革发展的实施意见》，突出引导金融机构服务实体经济发展。从保持银行信贷规模持续扩大，加大对重点产业领域的支持力度，提高金融服务效率，支持金融产品创新，丰富小微企业信贷资金来源，合理控制小微企业贷款成本等方面，提出明确目标和针对性措施。

2. 出台方案切实降低实体经济企业成本

连云港出台《连云港市进一步降低企业负担促进实体经济高质量发展实施方案》，切实降低实体经济企业成本，促进实体经济高质量发展。改进融资支持机制，整合现有各类融资支持政策，综合运用贴息、风险补偿、政银合作产品等方式，加大投入力度，给予中小微企业融资支持。依托江苏省综合金融服务平台，发挥征信系统在降低银企信息不对称方面的作用，实现各类融资支持政策与综合金融服务平台的融合对接。完善转贷应急机制，支持各县区设立公益性转贷基金为企业提供低成本的转贷“过桥”服务。为有效防止和化解中小企业资金链断裂风险，兼顾缓解其他企业和单位归还金融机构贷款资金不足的困难，帮助企业和单位及时获得金融机构转贷支持，连云港设立了中小企业应急转贷资金。

3. 开展普惠金融创新试验区建设，助力“三农”发展

连云港市政府根据《国务院关于印发推进普惠金融发展规划（2016—2020 年）的通知》和《江苏省政府关于推进普惠金融发展的实施意见》等文件精神并结合实际，开展全市普惠金融创新试验区建设。主要从如下几个方面着手：完

① 资料来源：盐城市财政局。

善服务体系，积极推进“互联网+”普惠金融，逐步实现金融服务对小微企业、“三农”、扶贫开发的全覆盖；充分利用多层次资本市场，拓宽融资渠道，深化金融开放，支持企业做大做强；强化金融管理政策与财税政策支持，促进普惠金融发展；加强产权交易和金融服务平台建设，完善相关配套体制机制，支持普惠金融改革试验区建设。

4. 实施上市挂牌企业倍增计划

连云港制订《连云港市上市企业培育行动计划（2016—2020 年）》。目标是到 2020 年，力争全市上市公司、新三板等场外市场挂牌企业总数实现倍增，非金融企业境内股票融资累计超过 200 亿元。主要从以下几个方面入手：拓宽优质企业上市渠道，坚持境内和境外上市统筹兼顾、上市和挂牌同步推进，实施多层次、多渠道上市公司倍增计划；加快国有企业对接资本市场进程，指导和帮助相关国有企业排出上市挂牌计划；推进上市公司融资并购，支持上市公司充分利用资本市场工具募集资金。

第二节　江苏沿海经济区产业金融发展存在的问题

一、存在“搭车收费”问题

一些金融机构在发放贷款的过程中，仍然存在“搭车收费”的问题。“搭车收费”禁而不止，究其原因大致有三个方面：一是金融机构不良贷款需要消化，但是来源不足，渠道不多，于是利用贷款单位急需用钱的软肋，巧取豪夺；二是贷款单位尤其是一些政府融资平台，面对国家对政府债务规模收紧的形势，想尽一切办法筹集资金，不计成本、不惜代价满足金融机构的无理要求；三是监管不到位，对贷款单位而言，没有明确的融资成本约束，没有具体的监管措施，对金融机构监管更是缺位，使得其表外业务极不透明，自主性和随意性非常大。①

① 资料来源：南通市审计局。

二、政府产业引导基金管理不完善

政府产业引导基金是政府设立，通过发挥财政资金的杠杆放大效应，吸引民间资本参与创业投资，从而推动创业投资产业和本地经济发展的基金。但是政府引导基金在管理运作方面存在一些问题，需要加以健全完善。

（一）项目投资决策、运行、退出的效率不高

政府引导基金的政府类项目决策需经投资决策委员会审核通过后，再由政府相关主管部门参加的基金管理委员会审批同意。而被投企业一般处于初创期和成长期，对资金需求比较急切，决策程序市场化程度不高，使得基金很容易错失投资项目机会。

（二）尚未建立独立的管理团队

私募股权投资基金通常采用合伙制的组织形式，普通合伙人一般为基金管理人，但《合伙企业法》规定，“国有独资公司、国有企业、上市公司以及公益性的事业单位、社会团体不得成为普通合伙人”，这在一定程度上降低了国有私募股权管理公司的市场竞争力。

（三）激励约束机制不完善

一是薪酬水平市场化进程慢。现有国有企业薪酬机制对高端人才缺乏吸引力，人才引进困难，不利于稳定管理团队。二是跟投机制不完善。目前的政策对国有从业人员投资入股有限制条款，这在一定程度上影响了跟投机制的落实，难以起到激励约束作用。①

三、财政专项资金管理不到位

各类财政专项资金的管理使用存在闲置和沉淀现象。一是部分专项资金设置与现实情况衔接不足；二是政府投资工程项目预算编制和执行不够严格，实际投资与预算投资相差较大，相关资金未能及时统筹整合使用；三是部分预算单位银行账户结余资金清理不到位；四是有关部门管理协作机制不够健全造成资金使用率偏低。

---

① 资料来源：南通市审计局。

四、部分地区协税平台未有效利用

协税平台存在未有效利用、税源监管质量不高、涉税信息登记管理不到位等方面问题。针对上述问题，建议充分发挥各部门协助作用，建立起社会综合治税网络体系，通过创新征管方式、征管手段和征管机制，强化信息共享，拓宽税源控管渠道，推动形成政府依法管税、税务部门依法征税、相关部门协税护税、纳税人依法纳税、社会各界综合治税的良好局面，促进了经济健康快速发展。

五、部分地方政府委托招商管理较为混乱

委托招商是政府采取有偿支付的办法，委托对目标招商地熟悉的机构、知名人士、商界名人推荐项目，以达到招商引资目的。目前存在以下两个问题：一是委托招商费用支付标准形同虚设，超额支付现象十分普遍；二是委托招商协议未能明确具体考核内容，对被委托对象缺乏有效约束，最终导致被委托人提供的信息寥寥无几或质量不高。

第三节　促进江苏沿海经济区产业金融发展的政策建议

一、防范化解金融风险，营造良好的经营环境

为打好防范化解重大风险攻坚战，坚决遏制非法集资等非法金融活动案件高发频发势头，必须立足市场主体信用监管和广告监管职能，建立健全处置和防范非法集资长效机制。所有发布涉及或者可能涉及金融业务的广告和宣传资讯，必须具备金融监管部门和地方金融管理部门颁发的金融业务许可证或者审批文件。引导并督促指导广告经营者、广告发布者、广告代言人等市场主体强化事前审查，建立健全涉及金融类广告业务的承接登记、审核、档案管理等制度。充分发挥虚假违法广告专项整治工作联席会议作用，协调宣传、网信、文化广电新闻出版等部门，督促各类媒体（新闻媒体、网络媒体、自媒体等）履行自律责任，

自觉封堵涉嫌非法金融活动的相关推介会、宣讲会、形象宣传、人物专访等宣传造势行为。

二、多维度创新，着力培育新的经济增长点

从金融业支持实体经济的角度来看，首先要防止金融空转，积极引导资金脱虚向实，着实考虑到实体经济的资金需求情况。着重发展资金需求量大的区域金融创新，将金融服务便利融入实体经济发展和创新创业活动中，推动金融在服务经济、促进创新的浪潮中发挥更大作用。其次要进一步完善互联网金融新业态。鼓励优秀的网络科技人才和金融专家积极投身于互联网金融平台建设，培育一批知名互联网金融企业、互联网金融设备供应和软件研发骨干企业，打造一批江苏本土的互联网金融平台，为江苏经济发展提供更多的推动力。

三、推进信贷服务体系多元化，探索建立股权直投和银行信贷组合机制

争取国家金融管理部门的支持，鼓励条件成熟的金融机构建立融资风险与收益相匹配的机制，开展“股权+银行贷款”和“银行贷款+认股权证”等融资方式创新。支持银行业金融机构探索开展向创业投资、股权投资机构提供短期“过桥”贷款，加强合作，协同筛选和支持科技创新企业。推动银行业金融机构设立科技支行，研究单列科技信贷专营事业部和科技支行的信贷奖励与信贷风险补偿政策。改善知识产权质押和流转体系，推进知识产权质押融资和专利许可收益权证券化。推动融资租赁机构为科技创新企业研发提供设备租赁业务。实施差异化战略，建立中小企业信用库和法人责任制制度，推进中小微企业信贷服务体系多元化。

四、构建“互联网+金融+实体经济”的创新创业服务体系，助力企业转型升级

充分利用大数据精准定位交易主体，快速、便捷提供产品或服务，并有效控制风险。鼓励持牌金融机构依托互联网、物联网、大数据技术，实现传统金融业务与服务转型升级，积极开发基于互联网技术的新产品和新服务。允许符合规定的科技金融创新企业接入相关支付清算系统。引导、支持相关机构依法开展股权众筹业务，支持股权众筹融资平台创新业务模式，拓展业务新领域。支持并规范

第三方支付、众筹和P2P借贷平台等互联网金融业态发展。推进各类金融机构大数据平台建设，建立大数据标准体系和管理规范。以“消费习惯+大数据+互联网”为核心手段，形成金融生态链，为客户提供个性化的信贷服务和其他金融推介服务，推动“互联网+金融+实体经济”的经济社会发展模式。

五、构建有差异的普惠型金融支持政策体系，提升创新驱动发展动力

加大金融支持江苏创新驱动发展战略的力度，构建江苏沿海经济区普惠性创新金融支持政策体系，健全商业性金融、开发性金融、政策性金融、合作性金融分工合理、相互补充。创新间接融资服务科技创新方式，加快发展科技保险，推进专利保险试点，建立健全促进科技创新的信用增进机制。支持互联网金融与电子商务、现代物流、信息服务、物联网等领域融合发展，引导互联网金融服务经济转型升级和产业结构调整。

六、完善多层次资本市场间对接机制，加快股权投资创新

加大资本市场对科技创新支持力度，设置和引入符合科技创新型中小微企业需求的制度安排，推动建立与其他多层次资本市场间的对接机制。支持小微企业依托多层次资本市场融资，扩大中小企业各类非金融企业债务融资工具及集合债、私募债发行。鼓励发展众创、众包、众扶、众筹空间，发展天使、创业、产业投资。设立大型政策性融资担保机构，创新考核等运作机制，通过融资担保、再担保和股权投资等形式，为科技型中小企业提供信用增进服务。

七、建设绿色金融体系，优化经济社会发展产业生态

通过绿色金融再贷款、财政对绿色贷款的贴息和担保、对商业银行进行绿色评级等手段，鼓励商业银行进一步发展绿色信贷。支持商业银行建立绿色金融事业部。支持排放权、排污权和碳收益权等为抵（质）押的绿色信贷。创新用能权、用水权、排污权、碳排放权投融资机制，发展交易市场。结合地方高校智力资源，依托网络科技发展特色化互联网金融，助推绿色金融发展。鼓励金融机构率先设立绿色金融事业部，出台专门的绿色金融改革方案和绿色信贷行业标准，努力建成以绿色信贷为核心的多元绿色金融服务体系。

第十章　江苏淮海经济区的产业金融政策

在江苏“1+3”重点功能区战略中，以徐州为中心的淮海经济区涵盖江苏、山东、河南、安徽20个设区市，97个县（市），江苏范围内包括徐州、宿迁、连云港、淮安和盐城。淮海经济区区位优势突出，是新亚欧大陆桥的东桥头堡区域，在全国区域经济发展总体格局中具有连南融北、承东启西的战略“棋眼”地位和作用。本章主要分析徐州和连云港2市的金融政策，相当于沿东陇海线地区的范围。

第一节　江苏淮海经济区的主要产业金融政策

一、江苏淮海经济区的经济和金融发展概况

（一）江苏淮海经济区的经济发展概况

江苏淮海经济区包括徐州、连云港、宿迁、淮安、盐城5个地级市。主要经济指标见表10-1。

表10-1　江苏2019年淮海经济区主要经济指标

指标	连云港	徐州	淮安	盐城	宿迁	江苏	江苏江淮经济区占全省比重（%）
土地面积（平方千米）	7615	11258	7615	16931	8524	107200	51.64

续表

指标	连云港	徐州	淮安	盐城	宿迁	江苏	江苏江淮经济区占全省比重（%）
户籍总人口（万人）	534.4	1041.73	560.39	821.35	592.36	7865.82	45.13
常住人口（万人）	451.1	882.56	493.26	720.89	493.79	8070.0	37.69
GDP（亿元）	3139.29	7151.35	3871.21	5702.3	3099.23	99631.5	23.05
人均 GDP（元）	69532	81138	78542	79149	62840	123607	—
农林牧渔业总产值（亿元）	656.90	1181.72	411.70	1128.11	896.21	7503.36	56.97
粮食总产量（万吨）	366.56	501.54	489.25	712.3	408.17	3760.2	65.90
粮食播种面积（万亩）	758.84	1142.72	1017.72	1474.28	896.07	7977	66.31
第二产业增加值（亿元）	1363.15	2886.18	1617.18	2371.60	1324.35	44270.5	21.60
建筑业总产值（亿元）	545.56	1512.05	1394.05	1804.5	677.53	33103.6	17.92
固定资产投资增速（%）	6.8	7.0	6.3	4.9	6.5	5.1	—
社会消费品零售总额(亿元）	1179.58	3246.25	1334.49	1920.1	888.26	36367.83	23.56
进出口总额（亿美元）	93.2	931.88	47.05	96.1	34.25	43379.7	2.77
货运量（万吨）	24432	44086.01	13260	18400	6055	258659.1	41.07
邮政业务收入（亿元）	21.6	36.41	24.71	24.8	81.81	813.8	23.26
电信业务收入（亿元）	38.7	68.94	35.77	56.6	39.07	978.0	24.45
旅游总收入（亿元）	587.93	854.16	470.08	421.9	336	14321.6	18.64
一般公共预算收入（亿元）	242.4	468.32	257.31	383	212.60	8802.4	17.76
一般公共预算支出（亿元）	465.9	882.21	529.13	877.48	505.75	12573.6	25.93
居民人均可支配收入（元）	28094	29736	30192	32096	24938	41400	—

资料来源：《2019 年江苏省国民经济和社会发展统计公报》《2019 年淮安市国民经济和社会发展统计公报》《2019 年徐州市国民经济和社会发展统计公报》《2019 年连云港市国民经济和社会发展统计公报》《2019 年盐城市国民经济和社会发展统计公报》《2019 年宿迁市国民经济和社会发展统计公报》。

（二）江苏淮海经济区的金融发展概况

徐州金融发展情况良好。2019 年末全市金融机构人民币各项存款余额 8036.56 亿元，比年初增加 927.28 亿元，比上年增长 13.1%。。金融机构人民币各项贷款余额 5777.28 亿元，比年初增加 850.46 亿元，比上年增长 17.6%。2019 年末全市共有上市公司 11 家，其中境内 10 家、境外 1 家；“新三板”挂牌企业 22 家；区域股权交易市场挂牌企业 890 家、新增 225 家。①

① 数据来源：《2019 年徐州市国民经济和社会发展统计公报》。

连云港信贷规模继续扩大。2019 年末，金融机构本外币存款余额 3621.56 亿元，比上年末增长 11.0%；本外币贷款余额 3460.22 亿元，增长 17.5%。银行住户存款余额达到 1621.93 亿元，增长 13.0%。保险业务收入再创新高。全市保险业务总收入 113.76 亿元，增长 10.0%。其中，全年财产保险业务收入完成 31.25 亿元，增长 12.1%；全市人寿保险业务收入达到 64.73 亿元，增长 5.1%。①

盐城市信贷规模持续扩大。2019 年，全市共有银行业金融机构 43 家，年内净增 1 家，为渤海银行盐城分行。金融机构年末本外币存款余额 7038.2 亿元，比年初增长 9.6%。金融机构年末本外币贷款余额 5871.1 亿元，比年初增长 17.3%。②

2019 年江苏淮海经济区金融业主要经济指标见表 10-2。

表 10-2　2019 年江苏淮海经济区金融业主要经济指标

指标	金融机构人民币各项存款余额（亿元）	金融机构人民币各项贷款余额（亿元）	保费收入（亿元）
淮安	4137.49	3861.80	—
宿迁	3084.45	3082.20	86.63
徐州	8036.56	5777.28	244.40
连云港	3621.56	3460.22	113.76
盐城	7038.20	5871.10	192.70
江苏	152837.3	133329.9	3750.20
占全省比重（%）	16.96	16.54	—

资料来源：2019 年江苏淮海经济区各地市及江苏省国民经济和社会发展统计公报以及江苏省保监局。

二、江苏淮海经济区总体产业金融政策概述

（一）江苏淮海经济区协同发展

江苏淮海经济区始终坚持分工合作、错位竞争、各具特色的产业发展思路，不断加强政府协商与市场推动，充分发挥区域内各市比较优势，促进各市间产业分工与合作，形成优势互补、互利共赢的省际市际产业合作新格局。推动资源要

① 数据来源：《2019 年连云港市国民经济和社会发展统计公报》。

② 数据来源：《2019 年盐城市国民经济和社会发展统计公报》。

素合理流动。发挥政府协商和引导作用，突出市场的主导和支配作用，完善政府协商与市场合作机制，建立淮海经济区协同发展省级会商机制，推动区域内大、中、小城市乃至县乡之间相互开放，促进商品和生产要素在区域范围内自由流动，提高区域资源优化配置能力，调整优化区域产业布局。

（二）江苏淮海经济区联动发展

江苏淮海经济区的联动发展需要提高交通运输能力、完善公共服务、优化生态环境等，尤其是要联合徐州这个中心城市带动整个淮海经济区的联动发展。一是围绕提升中心城市能级，科学谋划徐州空间战略布局，加快建设重大城市功能项目。二是围绕巩固综合交通枢纽地位，推动徐州至济宁、宿州、淮北、砀山等地快速通道建设，加快淮海经济区核心区同城化发展步伐。三是围绕打造区域物流集散中心，加快建设国际陆港，打造东西双向开放的内陆型国际中转枢纽港；依托连云港国际枢纽港，打造铁路（高铁）物流中心，促进区域货运物流错位发展；加快观音机场建设国际航空港，建设淮海经济区多式联运国际物流中心。①

三、江苏淮海经济区各市产业金融政策情况

（一）徐州市的产业金融政策

1. 建设淮海地区的大型金融服务平台

徐州新城区金融集聚区是徐州市重点打造的金融集聚平台、众筹融资平台和金融企业综合服务平台，是徐州打造淮海经济区区域性金融中心的重要载体。淮海经济区金融服务中心项目，将重点发展金融和总部经济等产业板块，构建金融服务、金融信息、金融培训三大平台，旨在打造淮海经济区金融体系最健全、业态最多样、创新最活跃、功能最完备、品质最高端的金融服务中心。②

2. 设立江苏徐州老工业基地产业发展基金

江苏省政府投资基金与徐州市国盛投资控股有限公司发起设立总规模 20 亿元的江苏徐州老工业基地产业发展基金，围绕加快建设区域性产业科技创新中心、区域性先进制造业基地、区域性现代服务业高地的目标进行投资布局，发挥财政资金对金融资本等社会资本的引导撬动作用，加速徐州制造业和现代服务业

①② 资料来源：徐州市财政局。

向中高端迈进，促进徐州老工业基地的企业转型升级和产业振兴。①

3. 金融支持治理矿区塌陷区生态修复综合治理

徐州作为老牌重工业发展地区，尤其是煤矿产业的长期发展，给徐州这座城市带来了富裕，也同时带来了生态隐患。以徐州市贾汪区潘安采煤塌陷地为例，经过多年治理，目前已变成美丽的乡村湿地公园，成为 AAAA 级景区。

4. 金融支持城市交通体系发展

徐州市轨道交通 1、2、3 号线一期工程 PPP 项目，线路总长 67 千米，总投资 443. 28 亿元。目前，3 条线施工进展顺利，按计划有序推进，预计到 2020 年，将形成连接老城区与新城区、铜山新区、坝山片区、城东新区的轨道交通骨干线路。

5. 加大信贷投放力度

为满足实体经济发展对资金的需要，徐州加大信贷投放力度与投放规模。2019 年，徐州金融机构人民币各项存款余额与人民币各项贷款余额分别为 8036. 56 亿元与 5777. 28 亿元，较上年分别增长了 13. 10% 和 17. 60%，为经济发展提供了资金支撑。

6. 积极推进科技创新服务

徐州加快科技金融服务平台建设，打造区域性产业科技创新中心。结合高新区和科技创新园区的建设，徐州设立多家商业银行科技支行与科技小额贷款公司，丰富科技金融服务平台种类。徐州成立了江苏省科技企业融资路演服务中心淮海分中心，通过服务中心路演，科技企业可一次与多家金融机构对接融资需求，并由徐州市科技局进行跟踪服务，保证科技贷款、科技保险等金融产品的落地。

7. 制造业转型升级

徐州是传统老工业基地，为向先进制造业基地转变，徐州进一步加大对制造业的资金支持力度。在行业导向上，针对传统制造业，徐州引导金融机构重点加大对制造装备升级、互联网化提升、智能化设备投资等领域的融资支持力度，推动传统制造业向中高端迈进。针对战略新兴产业和先进制造业，通过贷款、发债、产业基金、投贷联动等多元化方式，满足行业资金需求。

① 资料来源：江苏省发展改革委。

（二）连云港的产业金融政策

1. 支持“一带一路”建设

按照江苏省委、省政府出台的《关于高质量推进“一带一路”交汇点建设的意见》要求，连云港要建成战略支点。以连云港港口为突破口，推动航运与铁路、公路、航空协同发展，构建海河江、铁公水的高效多式联动体系，强化全国性综合交通枢纽优势，提升上合组织出海基地功能，打造“一带一路”新亚欧陆海联运通道标杆示范。突出特色产业集聚，打造特色创新集群，加快上合组织（连云港）国际物流园、中哈（连云港）物流合作基地建设。

2. 通过 PPP 等形式支持公共服务建设

近年来，连云港 PPP 制度建设不断完善，管理机制不断健全，入库试点更加规范，发展环境持续向好，各项工作快速有序推进。坚持对不规范、踩“红线”的 PPP 项目说“不”，对于规范优质的 PPP 项目积极地正向激励，引导 PPP 项目高质量发展。连云港 2019 年新入库 PPP 项目 13 个（即政府和社会资本合作项目），总投资 100 亿元，涉及东海、徐圩新区、开发区、连云区等地，项目类别主要涉及生态环保、现代物流、综合交通等多个领域。

3. 加强实体经济的发展

突出引导金融机构服务实体经济发展。保持银行信贷规模持续增长，加大对重点产业领域的支持力度，提高金融服务效率，支持金融产品创新，丰富小微企业信贷资金来源，合理控制小微企业贷款成本。加快连云港市综合金融服务平台建设，为小微企业、“三农”事业、“创新创业”等金融服务薄弱环节提供便捷高效的一站式、综合性线上金融服务。大力实施企业上市倍增计划，提高企业上市费用补贴。

第二节　江苏淮海经济区产业金融发展存在的问题

一、总体金融实力较弱

淮海经济区地处苏北地区，经济实力比较薄弱。从金融业的发展来看，淮海经济区的实力也相对较弱，金融发展相对滞后，对实体经济的支持有些力不从心。2019年末，从存款余额来看，淮安、宿迁、徐州、连云港、盐城分别为4137.49亿元、3084.45亿元、8036.56亿元、3621.56亿元、7038.20亿元，只占全省的16.96%；从贷款余额来看，淮安、宿迁、徐州、连云港、盐城分别为3861.8亿元、3082.20亿元、5777.28亿元、3046.22亿元、5871.10亿元，五市金融机构人民币贷款余额只占全省的16.54%。

二、拖欠民营企业中小企业账款的情况仍然存在

徐州各级审计机关对徐州市清理拖欠民营企业中小企业账款情况开展专项审计调查，共对43个乡镇（办事处）、131个政府所属部门或机构、14个事业单位、69个国有企业进行实地延伸核查，截至2019年1月10日，总拖欠金额为34039.39万元。①

三、政府专项扶持资金使用绩效不高

在监管不够有效的情况下，专项资金未及时安排使用、延迟拨付、部分项目效益未达预期、缺乏对项目的监督检查和绩效评价的问题，依旧层出不穷。这类问题不能解决，导致专项资金的效果不能落到实处，不能惠及本身的目标人群。

四、PPP项目风险较高

审计发现，项目实施单位的重视程度和专业技术力量有待加强、“两标一招”模式存在隐患。例如，部分项目存在没有招投标、合同签订不规范、个别合同预付款偏高等问题。②

五、地区发展联系仍不紧密

以连云港港口发展为例，连云港港口物流的货物代理业务和中西部网点之间联系不紧密，基本业务信息的沟通也不通畅，所以存在信息不对称和部门间联动不敏感的缺点。目前连云港港口物流发展不够迅速，增值服务空间不大，缺少核

① 资料来源：徐州市审计局。
② 资料来源：《关于PPP项目专项审计调查情况及有关问题的请示》。

心竞争力，仍侧重传统仓储，且物流层次还较低，管理又未形成规模，还处于粗放型。港口发展缺乏产业上的支撑，同区域发展互动不足，没有形成典型的临港产业体系，除了港口获取进港费和服务费外，没有给地区经济创造多少价值。

六、中心城市辐射能力弱，中心性不强

徐州是淮海经济区的金融服务中心、科教中心、商贸物流中心，但与国家中心城市相比，徐州不管在经济实力、城市功能、公共服务、生态环境、改革开放力度等方面，都与国内中心城市存在巨大差距。临沂、济宁、连云港等周边城市快速发展，对徐州的中心城市地位造成了挑战与威胁。徐州在经济、贸易、金融、科技、教育、交通方面的城市中心性是显而易见的，但与宿迁、连云港和济宁等城市在文化和信息中心性等方面存在着一定的差距，一定程度上影响了其在淮海经济区的中心实力。

七、产业同构现象严重

徐州的经济水平、要素聚集力、产业支撑力、辐射带动力弱于其他中心城市，产业结构不合理，同质化严重。徐州第一产业占比、工业集中度较高，中高端产业和第三产业增长速度和占比偏低，创新能力和后劲不足；徐州与周围城市工业结构相似，同质化严重，差异化发展困难。思想思维局限，仍然存在一定的“地级市思维”和“苏北意识”，整体发展跳不出“苏北”思维，承载力、凝聚力和软实力尚待提升。

第三节 促进江苏淮海经济区产业金融发展的政策建议

一、加强地区间的联动发展

第一，继续加快产业升级，增强经济综合实力。只有产业转型成功，获得更大的经济效益，地区间的流动才会得以增加。第二，完善综合交通网，除了硬件

上的快速联结，也需要在一些软性交通便利上予以优惠和发展。第三，增强城市功能，提升承载力和吸引力，发挥徐州中心城市的位置优势，落实并积极为全淮海经济区发展谋福利。第四，深化改革开放，加快集聚发展要素，包括建设区域金融机构集聚中心、资金结算中心和金融后台服务中心。第五，彰显文化特色，提升社会文明程度，文化资源的互通、积极交流将会带来巨大的效应。

二、解决拖欠账款问题

积极推动工信、财政、人社、国资、人行、银监等相关部门、单位出台清理拖欠民营企业中小企业账款工作方案，要求各有关部门和企业全力排查拖欠款项，列出清单、建立台账。按照“边排查边清欠”的工作要求，结合化解步骤和时间表，稳步推进清欠工作。进一步健全和完善清欠工作长效监管机制，加强项目审批、资金落实、结算条款等招标前置条件约束，提高工程项目支付工程进度款最低比例要求，清理规范工程建设领域保证金，严防发生新的拖欠。对存量在建工程项目，主动对接、加强指导，督促项目建设责任单位加快完善工程资料、项目审计，及早筹措资金，排定支付计划，确保按时、及时支付，全力严防新增拖欠民营企业中小企业行为。①

三、加强审计监督

聚焦支出预算和重大政策措施落实等审计重点，不断提升财政资金使用绩效和政策实施效果。围绕预算绩效管理，审计部门应从重大民生项目、重大投资项目、重点支出等方面入手，开展慈善捐赠资金、智慧城市专项资金、生活垃圾处理费、污水处理费等多个专题审计，取得积极审计成效。将政府债务作为同级审的重要内容，不断扩大审计监督范围，既关注存量债务，也关注新增债务；既关注显性债务，也关注隐性债务。在查处问题的同时，测算各类风险指标，评估债务偿还计划，督促落实债务风险评估和预警机制，协助市财政部门，更好地防范潜在的债务风险。②

①② 资料来源：徐州市审计局。

四、提升中心城市带动和辐射能力，巩固龙头引领作用

聚焦经济发展，提升中心城市经济实力。建设现代产业体系，做大做强实体经济，以徐工集团、徐矿集团等龙头企业为引领，支持重点领域产业升级、国际合作，建设先进制造业基地，打造产业标杆；推动产业转型和创新驱动发展，推进区域性产业科技创新中心，提高高新技术产业、战略新兴产业、现代服务业的增长速度和占比。充分发挥徐州国家重点交通枢纽优势，加快国际陆港、国际中转枢纽港、货运、铁路、航空、水路建设，打造淮海经济区物流中心和综合物流枢纽；继续建设铁路密集网和“米”字形高铁枢纽，构建现代化便捷交通体系；依托便利的交通运输网络和区位优势，建设物流中心、科教中心、商贸中心和金融中心。

五、加强产业协同，引导产业空间集聚和结构升级

加强淮海经济区产业协同，一是要加强战略性新兴产业的培育，为经济发展增添新的动力；二是要促进机械制造和化工等产业信息化和智能升级；三是要促进平台经济、现代金融、信息通信技术产业、现代物流等新的增长领域的形成与发展，促进淮海经济区产业协同发展。淮海经济区应该在“一带一路”建设的背景下，依托新亚欧大陆桥和优势传统产业，强化招商引资力度和产业链，促进有效的产业集群的形成。同时，各开发区开展集约化、规模化生产，以提高国内开发区的地位和水平，带动整个经济区的综合发展。

第十一章　江苏江淮生态经济区的产业金融政策

在江苏“1+3”重点功能区战略中，江淮生态经济区包括淮安、宿迁两个设区市全域以及里下河地区的高邮、宝应、兴化、建湖、阜宁等县（市）。江淮生态经济区地处江苏地理中心位置，是扬子江城市群、沿海经济带、淮海经济区中心城市的共同腹地和后花园。建设江淮生态经济区是江苏实施“1+3”重点功能区战略，在更高层次上统筹区域协调发展的战略举措。江淮生态经济区生态资源最集中，土地开发强度最低，在江苏“1+3”重点功能区战略中，江淮生态经济区重在展现江苏发展的生态价值、生态优势、生态竞争力，具有独特的地位和作用。本章主要分析淮安、宿迁两市的金融政策。

第一节　江苏江淮生态经济区的主要产业金融政策

一、江苏江淮生态经济区的经济和金融发展概况

（一）江苏江淮生态经济区的经济发展概况

江淮生态经济区主要包括淮安、宿迁两个设区市以及下里河地区。在江苏“1+3”重点功能区战略中，江淮生态经济区的生态优势将更加凸显，区域定位比较清晰，将打造成为生态产品重要供给区、绿色产业集聚区、绿色城镇特色区、现代农业示范区以及生态田园风光旅游目的地。具体经济指标见表11-1。

表 11-1　2019 年江淮生态经济区主要经济指标

指标	淮安	宿迁	江苏	江淮生态经济区占全省比重（%）
土地面积（平方千米）	7615	8524	107200	15.06
户籍总人口（万人）	560.39	592.36	7865.82	14.66
常住人口（万人）	493.26	493.79	8070.0	12.23
GDP（亿元）	3871.21	3099.23	99631.5	7.00
人均 GDP（元）	78542	62840	123607	—
农林牧渔业总产值（亿元）	411.70	896.21	7503.36	17.43
粮食总产量（万吨）	489.25	408.17	3760.2	23.87
粮食播种面积（万亩）	1017.72	896.07	7977	23.99
第二产业增加值（亿元）	1617.18	1324.35	44270.5	6.64
建筑业总产值（亿元）	1394.05	677.53	33103.6	6.26
固定资产投资增速（%）	6.3	6.5	5.1	—
社会消费品零售总额（亿元）	1334.49	888.26	36367.83	6.11
进出口总额（亿美元）	47.05	34.25	43379.7	0.19
货运量（万吨）	13260	6055	258659.1	7.47
邮政业务收入（亿元）	24.71	81.81	813.8	13.09
电信业务收入（亿元）	35.77	39.07	978.0	7.65
旅游总收入（亿元）	470.08	336	14321.6	5.63
一般公共预算收入（亿元）	257.31	212.60	8802.4	5.34
一般公共预算支出（亿元）	529.13	505.75	12573.6	8.23
居民人均可支配收入（元）	30192	24938	41400	—

资料来源：《2019 年江苏省国民经济和社会发展统计公报》《2019 年淮安市国民经济和社会发展统计公报》《2019 年宿迁市国民经济和社会发展统计公报》。

（二）江淮生态经济区的金融发展概况

2019 年，江淮经济生态区的金融业发展势头强劲。淮安金融支撑强劲有力。2019 年末，淮安金融机构本外币存款余额 4137.49 亿元，比上年增长 12.5%，其中住户存款余额 1812.23 亿元，增长 12.5%。金融机构本外币贷款余额 3861.80 亿元，增长 16.6%；其中制造业贷款 275.78 亿元，比年初增加 13.75 亿元，对实体经济支持力度有所加大。①

① 数据来源：《2019 年淮安市国民经济和社会发展统计公报》。

宿迁金融业发展较快。2019 年全年金融业实现增加值 202.63 亿元，比上年增长 16.5%。金融机构人民币各项存款余额 3084.45 亿元，比年初增加 336.8 亿元，增长 12.3%。金融机构人民币各项贷款余额 3082.20 亿元，比年初增加 504.48 亿元，增长 19.6%。其中，制造业贷款余额 263.0 亿元，比年初增长 2.4%。全市新增直接融资 293.77 亿元，直接融资余额 920.20 亿元。保险体系日趋完善。①

2019 年江淮生态经济区金融业主要经济指标见表 11-2。

表 11-2　2019 年江淮生态经济区金融业主要经济指标

指标	淮安	宿迁	江苏	占全省比重（%）
金融机构人民币各项存款余额（亿元）	4137.49	3084.45	152837.30	5.21
金融机构人民币各项贷款余额（亿元）	3861.80	3082.20	133329.90	4.73
保费收入（亿元）	—	86.63	3750.20	—

资料来源：2019 年江淮生态经济区各地市及江苏省国民经济和社会发展统计公报以及江苏省保监局。

二、江淮生态经济区总体产业金融政策概述

（一）形成了生态优先的区域总体发展思路

在江苏“1+3”重点功能区战略中，江淮生态经济区具有独特的地位和作用，必须以生态为前提和底色，做足生态文章，彰显生态优势，更好地优化发展路径和模式，在吸引优质资源、高端要素上下功夫，把这方水土建成生活美好、令人向往的地方。要明确江淮生态经济区建设的目标取向和实践内涵，这是一个经济区而不是单纯的保护区。要以生态为前提和底色，更好地优化发展路径和模式，在集聚和提升上下功夫，聚焦重点产业，着力发展绿色产业和新经济，大力发展现代农业，深度挖掘旅游业，注重发展养老产业，建立负面清单和正面清单。②

① 数据来源：《2019 年宿迁市国民经济和社会发展统计公报》。

② 耿联，黄伟．李强在江淮生态经济区建设现场推进会上强调：彰显生态优势　优化发展路径　努力建成生活美好令人向往的地方［N/OL］．中国江苏网，［2017-09-18］．https//www. baidu. cum/link? url = AcdlzzwaqrYf8ovdizc778cQRobun-bdjB_Iz25yABujvtCow-TQ_RYffldxkHtuiFYLYqwob 25AvfmwMM7XeRbLc-GN7-53kxulluL8N_&wd = &eqid = 8fa340800.

（二）以生态文明为方向，构建江淮生态经济区现代化生态产业体系

江淮生态经济区以打造具有平原水网地区特色的全国生态经济创新发展先行区为目标，以生态优先绿色发展为导向，开展农牧渔业转型发展、培育绿色产业集群、打造文化旅游载体等工作，大力发展绿色生产力，打通绿水青山转为金山银山的通道。一是优化完善渔业养殖规划。二是推动畜牧业绿色转型发展。三是培育优势特色产业集群。四是实施生态产品品牌化战略。五是支持打造优质旅游载体。

（三）大力推进绿色金融政策体系创新和发展

江苏研究制定了推进绿色金融发展的政策措施，重点支持江淮生态经济区等具备条件的地区开展绿色金融业务创新，让金融资源成为“两山”发展的黏合剂。2018 年 9 月 30 日，江苏省环保厅、财政厅、金融办、发展改革委等 9 个部门联合推出《关于深入推进绿色金融服务生态环境高质量发展的实施意见》（苏环办〔2018〕413 号），通过信贷、证券、担保、发展基金、保险、环境权益等 10 大项 33 条具体措施，对绿色金融的发展提出明确的方向。鼓励绿色信贷创新，鼓励在苏银行通过合理分配经济资本、信贷资源等有效方式优先支持绿色信贷产品和服务。积极利用政府债券资金支持生态环境保护，统筹安排新增债券资金和预算资金支持生态保护。支持发展绿色担保，对为中小企业绿色信贷提供担保的第三方担保机构进行风险补偿。鼓励有条件的地方政府和社会资本联合设立绿色发展基金，政府出资部分可通过社会资本优先分红或放弃部分收益等方式，向社会资本让利。

（四）以防治结合为原则，打造江淮生态经济区环境保护体系

坚持生态优先，绿色发展，推进江淮生态经济区建设，把发展重点转移到生态经济和生态保护建设上来，全力推进相关工作。在大气污染综合防治方面，落实《江苏省打赢蓝天保卫战三年行动计划》，大力推动产业结构、能源结构、运输结构、用地结构“四个调整”。在水污染综合防治方面，深入实施水污染防治行动计划。在土壤污染综合防治方面，加强土壤污染防治和污染地块风险管控。在城镇污水处理方面，加快推进老旧管网改造、雨污分流及排水达标区建设，完善污水收集管网系统，提升污水处理设施运行效能。在生态修复保护方面，加强国土空间生态修复政策研究，实施山水林田湖草生态保护修复试点工程。

（五）加大环境保护和生态修复的财政支持力度

加大对区域环境保护与治理的财政支持力度。江苏省财政主要利用现有的省级环保引导资金、农业生态保护与资源利用专项资金、现代农业产业专项资金、

太湖流域水环境综合治理专项资金、生态补偿转移支付等专项资金加大对江淮生态经济区的财政支持力度。建立完善全省范围内的水环境双向补偿机制。江苏省财政设立了省级城乡环境综合整治专项资金，支持村庄生活污水、传统村落和康居村庄建设，支持城市黑臭水体治理等工作。加大生态补偿转移支付力度。支持推进湖泊退圩还湖治理工程，江苏省财政已通过水利工程维修养护资金、水利重点工程建设资金等支持退圩还湖建设，同时全面启动了涉农（水）资金整合改革工作。支持设立生态经济发展投资基金，正按照协议要求，积极推进生态环保发展基金的运作，引导更多金融和社会资本进入生态环保领域。

（六）积极发挥财政资金扶持实体经济的杠杆作用

积极发挥市级和区级产业资金的作用。宿迁和淮安设立了产业发展引导资金，对实体经济进行支持。淮安市政府设立淮安市政府重点产业发展基金，该基金是经淮安市委、市政府批准成立，采取“母—子基金”架构、按照市场化方式运作的政府投资基金，注册总规模 50 亿元，首期到位 5.15 亿元，基金主要投向本市先进制造业、现代服务业和现代农业各重点产业的优质企业和重大项目。针对中小微企业“融资难、融资贵”问题，财政部门坚持以问题为导向，创新财政扶持方式，对部分财政专项资金进行整合，以“风险补偿资金池”存入合作银行，为中小微企业融资增信。

三、江淮生态经济区各市产业金融政策情况

（一）淮安的产业金融政策

1. 优化国有资本结构

2019 年 12 月，淮安市金融控股集团获得淮安市农村商业银行授信的金融中心法人按揭项目，金额 2240 万元，期限十年。本次淮安市金融控股集团法人按揭授信经与多家银行对接，充分考虑资金成本、财务杠杆和现金流等因素，分析对比确定融资方案，报集团董事会通过后实施。该笔法人按揭授信为淮安市金融控股集团首笔融资授信，弥补了集团短期资金缺口，优化了集团的资本结构，有利于推动集团的高质量、可持续发展，增强金融服务实体经济的能力。

2. 加大金融支持实体经济力度

为加大金融支持实体经济、民营经济力度，由淮安市财政局和江苏省财政厅共同出资设立的“苏微贷”融资风险资金规模已达 1 亿元，自 2016 年 8 月底运

作以来至2019年12月，共为企业投放贷款8.2亿元，较好地缓解了中小企业"融资难、融资贵"问题。

3. 拓展融资渠道

调查显示，融资难仍是中小企业发展的最大痛点。在以信息化帮助中小企业拓展投融资渠道方面，淮安一方面建设完善融资支持业务信息平台，另一方面充分发挥产融结合服务平台作用，大力发展普惠金融。

4. 积极推进信用体系建设

一是加强信用管理、采购信息管理、采购合同及信息公告管理，依法处理采购违规行为；二是加强政府和社会资本合作（PPP）领域信用制度建设；三是建立健全地方政府性债务监管体系，建立地方政府债务应急处置机制和考核问责机制，不断提升地方政府债务信息公开质量，积极履行地方政府债券还本付息职责。

5. 启动PPP项目融资模式

区别于传统的政府投资模式，PPP模式由社会资本来承担基础设施和公共服务供给领域项目的设计、融资、建设、运营等工作。PPP模式下，政府不再是举债融资的主体，而是由社会资本或其组建的项目公司来承担融资责任。PPP项目融资政策要求高，较传统政府投资项目更加复杂，项目前端资本金出资和后端项目公司（或社会资本）债务性融资问题的顺利落实是项目建设运营的关键前提。

6. 重视利用资本市场对制造业发展的支持

2018年，淮安企业挂牌上市成果显著，共创草坪IPO进入江苏省证监局辅导期，佳一教育海外架构搭建完成；华晨机械、博图凹土、建纬检测3户企业挂牌"新三板"；新天地科技、月塔米业、环宇篷布、迅创科技、普斐特5户企业挂牌江苏股权交易中心价值板；浦楼酱醋等17户企业挂牌江苏股权交易中心农业板（成长板）。近年来，淮安全市累计40户股份公司登陆多层次资本市场，其中，2户企业在境内主板上市，2户企业在境外上市，28户企业在"新三板"挂牌，股权融资累计超32亿元。①

（二）宿迁的产业金融政策

1. 强化财政金融政策支持，提升服务实体经济效能

近年来，宿迁市财政积极创新财政扶持方式，通过财政奖补、设立风险补偿

① 资料来源：淮安市财政局。

资金池、高效运作产业发展基金等方式，充分发挥财政资金引导和支持作用，不断提升金融服务实体经济效能。一是设立风险补偿资金池，为企业提供信贷支持。二是积极运作产业发展基金，助力产业发展。三是运用专项资金，支持企业借力资本市场转型升级。四是推动农业保险市场化运作，提高农业生产保障水平。

2. 积极引导金融机构支持民营经济发展

近年来，宿迁市财政不断创新举措，积极运用财政政策，引导金融机构支持民营经济发展，助力民营企业做大做强。一是与银行共担风险，让金融机构“敢放贷”。宿迁市财政统筹资金设立10个财政风险补偿资金池，为银行向民营中小微企业贷款提供担保，与银行共同分担贷款风险。二是创新担保方式，让民营企业“够得着”。财政风险补偿资金不断创新担保方式，如仅凭企业的专利证书或者高管的个人房产就可以贷款的“非足额抵押”。

3. 国有金融资本集中统一管理

市级国有金融资本是指市政府（包括政府部门、直属机构、直属单位）及其授权投资主体直接或间接对金融机构出资所形成的资本和应享有的权益。宿迁市财政局根据宿迁市政府授权履行市级国有金融资本出资人职责，并按照统一规制、分级管理的原则，依法依规负责市级国有金融资本集中统一管理工作。根据企业规模、管理级次、外部性及国有金融资本占比等因素，对市级国有金融资本采取直接管理和委托管理两种方式。①

第二节 江苏江淮生态经济区产业金融发展存在的问题

一、江苏江淮生态经济区金融实力总体较弱

从金融业的发展来看，江淮生态经济区的实力相对较弱，金融发展相对滞

① 资料来源：宿迁市财政局。

后，对实体经济的支持有些力不从心。2019年末，从存款余额来看，淮安全市金融机构人民币存款余额4137.49亿元，宿迁市金融机构人民币各项存款余额3084.45亿元，合计7221.94亿元，只占全省的5.21%；从贷款余额来看，淮安全市金融机构人民币贷款余额3861.8亿元，宿迁市金融机构人民币各项贷款余额3082.20亿元，合计6944亿元，只占全省的4.73%。

二、政府间竞争激烈严重影响群区的一体化发展

江淮生态经济区内政府竞争激烈，严重影响了群区的经济一体化。各市政府间争项目、争资金、竞相提供优惠政策的招商引资大战不断上演，甚至在招商的过程中无视引进项目的质量，对地区经济的长远发展非常不利。这种招商政策也导致了同类产品和上下游产业难以集中，产业链被人为分割，产业集群随之被人为分割，城市群形成的内在机制被人为破坏，严重阻碍了城市群一体化的发展。

三、产业结构不合理

江淮生态经济区作为长三角地区的制造业基地，必将承接来自长三角的大量转移产业。但江淮生态经济区产业结构高度化不足，第一、第二产业比重过大，第三产业发展严重不足，且高新技术产业发展不足，这些都会影响承接产业转移的过程。

四、缺乏区域合作意识

江淮生态经济区还处于初步的发展阶段，区域合作意识还很弱，虽然在宣传上加大了对城市群的重视，但没有采取切实有效的实际行动，如建立有效的区域协调主体机构等，导致各个城市仍从自身的利益出发，发展一些高成本低附加值的产业，或是以小范围的经济带为中心，产业重复建设现象严重。

五、缺乏绿色金融产业

江淮生态经济区正在大力发展绿色产业，这些产业在发展初期，需要金融产业的支持，因此需要建立发展绿色金融产业。绿色金融是环保经济长期的助力器，能够支持传统产业绿色改造，保证环保企业健康有序发展，而目前江淮生态经济区绿色金融产业是比较缺乏的。

第三节 促进江苏江淮生态经济区产业金融发展的政策建议

一、坚持有为政府和有效市场相结合，促进区域经济高质量发展

在城市群建设中，特别注重发挥规划引领作用。政府有关部门按照职责分工，制定出台城市群协同创新、产业转型升级、现代综合交通运输体系、特色城镇体系、生态环境、旅游风光带、岸线开发与保护、合作园区建设等专项规划或行动计划。注重构建以协商为主的区域治理体系。要别注重发挥城市群“1+1>2”的协同效应，提出要健全区域协同创新体制机制、建立产业协作机制、构建资源优化配置机制、完善生态环境联防共享机制、创新园区开放合作机制等要求，推进区域治理能力现代化。

二、促进产业合理分工协作，通过优势互补促进产业金融发展

注重特色产业集群培育，江淮生态经济区重点发展生态农业、现代旅游、养生养老、电子信息、装备制造、食品产业、纺织服装等产业。注重个性化发展，江淮生态经济区要重点打造平原水网地区“两山”理论创新实践地，建设江苏永续发展的“绿心地带”、全国生态经济创新发展先行区，打造生态产品供给重要区域、绿色产业集聚区、城镇绿色发展特色区、现代农业示范区、生态田园休闲度假旅游目的地。

三、提升基础设施互联互通水平，在开放互动中实现产业金融高质量发展

围绕“一带一路”建设、长江经济带发展、长三角区域一体化发展、乡村振兴、运输结构调整、枢纽经济发展等重大战略实施和江苏“1+3”重点功能区要求，集中资源优先安排战略性、功能性重大项目，加快补齐铁路、航空、过江通道等交通发展短板，充分发挥交通运输的基础先导和引领作用。

四、提升生态文明程度，推动产业金融绿色发展

江淮生态经济区要加强生态环境保护与修复，启动与安徽省跨省补偿对接协商工作，推进泗洪“两山”实践创新基地建设，将金湖县、建湖县、泗阳县建成国家生态文明建设示范县。强化生态环境保护制度建设，合理界定生态保护区和生态受益区，推进生态补偿横向转移支付常态化、制度化。建立健全环境经济政策体系，完善跨区域排污权有偿使用和交易管理制度，实施与污染物排放总量挂钩的财政政策，完善跨界环境污染纠纷协调和赔偿机制。

五、完善考核评价机制，促进产业金融快速发展

在年度个性指标具体考核内容设置过程中，特别注重引导各功能区设区市特色发展，包括特色主导产业、主攻重点领域的高质量发展，同时将地方特色长项和补短板弱项相结合，形成与功能区发展相适应的评价取向。淮安和宿迁设置了生态经济产业发展指标，突出生态优先、绿色发展。

第五篇

供给实践篇

第五篇为供给实践篇，旨在从金融机构的供给侧视角来研究江苏金融机构对实体产业的支持。本篇共分为三章，即第十二章、第十三章、第十四章。第十二章对江苏金融业运行情况进行具体分析，并从银行业运行情况、保险业运行情况及证券业运行情况三大板块对江苏金融业运行情况进行分析。第十三章从金融机构授信、私募基金投入、农村金融赋能、“财政+金融”支撑、绿色金融助力五大方面对江苏产业金融发展实践经验展开具体论述。第十四章则从多点赋能、供给赋能、创新赋能等方面重点介绍江苏金融业支持实体经济发展的优秀案例，以期为江苏金融业助力江苏实体经济发展实践提供借鉴和参考作用，更好地驱动实体经济发展。

第十二章　江苏金融业运行情况分析

作为全国较为发达的省份之一，江苏 2019 年 GDP 约为 99631.52 亿元，居全国第二位。如此成绩，离不开江苏金融业对各产业的支持。金融业与其他产业的较好融合，无疑对江苏经济的更进一步发展起着强大的助力作用。截至 2019 年 12 月，江苏银行业金融机构总资产为 2825146 亿元，比上年同期增长 8.1%，总负债为 2582396 亿元，比上年同期增长 7.6%。其中，商业银行总资产为 2323369 亿元，比上年同期增长 9.1%，占银行业金融机构比例为 82.2%；商业银行总负债为 2130922 亿元，比上年同期增长 8.7%，占银行业金融机构比重的 82.5%。①

综观 2019 年，江苏各级政府及金融部门积极以习近平新时代中国特色社会主义新思想为行动指引，认真学习党的十九大报告，积极贯彻落实党的十九大报告及全国金融工作会议的相关要求，推动江苏金融业继续稳健发展，稳中有进，稳中向好。

第一节　江苏银行业运行分析

基于《江苏统计年鉴》，本节从人民币存贷规模年度纵向视角、微观部门视角、贷款期限视角、区域视角、金融机构及从业人员数量等方面来对江苏银行业的运行进行多角度、多方面的分析。

① 数据来源：江苏省银保监局。

一、人民币存贷规模于年度纵向持续增加，存贷差于近年呈下降趋势

人民币存贷款是江苏银行业运行情况的一个重要指标。表 12-1 揭示了 2012~2019 年江苏金融机构人民币存贷款情况。由表 12-1 可知，截至 2019 年末，金融机构人民币存款为 152837.34 亿元，比 2018 年增加 13119.36 亿元，增长率为 9.39%，同比多增 3344.27 亿元，2017~2019 年人民币存款均值为 140832.74 亿元。截至 2019 年末，金融机构人民币存贷差进一步缩小，为 19507.47 亿元，比 2018 年缩减 4491.51 亿元，增长率为 15.22%，同比多减 660.87 亿元，2017~2019 年人民币存贷款差均值为 23778.69 亿元。

表 12-1　2012~2019 年江苏金融机构人民币存贷款情况　　单位：亿元

年份	2012	2013	2014	2015	2016	2017	2018	2019
人民币存款	75481.51	85604.08	93735.61	107873.03	121106.58	129942.89	139717.98	152837.34
人民币贷款	54412.30	61836.53	69572.67	78866.34	91107.60	102113.27	115719.00	133329.87
存贷差	21069.21	23767.55	24162.94	29006.69	29998.98	27829.62	23998.98	19507.47

为了更加直观地揭示 2012~2019 年江苏金融机构人民币存款变化及增长率情况，根据表 12-1，可绘制图 12-1。其中，图 12-1（a）揭示了 2012~2019 年江苏金融机构人民币存款变化情况及增长率变化趋势；图 12-1（b）则反映了 2012~2019 年江苏金融机构人民币贷款变化情况及其增长率变化趋势；图 12-1（c）为 2012~2019 年江苏金融机构人民币存贷差变化情况。

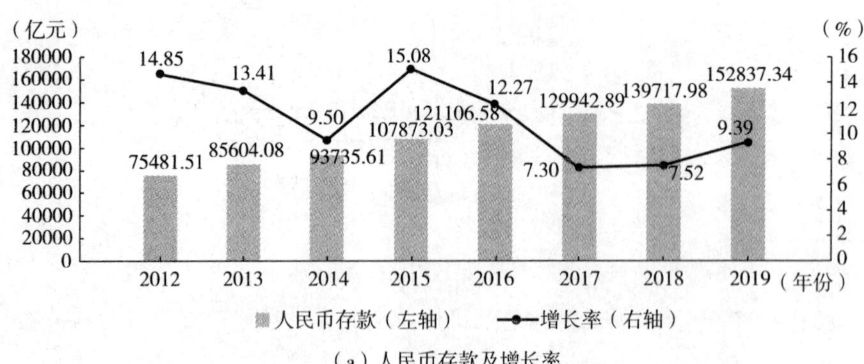

（a）人民币存款及增长率

图 12-1　2012~2019 年江苏金融机构人民币存贷款及增长率

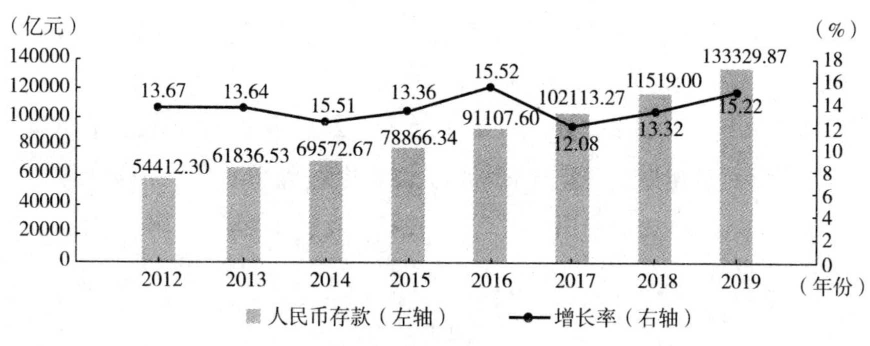

（b）人民币贷款及增长率

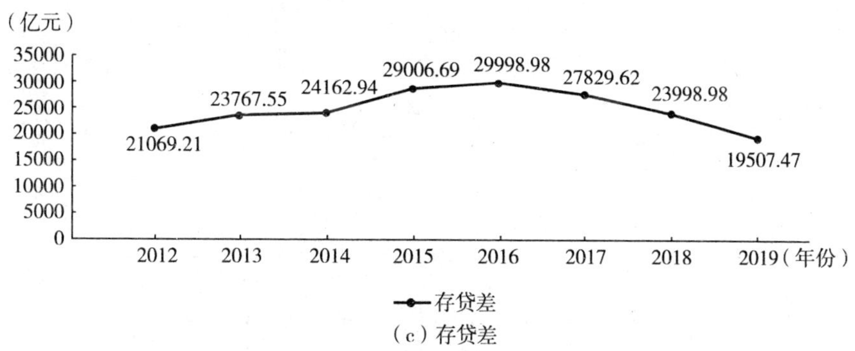

（c）存贷差

图 12-1 2012~2019 年江苏金融机构人民币存贷款及增长率（续）

由图 12-1 可知，近年来江苏金融机构人民币存贷款规模呈现逐年上升趋势，二者的年增长率具有不同的发展趋势，但均于近年呈现上升趋势。人民币存款的历年增长率自 2012 年开始，总体上呈现波动下降趋势，2017~2019 年略有回升，2017~2019 年的平均增长率为 8.07%。而江苏金融机构人民币贷款的增长率于近年呈现上升趋势，2017~2019 年的平均增长率为 13.54%。江苏金融机构人民币存贷款差值曲线则呈现先上升而后下降的态势。人民币存贷款差值于 2016 年达到最大值，为 29998.98 亿元，并于 2016 年由上升态势转为下降，2017~2019 年的人民币存贷款差均值为 23778.69 亿元。

图 12-1 从时间纵向角度揭示了江苏金融机构人民币存贷的历年变化情况，图 12-2 则反映了 2019 年江苏金融机构人民币存贷月份情况。

从图 12-2（a）中可观察 2019 年江苏金融机构当月新增人民币存款的纵向变化趋势。2019 年 1 月至 12 月，人民币存款月度新增额波动幅度较大，并于 4

月、7月、10月、12月出现负的增加额；人民币存款月度新增额于1月达到最大，为8888.89亿元，于7月达到最小，为-936.27亿元；全年平均月新增额为1093.28亿元。从图12-2（a）中亦可以发现，2019年江苏金融机构人民币存款同比增长率全年呈现先上升而后下降的态势，并于11月、12月开始回弹。2019

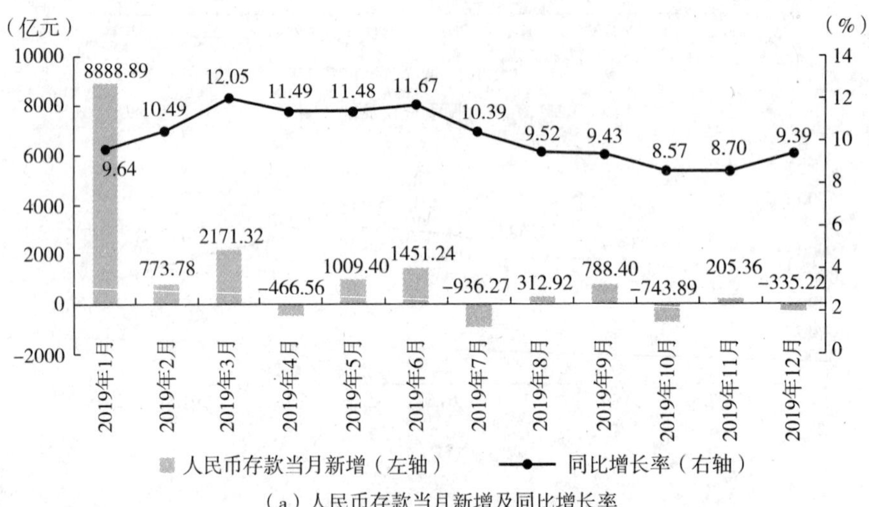

（a）人民币存款当月新增及同比增长率

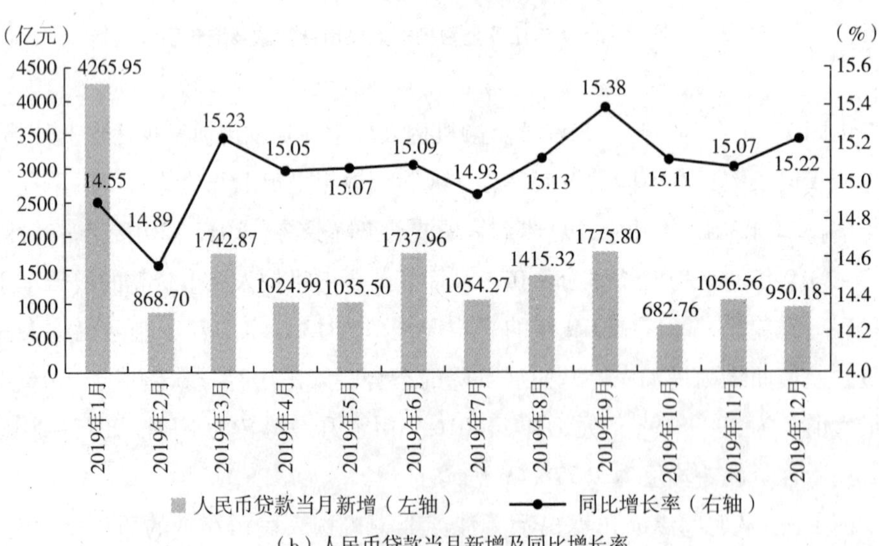

（b）人民币贷款当月新增及同比增长率

图12-2　2019年江苏金融机构人民币存贷款月度情况

年3月的人民币存款同比增长率最大，为12.05%，10月实现最小的同比增长率，为8.57%，其全年平均同比增长率为10.54%。

从图12-2（b）中可观察2019年江苏金融机构当月新增人民币贷款的纵向变化趋势。2019年1月至12月，人民币贷款月度新增额均为正值，并于4月、7月、10月、12月出现负的增加额；人民币存款月度新增额于1月最大，为4265.95亿元，其次为9月，为1775.80亿元；人民币贷款月度新增额于10月最小，为682.76亿元；全年平均月新增额为1467.57亿元。从图12-2（b）中亦可以发现，2019年江苏金融机构人民币贷款同比增长率波动幅度不大，在14.55%~15.38%变化。人民币贷款同比增长率在9月达到最大，为15.38%，并于2月实现最小的同比增长率，为14.89%，其全年平均同比增长率为15.06%。

二、人民币存贷结构存在部门性差异，住户与非金融企业存贷款占比较为稳定

住户部门与非金融企业部门是金融机构较为重要的存贷款服务主体。在存贷结构上，两大部门存在差异。图12-3为2019年江苏金融机构住户部门的存贷款情况；图12-4为2019年江苏金融机构非金融企业部门的存贷款情况；图12-5为2019年江苏金融机构住户与非金融企业部门的存贷款占比情况。

图12-3（a）揭示了2019年江苏金融机构住户部门的当月新增人民币存款的纵向变化趋势。从2019年全年来看，住户部门人民币存款月度新增额变动较大，波动范围为-913.63亿~4559.01亿元，并于4月、7月、10月、11月出现负的增加额；住户部门人民币存款月度新增额最大值出现在1月，为4559.01亿元，其次为1646.32亿元，出现在2月。住户部门人民币存款月度新增额于4月达到最小，为-913.63亿元；住户部门人民币存款全年平均月新增额为582.55亿元。从图12-3（a）中亦可以发现，2019年江苏金融机构住户部门人民币存款同比增长率自4月呈现向下波动趋势，并于1月及2月分别出现最大和最小的同比增长率，为17.16%及12.95%，其全年平均同比增长率为14.83%。

图12-3（b）揭示了2019年度江苏金融机构住户部门的当月新增人民币贷款的纵向变化趋势。从2019年全年来看，住户部门人民币贷款月度新增额波动范围为-10.85亿元至1068.21亿元；住户部门人民币贷款月度新增额最大值出现在1月，为1068.21亿元，其次为916.12亿元，出现在12月。住户部门人民

币存款月度新增额于 2 月达到最小，为-10.85 亿元；住户部门人民币贷款全年平均月新增额为 646.76 亿元。从图 12-3（b）中亦可以发现，2019 年江苏金融机构住户部门人民币贷款同比增长率自 6 月呈现先下降而后上升的变动趋势，并于 12 月及 2 月分别出现最大和最小的同比增长率，为 19.90%及 18.65%，其全年平均同比增长率为 19.28%。

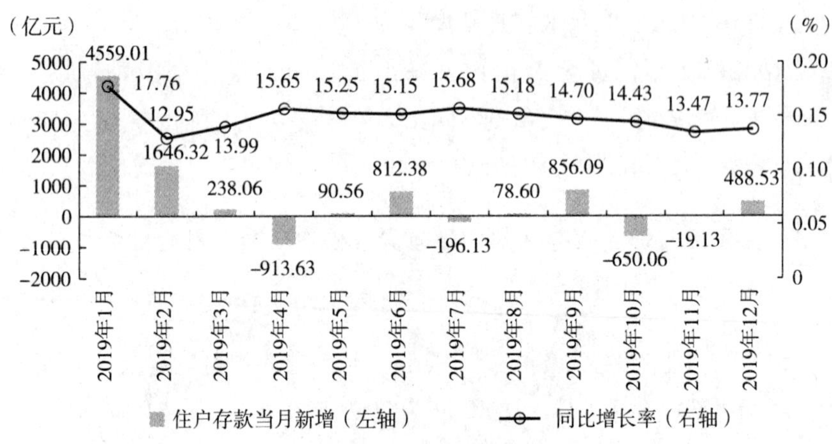

（a）住户存款当月新增及同比增长率

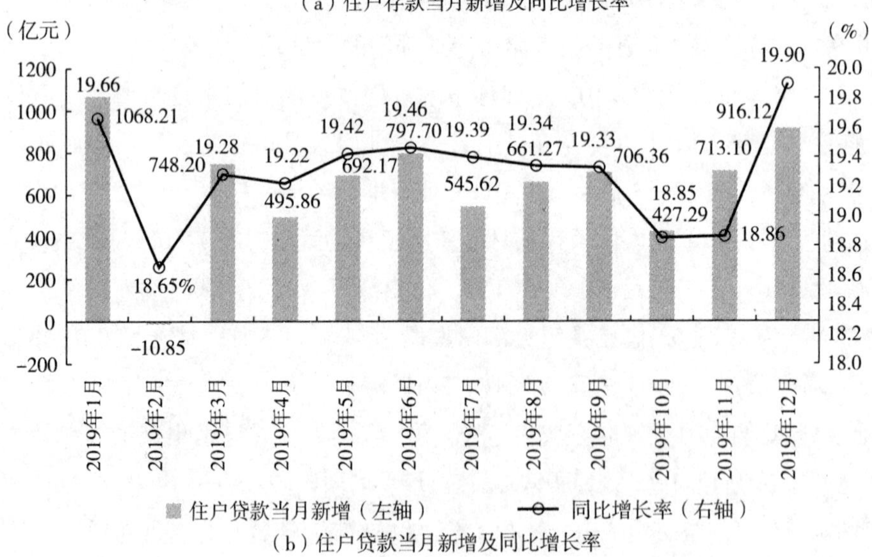

（b）住户贷款当月新增及同比增长率

图 12-3　2019 年江苏金融机构住户部门人民币存贷款月度情况

图 12-4（a）揭示了 2019 年江苏金融机构非金融企业部门的当月新增人民币存款的纵向变化趋势。从 2019 年全年来看，非金融企业部门人民币存款月度新增额变化较大，于多个月份出现负的新增额，波动范围为-1987.95 亿~4162.70 亿元，并于 2 月、4 月、7 月、10 月出现负的增加额；非金融企业部门人民币存款月度新增额最大值出现在 1 月，为 4162.40 亿元，其次为 1959.37 亿元，出现在 3 月。非金融企业部门人民币存款月度新增额于 7 月达到最小，为-1987.95 亿元；住户部门人民币存款全年平均月新增额为 128.13 亿元。从图 12-4（a）中亦可以发现，2019 年江苏金融机构非金融企业部门人民币存款同比增长率自 3 月呈现向下波动趋势，并于 3 月及 12 月分别出现最大和最小的同比增

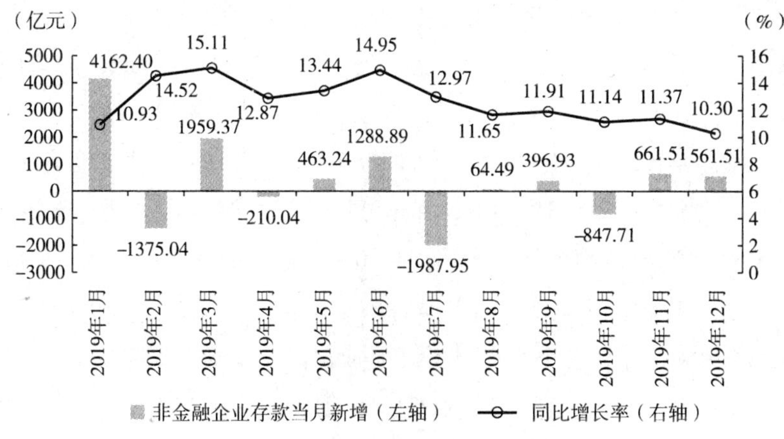

（a）非金融企业存款当月新增及同比增长率

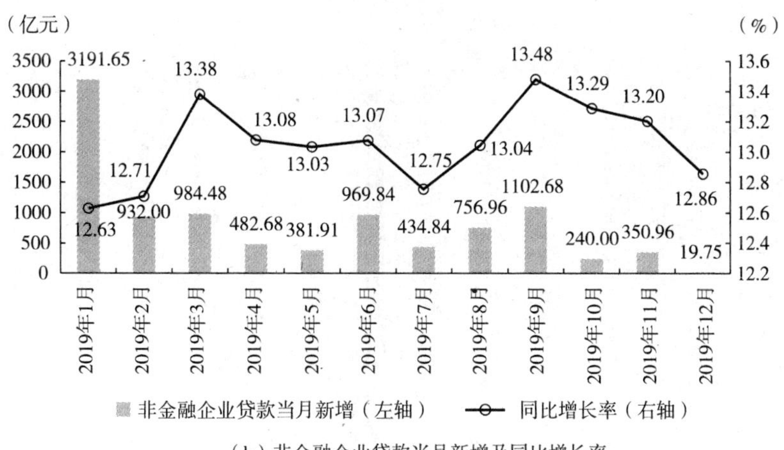

（b）非金融企业贷款当月新增及同比增长率

图 12-4　2019 年江苏金融机构非金融企业部门人民币存贷款月度情况

长率，为15.11%及10.30%，其全年平均同比增长率为12.60%。

图12-4（b）揭示了2019年江苏金融机构非金融企业部门的当月新增人民币贷款的纵向变化趋势。从2019年全年来看，非金融企业部门人民币贷款月度新增额波动范围为19.75亿元至3191.65亿元；非金融企业部门人民币贷款月度新增额最大值出现在1月，为3191.65亿元，其次为1102.68亿元，出现在9月。非金融企业部门人民币存贷款月度新增额于12月达到最小，为19.75亿元；非金融企业部门人民币贷款全年平均月新增额为820.65亿元。从图12-4（b）中亦可以发现，2019年江苏金融机构非金融企业部门人民币贷款同比增长率波动范围为12.63%~13.48%，并于9月及1月分别出现最大和最小的同比增长率，为13.48%及12.63%，其全年平均同比增长率为13.04%。

由图12-5可知，住户部门与非金融企业部门的人民币存贷款占比均较稳定，波动幅度较小。其中，住户部门人民币存款占比波动范围为37.16%~38.22%，全年平均占比为37.57%；非金融企业部门人民币存款占比波动范围为35.28%~36.68%，全年平均占比为35.90%；由此可见，两大部门的存款占比相差不大，且两者合计占比波动范围为72.44%~74.90%，全年平均合计占比73.47%。而住户部门人民币贷款占比呈现上升趋势，波动范围为33.17%~35.09%，全年平均占比为33.95%；非金融企业部门人民币贷款占比呈现不断下降趋势，波动范围为64.86%~66.82%，全年平均占比为66.01%；不难发现，两大部门的贷款占比之和较为稳定，全年平均合计占比为99.96%。

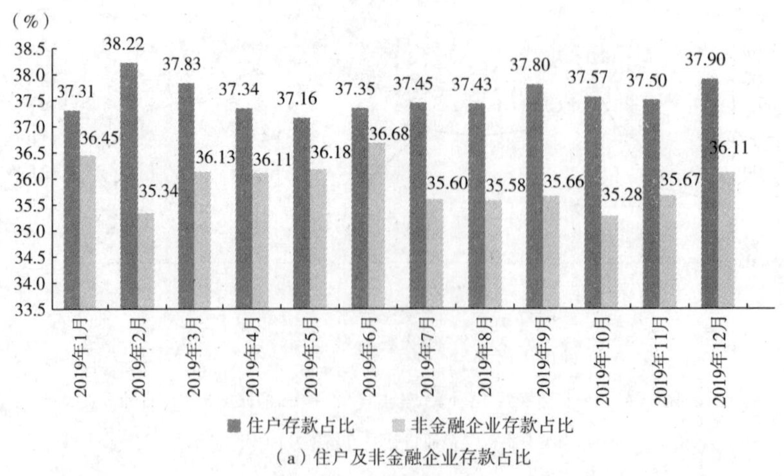

（a）住户及非金融企业存款占比

图12-5 2019年江苏金融机构人民币存贷款部门占比月度情况

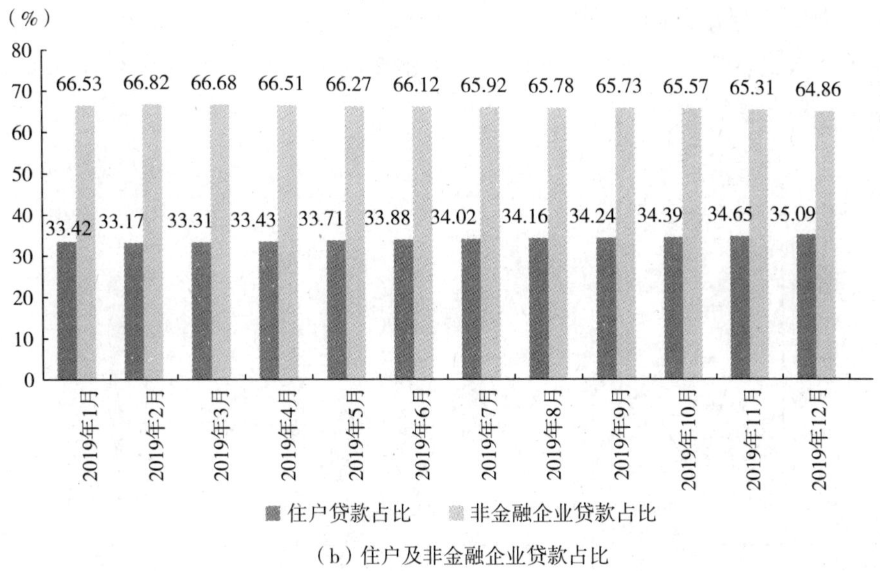

（b）住户及非金融企业贷款占比

图 12-5　2019 年江苏金融机构人民币存贷款部门占比月度情况（续）

三、人民币贷款结构存在时间性差异，短期与中长期贷款占比波动范围较小

江苏金融机构人民币贷款结构除存在部门性差异外，在贷款期限上亦存在差异。其中，中长期贷款占比较大。图 12-6 为 2019 年江苏金融机构短期与中长期人民币贷款情况，其中，图 12-6（a）为 2019 年江苏金融机构短期人民币贷款情况，图 12-6（b）为 2019 年江苏金融机构中长期贷款情况。图 12-7 揭示了 2019 年江苏金融机构短期与中长期人民币贷款占比月度情况。

从图 12-6（a）可知，2019 年 1 月至 12 月，江苏金融机构短期人民币贷款呈现上升趋势，在 37545.72 亿元至 42377.52 亿元之间变动；其中，人民币短期贷款最小值和最大值分别出现在 1 月和 12 月。由图 12-6（a）中的人民币短期贷款月度增长率可看出，波动范围为-0.33%～4.89%；其最小值出现于 10 月，为-0.33%；最大值出现在 1 月，为 4.89%；此外，2019 年全年人民币短期贷款月增长率均值为 1.43%。

由图 12-6（b）可知，2019 年江苏金融机构人民币中长期贷款逐月增加，由 1 月的 75055.99 亿元增至 12 月的 82185.92 亿元。由图 12-6（b）中的中长期人民币贷款月度增长率可看出，波动范围为 0.50%～2.89%；其最小值出现于 12 月，为 0.50%；最大值出现在 1 月，为 2.89%；此外，2019 年全年中长期人民币贷款月增长率均值为 1.00%。

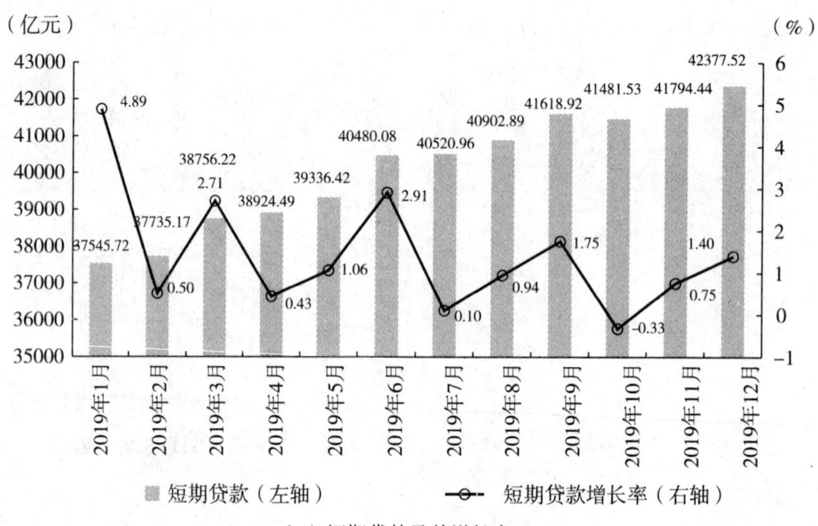

（a）短期贷款及其增长率

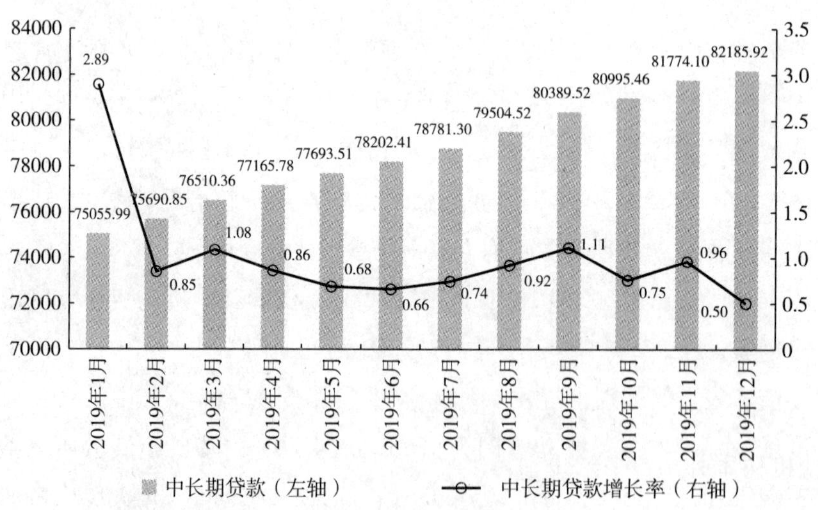

（b）中长期贷款及其增长率

图 12-6　2019 年江苏金融机构短期与中长期人民币贷款月度情况

由图 12-7 可知，金融机构人民币短期与中长期贷款占比（指占境内贷款占比，以下相同）比较稳定，波动幅度较小。自 2019 年 1 月起，江苏金融机构人民币短期贷款占比波动范围为 31.24%~32.04%，均值为 31.64%；最大值出现在 6 月，为 32.04%；最小值出现在 2 月，为 31.24%；而江苏金融机构人民币中长期贷款占比波动范围为 61.56%~62.66%，均值为 62.05%；最大值出现在 2 月，为 62.66%；最小值出现在 9 月，为 61.56%；两种期限贷款合计占比比较稳定，均值为 93.69%。

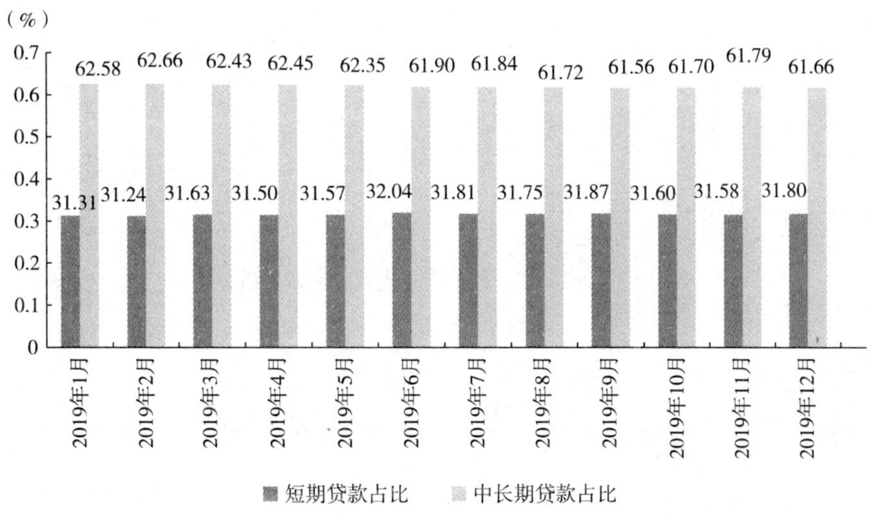

图 12-7　2019 年江苏金融机构人民币短期与中长期贷款占比月度情况

四、人民币存贷款结构存在区域性差异，苏南呈现较高存贷集聚性

前文从时间纵向维度对江苏金融机构本外币存款情况进行了分析，下文将从空间维度来对此进行分析。从空间维度来看，如表 12-2 所示，截至 2018 年末，江苏金融机构本外币存款南京最大，为 34524.86 亿元；苏州、无锡紧随其后，分别为 30523.37 亿元、16056.79 亿元，合计 81105.02 亿元，占比 56.23%，三地贡献超半；此外，从苏南、苏中、苏北区域划分来看，如表 12-3 所示，截至 2018 年末，苏南地区（含南京、苏州、无锡、常州及镇江 5 市）金融机构本外

币存款 96317.10 亿元，占比 66.78%；苏中地区包括南通、扬州和泰州 3 个城市，其金融机构本外币存款 24494.17 亿元，占比 16.98%；苏北地区包括徐州、连云港、淮安、盐城和宿迁 5 个城市，其金融机构本外币存款 23416.10 亿元，占比 16.24%。以上不难发现，苏南地区与苏中及苏北地区的金融机构本外币存款情况存在显著差异。苏南地区作为江苏经济最发达区域，其金融机构本外币存款贡献度超 50%。江苏金融机构本外币存款存在区域差异。

表 12-2　2018 年江苏分城市金融机构本外币存款

城市	南京	无锡	徐州	常州	苏州	南通	连云港
本外币存款（亿元）	34524.86	16056.79	7285.08	10090.05	30523.37	12211.02	3261.64
占比（%）	23.94	11.13	5.05	7.00	21.16	8.47	2.26
城市	淮安	盐城	扬州	镇江	泰州	宿迁	—
本外币存款（亿元）	3676.95	6421.42	6080.73	5122.03	6202.42	2771.01	—
占比（%）	2.55	4.45	4.22	3.55	4.30	1.92	—

表 12-3　2018 年江苏分区域金融机构本外币存款

区域	苏南	苏中	苏北
本外币存款（亿元）	96317.10	24494.17	23416.10
占比（%）	66.78	16.98	16.24

第二节　江苏保险业运行分析

江苏保险业为江苏实体经济发展和江苏金融业的发展保驾护航，其作用不言而喻。作为江苏金融业的重要组成部分，本节将从江苏保险业保费收入与赔付支出的时间纵向总体视角、微观结构视角、差额视角、区域视角、保险业机构及从业人员情况（无数据）等多个方面对江苏保险业的运行进行分析。

一、江苏保险业保费收入与赔付支出双增长

江苏保险业保费收入与赔付支出总额的历年变化情况如表 12-4 所示。不难

发现，基于江苏保险业保费收入与赔付支出总体视角，保费收入与赔付支出均呈现上升趋势。

表 12-4　2012~2019 年江苏保费收入与赔付支出情况　　单位：亿元

年份	2012	2013	2014	2015	2016	2017	2018	2019
保费收入总额	1301.28	1446.08	1683.76	1989.91	2690.25	3449.51	3317.28	3750.20
赔付总额	386.97	527.02	616.78	732.59	915.13	983.62	996.72	998.60

（一）江苏保险保费收入持续增长，增速回弹

截至 2019 年末，江苏保险业保费收入共计 3750.20 亿元，比 2018 年增加 432.92 亿元，2017~2019 年保费收入均值为 3505.66 亿元。图 12-8 揭示了 2012~2019 年江苏保险业保费收入变化。由图 12-8 可知，总体来看，江苏保险业保费收入呈上升趋势，仅在 2018 年比上一年有所下降。从增速来看，保费收入增长率呈现先上升而后下降的趋势，并在 2019 年有所回弹。保费增长率最大年份为 2016 年，达到 35.19%，2018 年增长率为负，为-3.83%。2019 年增速回弹，增长率为 13.05%；2017~2019 年保费增长率均值为 12.48%。

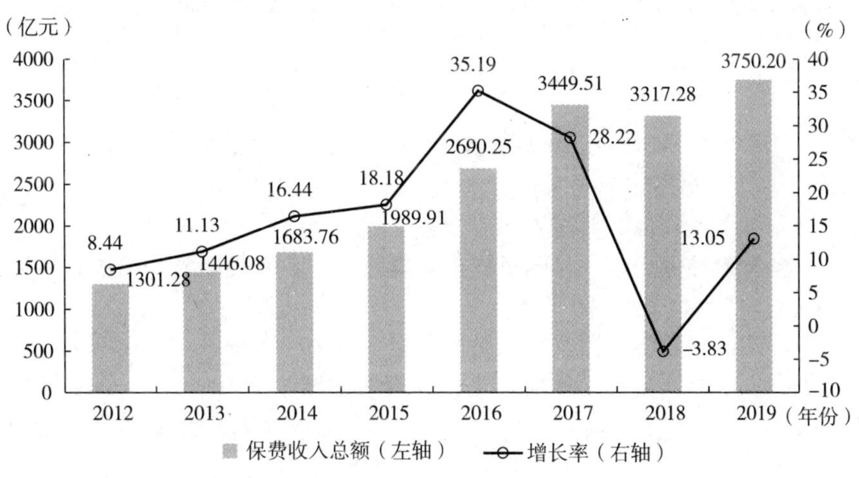

图 12-8　2012~2019 年江苏保险业保费收入变化

（二）江苏保险业赔付支出持续增加，增速继续减小

截至 2019 年末，江苏保险业赔付支出共 998. 60 亿元，比 2018 年增加 1. 88 亿元，增长率为 0. 19%；同比少增 11. 22 亿元；2017～2019 年赔付支出均值为 992. 98 亿元。图 12-9 揭示了江苏保险业赔付支出变化及增长率情况。由图 12-9 可知，从江苏保险业总体来看，江苏保险业赔付支出持续增加。从增速来看，自 2013 年开始，江苏保险业赔付支出总额增长率呈现向下波动趋势。江苏保险业赔付支出增长率最大年份为 2013 年，达到 36. 19%，并于 2016～2019 年实现增长率的四连降；2017～2019 年赔付支出增长率均值为 3. 00%。

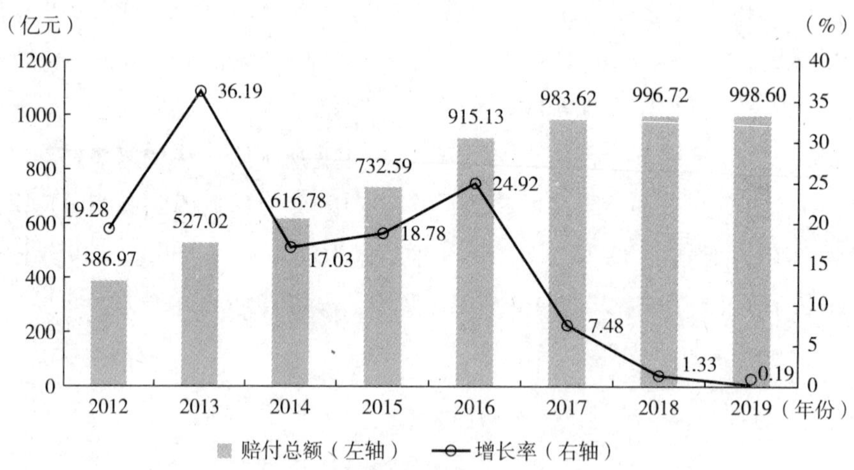

图 12-9　2012～2019 年江苏保险业赔付支出变化

二、各类险种保费收入与赔付支出差异较大，具有较明显的结构性特征

首先，从保费收入结构来看，原保费收入源于四大险种：财产险、人身意外险、健康险、寿险，每种险种的收入占比差异较大。具体而言，2019 年江苏财产险保费收入共计 940. 88 亿元，比 2018 年增加 82. 07 亿元，增速 9. 56%，同比多增 37. 26 亿元；人身意外伤害险保费收入共计 85. 23 亿元，比 2018 年增加 7. 12 亿元，增速 9. 12%，同比少增 1. 34 亿元；健康险保费收入共计 508. 77 亿元，比 2018 年增加 113. 73 亿元，增速 28. 79%，同比多增 73. 29 亿元；寿险保

费收入共计2215.32亿元，比2018年增加230.00亿元，增速11.59%，同比多增455.94亿元（见表12-5）。从各类保险保费收入增速来看，2019年健康险增速最大。不难发现，寿险保费收入最大，人身意外伤害险保费收入最少，两者差值相差较大。而从各类险种保费收入占比来看，如图12-10所示，截至2019年末，寿险保费收入占比最大，为59.07%；紧随其后的是财产险和健康险保费收入，分别占比25.09%和13.57%。而人身意外伤害险保费收入占比最低，为2.27%。

表12-5　2012~2019年江苏保费收入情况　　单位：亿元

年份	2012	2013	2014	2015	2016	2017	2018	2019
保费收入总额	1301.28	1446.08	1683.76	1989.91	2690.25	3449.51	3317.28	3750.20
财产险	440.92	518.61	606.29	672.19	733.43	814.00	858.81	940.88
人身意外伤害险	35.20	41.88	48.47	54.22	61.32	69.65	78.11	85.23
健康险	59.29	76.41	112.27	179.58	388.53	354.60	395.04	508.77
寿险	765.87	809.17	916.72	1083.92	1506.96	2211.26	1985.32	2215.32

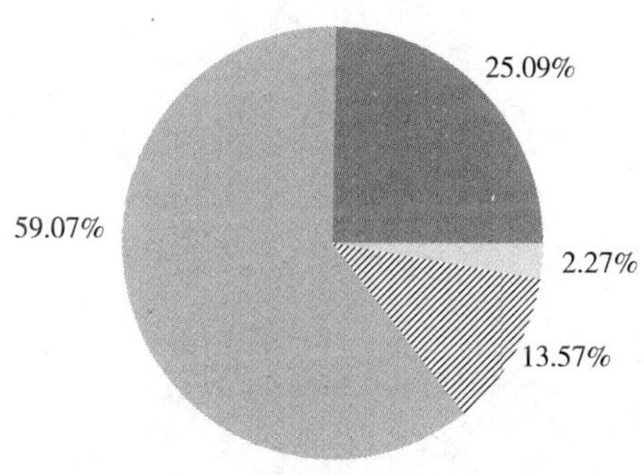

图12-10　2019年江苏各类险种保费收入占比

其次，从险种赔付支出结构来看，赔付支出源于四大险种：财产险、人身意外险、健康险、寿险，每种险种的赔付支出占比差异较大。由表12-6可知，财产险赔付支出共计534.45亿元，比2018年增加21.92亿元，增速4.28%，同比少增35亿元；人身意外伤害险赔付支出共计25.02亿元，比2018年增加1.13亿元，增速 4.73%，同比少增 1.51 亿元；健康险赔付支出共计 144.77 亿元，比 2018 年增加 40.37 亿元，增速 38.67%，同比多增 9.51 亿元；寿险赔付支出共计 294.36 亿元，比 2018 年减少 61.54 亿元，增速-17.29%，同比减少 15.77 亿元。从各类保险赔付支出增速来看，2019 年健康险赔付支出增速最大。而从各类险种赔付支出占比来看，如图 12-11 所示，截至 2019 年末，财产险赔付支出占比最大，为 53.52%；紧随其后的是寿险和健康险赔付支出，分别占比 29.48%和 14.50%。而人身意外伤害险赔付支出占比最低，为 2.51%。

表 12-6　2012~2019 年江苏各类险种赔付情况　　单位：亿元

年份	2012	2013	2014	2015	2016	2017	2018	2019
赔付总额	386.97	527.02	616.78	732.59	915.13	983.62	996.72	998.60
财产险	240.08	303.23	336.30	403.04	437.66	455.61	512.53	534.45
人身意外伤害险	10.02	11.18	13.45	15.26	17.64	21.25	23.89	25.02
健康险	17.85	24.00	35.16	46.09	55.89	73.54	104.40	144.77
寿险	119.03	188.62	231.87	268.21	403.95	433.21	355.90	294.36

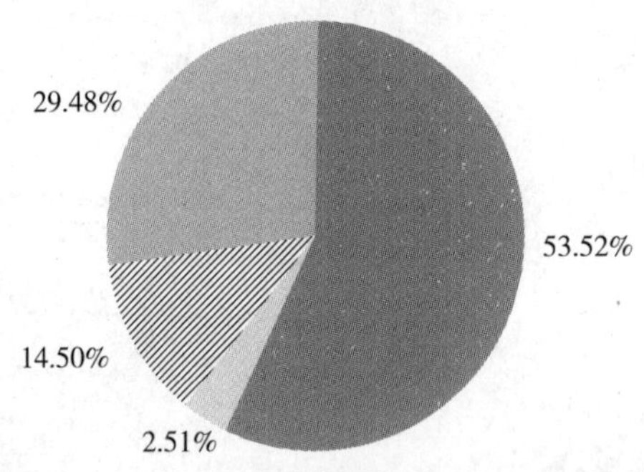

图 12-11　2019 年江苏各类险种赔付支出占比

三、各类险种保费收入与赔付支出差额呈现上升趋势

由 2012~2019 年江苏保险业运营情况可知，除寿险外，江苏银行业各类

保险的保费收入与赔付支出呈现上升态势，且所有险种的保费收入与赔付支出差额呈现上升趋势，说明各类险种运营良好。图 12-12 至图 12-15 分别揭示了财产险、人身意外伤害险、健康险及寿险的历年保费收入与赔付支出情况。

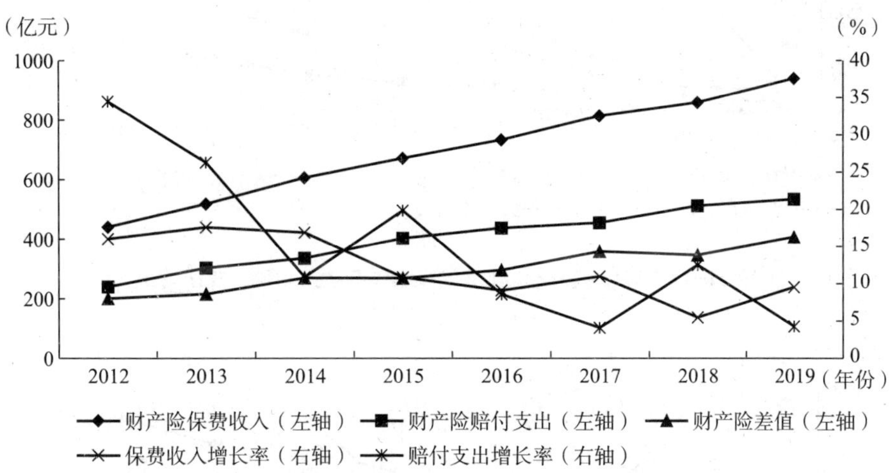

图 12-12　2012~2019 年江苏财产险保费收入与赔付支出情况

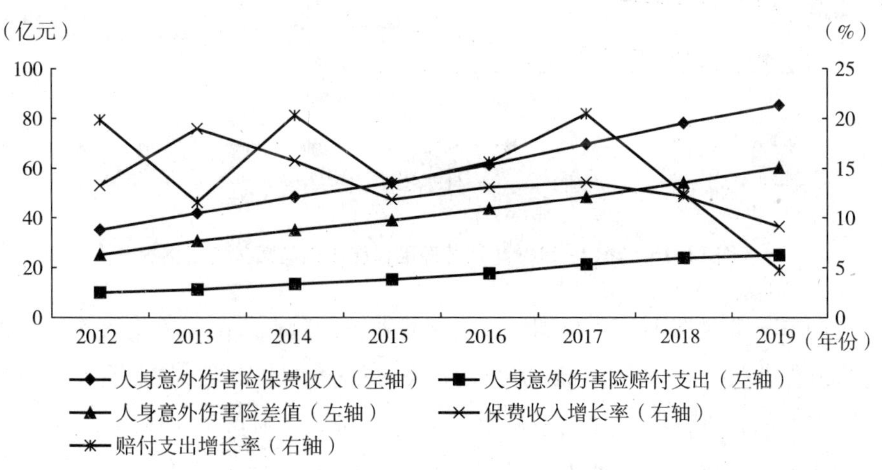

图 12-13　2012~2019 年江苏人身意外伤害险保费收入与赔付支出情况

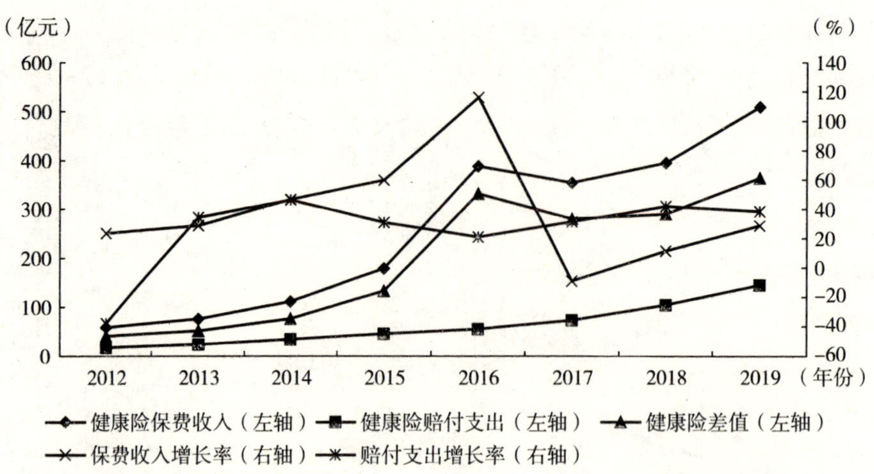

图 12-14　2012~2019 年江苏健康险保费收入与赔付支出情况

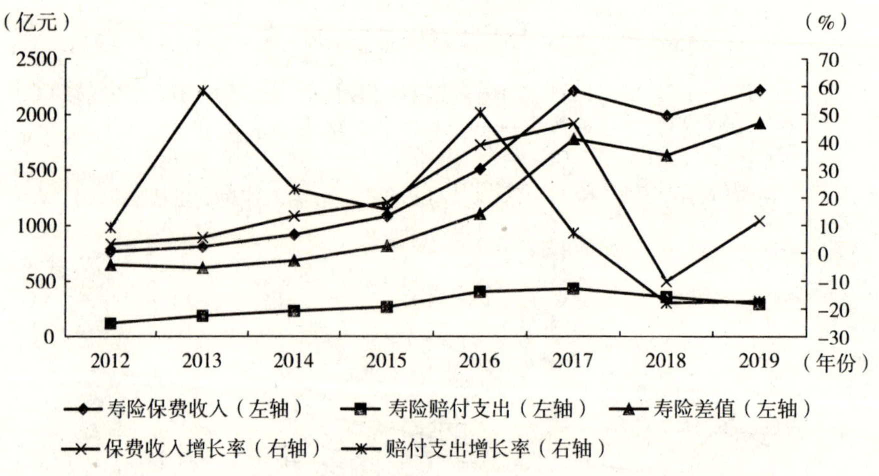

图 12-15　2012~2019 年江苏寿险保费收入与赔付支出情况

由图 12-12 至图 12-15 可知，江苏保险业财产险、人身意外伤害险、健康险及寿险的保费收入均呈现上升趋势；而各类险种的赔付支出，除寿险外，均表现出不断上升的态势；保费收入增长率均值为 8.68%。财产险 2017~2019 年赔付支出均值为 500.86 亿元，赔付支出增长率为 6.96%；财产险保费收入与赔付差额 2017~2019 年均值为 370.37 亿元；人身意外伤害险 2017~2019 年的保费收入均值为 77.66 亿元，保费收入增长率均值为 11.62%；人身意外伤害险 2017~

2019年赔付支出均值为23.39亿元，赔付支出增长率为12.54%；人身意外伤害险保费收入与赔付差额2017~2019年均值为54.28亿元；健康险2017~2019年的保费收入均值为419.47亿元，保费收入增长率为10.49%；健康险2017~2019年赔付支出均值为107.57亿元，赔付支出增长率为37.40%；健康险保费收入与赔付差额2017~2019年均值为311.9亿元；寿险2017~2019年的保费收入均值为2137.3亿元，保费收入增长率为16.03%；寿险2017~2019年赔付支出均值为361.16亿元，赔付支出增长率为-9.30%；寿险保费收入与赔付差额2017~2019年均值为1776.14亿元。

四、江苏保险业运行存在区域差异，不同地区各类保费收入相差较大

从区域视角来看，如表12-7所示，截至2019年末，江苏保险业财产险保费收入最高城市为苏州，为2138706.14万元；南京、无锡紧随其后，分别为1881971.79万元、988302.87万元，三地保费收入合计5008980.80万元，占比53.24%，三地贡献过半。2019年寿险保费收入最高的城市为南京，为4589297.30万元；苏州、无锡紧随其后，分别为3707262.30万元、2791709.46万元，三地保费收入合计11088269.06万元，占比50.05%，三地贡献过半。2019年度意外伤害险保费收入最高的城市为南京，为194231.43万元；苏州、无锡紧随其后，分别为193572.10万元、81283.10万元，三地保费收入合计469086.63万元，占比55.04%，三地贡献过半。截至2019年末，江苏保险业健康险保费收入最高城市为苏州，为1065025.87万元；南京、无锡紧随其后，分别为962752.38万元、486244.29万元，三地保费收入合计2514022.54万元，占比49.41%，三地贡献近半。从四类保险保费收入总和整体来看，四类保费收入之和最高为南京，为7628252.90万元；苏州、无锡紧随其后，分别为7104566.41万元、4347539.72万元，三地保费收入合计19080359.03万元，占比50.88%，三地贡献过半。可见，南京、苏州、无锡三地各类险种保费收入对江苏银行业保费总收入影响较大，三地各类保费收入贡献过半。

表12-7　2019年江苏各市保费收入情况　　单位：万元

城市	财产险	寿险	意外伤害险	健康险	地区	财产险	寿险	意外伤害险	健康险
南京	1881971.79	4589297.3	194231.43	962752.38	淮安	294218.92	462487.17	23151.18	153719.03

续表

城市	财产险	寿险	意外伤害险	健康险	地区	财产险	寿险	意外伤害险	健康险
无锡	988302.87	2791709.46	81283.1	486244.29	盐城	414171.47	1173874.57	42299.97	296708.71
徐州	667196.43	1325051.66	47683.27	403726.48	扬州	371892.41	1116251.97	40860.52	223440.14
常州	640798.98	1867966.99	54348.88	351341.98	镇江	286264.73	885244.88	27923.55	197183.77
苏州	2138706.14	3707262.30	193572.1	1065025.87	泰州	388986.24	1271682.49	34797.61	223156.1
南通	706876.45	1922383.57	68410.89	427128.38	宿迁	310957.31	392694.64	22152.11	139158.4
连云港	312508.67	647323.25	19682.64	158056.19	—	—	—	—	—

此外，从苏南、苏中、苏北的区域划分来看，如表 12-8 所示，截至 2019 年末，苏南地区（含南京、苏州、无锡、常州及镇江）保险业财产险保费收入 5936044.51 万元，占比 63.09%；寿险保费收入 13841480.93 万元，占比 62.48%；人身意外伤害险保费收入 551359.06 万元，占比 64.69%；健康险保费收入 3062548.29 万元，占比 60.20%；苏中地区（含南通、扬州及泰州）保险业财产险保费收入 1467755.10 万元，占比 15.60%；寿险保费收入 4310318.03 万元，占比 19.46%；人身意外伤害险保费收入 144069.02 万元，占比 16.90%；健康险保费收入 873724.62 万元，占比 17.17%；苏北地区（含徐州、连云港、淮安、盐城和宿迁）保险业财产险保费收入 1999052.80 万元，占比 21.25%；寿险保费收入 4001431.29 万元，占比 18.06%；人身意外伤害险保费收入 154969.17 万元，占比 18.18%；健康险保费收入 1151368.81 万元，占比 22.63%。从四类保费收入总和整体来看，苏南地区保费收入总和为 23391432.79 万元，占比 62.39%；苏中地区保费收入总和为 6795866.77 万元，占比 18.13%；苏北地区保费收入总和为 7306822.07 万元，占比 19.48%。可见，江苏保险业的保费收入具有明显的区域性差异特征。

表 12-8 2019 年江苏分区域保费收入情况 单位：万元

区域	苏南	苏中	苏北
财产险	5936044.51	1467755.10	1999052.80
寿险	13841480.93	4310318.03	4001431.29
人身意外伤害险	551359.06	144069.02	154969.17
健康险	3062548.29	873724.62	1151368.81
合计	23391432.79	6795866.77	7306822.07

第三节　江苏证券业运行分析

基于《江苏统计年鉴》，本节将从证券公司数量情况、期货公司数量情况、上市公司及辅导企业数量情况、从业人员情况（无数据）、市场发展情况（无数据）等方面来对江苏证券业的运行进行分析。

一、证券公司数量稳定，分公司及营业部数量持续增加，区域特性明显

从江苏证券业总体来看，截至2019年末，江苏共有6家总部设在江苏的证券公司；从分公司设置来看，截至2019年末，江苏证券分公司共计113家，比2018年增加6家；证券营业部共947家，相较于2018年增加19家。

由表12-9可知，2012~2019年，证券公司数目一直稳定在6家；证券分公司数量逐年增加，2019年同比增长5.61%，2017~2019年平均增长率为13.29%。图12-16揭示了2012~2019年江苏证券营业部数量的变化情况。

表12-9　2012~2019年江苏证券公司数及分公司数　　单位：家

年份	2012	2013	2014	2015	2016	2017	2018	2019
证券公司数	6	6	6	6	6	6	6	6
证券分公司数	—	—	59	66	78	91	107	113

由图12-16可以发现，江苏证券营业部数量逐年提升，而增长率于2013年开始呈现向下波动趋势，并自2016年开始，连续四年逐年降低。增长率在2013年达到最大，为47.95%，在2019年最低，增长率为2.05%，2017~2019年的平均增长率为5.62%。从区域视角来看，如表12-10所示，截至2019年末，证券公司南京有2家，无锡2家，苏州1家，常州1家。由于南京为江苏省会，证券分公司数量最多，其证券分公司有54家，占比47.79%；苏州、无锡、常州的证券分公司数目分别为17家、11家、10家；连云港及淮安证券分公司数量均为1家；对于证券营业部设置，苏州233家为最多，占比

24.60%；紧随其后的为南京和无锡，证券营业部数量分别为168家和158家；设置最少的为宿迁，为14家。此外，从苏南、苏中、苏北的区域划分更能体现江苏证券公司的区域分布，如表12-11所示。苏南地区包括南京、苏州、无锡、常州及镇江，共有证券公司6家，占比100%；分公司94家，占比83.19%；证券营业部671家，占比70.86%。苏中地区包括南通、扬州和泰州，共有证券公司0家；分公司11家，占比9.73%；证券营业部144家，占比15.51%。苏北地区包括徐州、连云港、淮安、盐城和宿迁，共有证券公司0家；分公司8家，占比7.08%；证券营业部132家，占比13.93%。可见，苏南地区与苏中及苏北地区的证券经营机构分布情况存在显著差异。苏南地区作为我国经济最具活力与潜力的地区之一，自然条件优越，区位优势明显，经济基础较好，科技文化事业发达，这也导致了证券公司、分公司及证券营业部相比苏中、苏北地区过度集聚。

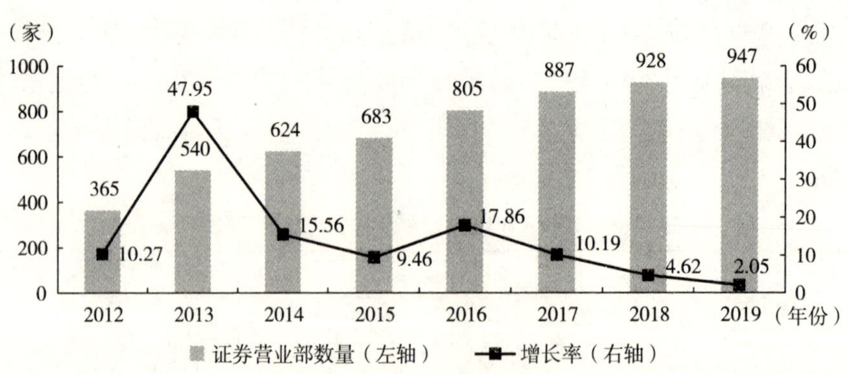

图12-16　2012~2019年江苏证券营业部数量及其增长率

表12-10　2019年末江苏各市证券经营机构情况　　单位：家

城市	南京	无锡	苏州	常州	南通	扬州	连云港	镇江	泰州	徐州	盐城	宿迁	淮安
证券公司数	2	2	1	1	0	0	0	0	0	0	0	0	0
证券分公司数	54	11	17	10	5	3	1	2	3	3	3	0	1
证券营业部数目	168	158	233	76	63	49	20	36	32	41	37	14	20

表 12-11 2019 年末江苏分区域证券经营机构情况

区域	证券公司				证券营业部	
	公司数量（家）	占比（%）	分公司数量（家）	占比（%）	数量（家）	占比（%）
苏南	6	100.00	94	83.19	671	70.86
苏中	0	0	11	9.73	144	15.51
苏北	0	0	8	7.08	132	13.93
合计	6	100	113	100	947	100

二、期货经济公司数量稳定，营业部数量持续增加并呈区域特性

从江苏期货经纪公司来看，由表 12-12 可知，截至 2019 年末，江苏省共有 9 家总部设在江苏的期货经纪公司。从期货经纪公司营业部来看，截至 2019 年末，期货经纪公司营业部共计 177 家，比 2018 年增加 5 家。

表 12-12 2012~2019 年江苏期货经纪公司数 单位：家

年份	2012	2013	2014	2015	2016	2017	2018	2019
期货经纪公司数	11	10	10	10	10	9	9	9

而从时间纵向来看，如表 12-12 所示，江苏期货经纪公司数量较为稳定，自 2017 年开始，一直保持为 9 家。而对于期货经纪公司营业部发展情况，从图 12-17 中不难发现，期货经纪公司营业部数量逐年增加，截至 2019 年末，江苏期货经

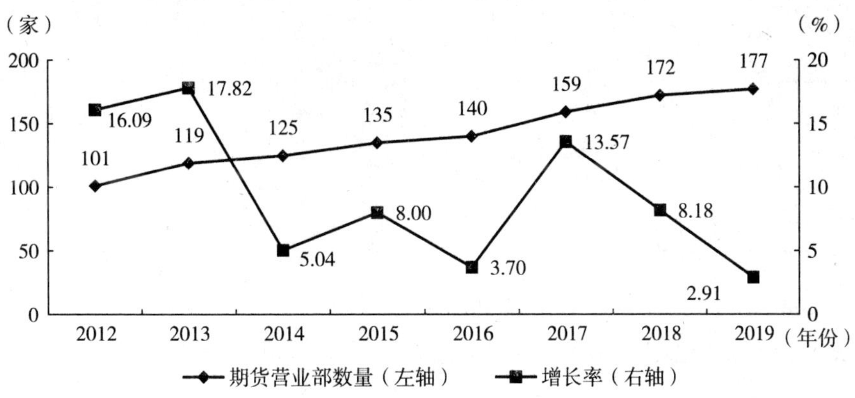

图 12-17 2012~2019 年江苏期货经纪公司营业部数目及其增长率

纪公司营业部数量为177家，2017~2019年的平均值为169.33家，2017~2019年平均增长率为8.22%。

从区域视角来看，如表12-13所示，截至2019年末，期货经纪公司总部设在南京的有5家，无锡1家，苏州1家，常州1家，徐州1家，南京作为省会城市，分布数量最多。同时，从表12-13亦可以看出，期货经纪公司营业部在各个城市的分布有较大差异。南京、苏州、无锡设置最多，分别为47家、41家、34家，合计122家，占比68.93%。镇江和宿迁的期货经纪公司营业部数量为最少，均为1家。此外，从苏南、苏中、苏北的区域划分来看，如表12-14所示，苏南地区共有期货经纪公司8家，占比88.89%；期货经纪公司营业部139家，占比78.53%；苏中地区共有期货经纪公司0家；期货经纪公司营业部24家，占比13.56%；苏北地区共有期货经纪公司1家，占比11.11%；期货经纪公司营业部14家，占比7.91%。可见，同前述江苏证券经营机构情况，期货经纪公司及经营部在各区域分布差异明显。

表12-13　2019年末江苏各市期货经营机构情况　　单位：家

城市	南京	无锡	苏州	常州	南通	扬州	连云港	镇江	泰州	徐州	盐城	宿迁	淮安
期货经纪公司	5	1	1	1	0	0	0	0	0	1	0	0	0
期货经纪公司营业部	47	34	41	16	16	6	3	1	2	5	3	1	2

表12-14　2019年末江苏分区域期货经营机构情况

区域	期货经纪公司		期货经纪公司营业部	
	数量（家）	占比（%）	数量（家）	占比（%）
苏南	8	88.89	139	78.53
苏中	0	0.00	24	13.56
苏北	1	11.11	14	7.91
合计	9	100	177	100

三、上市公司数量与辅导企业数量稳定增长，呈现区域特性

截至2019年末，如表12-15所示，江苏共有428家上市公司，比2018年增

加 27 家，增长率为 6.73%，同比多增 8 家；共有辅导企业 223 家，比 2018 年增加 17 家，增长率为 8.25%，同比多增 49 家。

表 12-15 2011~2019 年江苏上市公司数量及辅导企业数量 单位：家

年份	2011	2012	2013	2014	2015	2016	2017	2018	2019
上市公司数量	214	236	235	254	276	317	382	401	428
辅导企业数量	204	244	206	175	193	197	238	206	223

根据表 12-15，进一步从时间纵向及增长率角度来分析上市公司数量及辅导企业数量变化趋势。图 12-18（a）揭示了江苏上市公司数量变化趋势，图 12-18（b）揭示了江苏辅导企业数量变化趋势。

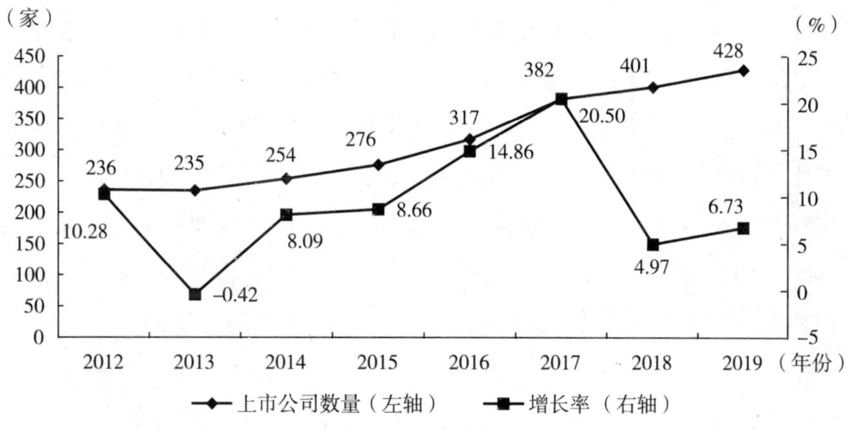

（a）上市公司数量及增长率

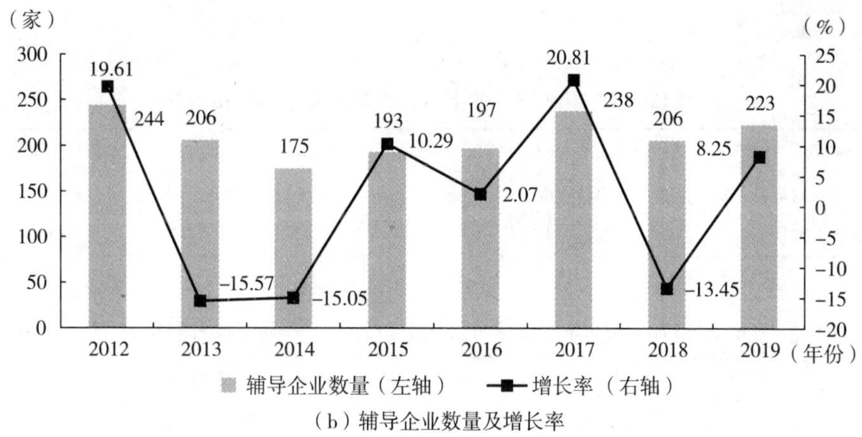

（b）辅导企业数量及增长率

图 12-18 2012~2019 年江苏上市公司与辅导企业数量及增长率

从图 12-18（a）中可以看出，江苏上市公司数量呈现逐年上升趋势，2017~2019 年的平均上市企业数量为 403.67 家。从图 12-18（a）中亦可以发现，上市公司数量增长率自 2013 年起呈现先升后降的态势，波动幅度较大，于 2017 年达到最大增长速度 20.50%，2017~2019 年的平均增长率为 10.74%。而由图 12-18（b）可知，辅导企业数量不存在明显的变动趋势，2012~2019 年，辅导企业数量最多的一年为 2012 年，为 244 家，2019 年的数量相比 2018 年的数量有所提升，2017~2019 年的平均辅导企业数量为 222.33 家。从增长速度视角来看，2012~2019 年，辅导企业数量增长速度有三年为负，分别为-15.57%（2013 年）、-15.05%（2014 年）、-13.45%（2018 年）。2019 年，辅导企业数量再次实现正的增长速度，为 8.25%，2017~2019 年的增长速度平均值为 5.21%。

从区域视角来看，如表 12-16 所示，截至 2019 末，上市公司数量于苏州、南京、无锡三地分布最多，分别为 120 家、90 家、78 家，合计 288 家，占比 67.29%；而从辅导企业数量来看，亦存在类似情况。截至 2019 年末，辅导企业数量苏州最多，为 84 家；其次为无锡和南京，分别为 35 家和 33 家；三地共计 152 家，占比 68.16%。此外，从苏南、苏中、苏北的区域划分来看，如表 12-17 所示，截至 2019 年末，苏南地区上市公司数量 342 家，占比 79.90%；辅导企业数量 173 家，占比 77.58%；苏中地区上市公司数量 57 家，占比 13.32%；辅导企业数量 32 家，占比 14.35%；苏北地区上市公司数量 29 家，占比 6.78%；辅导企业数量 18 家，占比 8.07%。可见，上市公司数量及辅导企业数量具有明显的区域特征。

表 12-16　2019 年江苏上市公司及辅导企业分布情况　　单位：家

城市	南京	无锡	苏州	常州	南通	扬州	连云港	镇江	泰州	徐州	盐城	宿迁	淮安
上市公司数量	90	78	120	41	35	13	7	13	9	10	6	4	2
辅导企业数量	33	35	84	17	20	8	2	4	4	3	4	6	3

表 12-17　2019 年末江苏分区域上市公司及辅导企业分布情况

区域	上市公司		辅导企业	
	数量（家）	占比（%）	数量（家）	占比（%）
苏南	342	79.90	173	77.58

续表

区域	上市公司		辅导企业	
	数量（家）	占比（%）	数量（家）	占比（%）
苏中	57	13.32	32	14.35
苏北	29	6.78	18	8.07
合计	428	100	223	100

第十三章　江苏产业金融发展实践经验

本章通过对江苏金融业发展现状分析发现，江苏金融业的发展为江苏实体企业的发展提供了良好的金融助力。金融与产业相互融合、互动发展，才能创造新的价值（钱志新，2010）。因此，江苏产业金融的持续良好发展，对于江苏经济的进一步提升有着至关重要的作用。

2019 年，江苏 GDP 总量排在全国第二位，这也得力于江苏金融与实体产业的高效融合。江苏产业金融发展过程中，采用多种方式联合并举为实体经济运行提供所需资金，助推实体经济发展与壮大。具体而言，有如下几种方式：

（1）金融机构信贷助力实体经济发展。时间维度，江苏金融机构向实体经济投放的人民币贷款逐年上升，2017～2019 年人民币贷款投放均值为 103186.4 亿元。从增速来看，2016 年实现最大的增长率，为 16.77%，而 2014 年的增长率为最小，为 10.21%；2017～2019 年的平均增长率为 13.88%，而 2018～2019 年的平均增长率为 13.00%。行业维度，2019 年获得金融机构最大人民币贷款量的行业为制造业，获得额度为 15656.75 亿元，2017～2019 年均值为 15034.93 亿元，比 2018 年增加 703.88 亿元，增长率为 4.71%。城市维度，2019 年获得金融机构最大本外币贷款量的城市为南京，获得额度为 16793.73 亿元，2017～2019 年均值为 15272.76 亿元，比 2018 年增加 1534.41 亿元，同比多增 40.33 亿元，增长率为 10.06%；截至 2019 年末，苏州所获得的金融机构的实体经济投放的本外币贷款为 15202.57 亿元，2017～2019 年均值为 14348.81 亿元，比 2018 年增加 1063.02 亿元，同比多增 627.78 亿元，增长率为 7.52%。

（2）私募基金加速产业创新。江苏作为全国经济大省，其私募基金业近年来也有较大发展。截至 2019 年末，江苏私募基金管理人数量排名全国第六位，

为1126家，比第一名上海的4709家少3583家。而从规模来看，1126家私募基金管理人工管理3166只基金，管理基金规模为7305.7亿元。江苏如此庞大的私募基金规模，为中小企业的起步、新兴行业的发展提供了资金支持，成为产业创新的加速器。

（3）农村金融赋能“三农”特色发展。农业、农村、农民的“三农”问题一直是党和国家尤为关注且致力于解决的问题。江苏积极贯彻执行上级政策，创造良好氛围，助推“三农”发展。近年来，在金融系统的共同努力下，江苏“三农”金融服务呈现主体多元、产品多样、服务改善的良好态势，为江苏农业强、农村美、农民富提供了重要支撑。

（4）“财政+金融”突破科技型企业融资瓶颈。针对科技型企业旺盛的融资需求，近年来，为完善“首投、首贷、首保”科技金融投融资体系，深入实施科技金融孵化器行动，搭建科技金融对接服务平台，缓解科技型企业融资难题，江苏各级财政、科技、发改等部门充分发挥职能作用，设立了多项投融资产品。其中，江苏省财政厅、江苏省科技厅设立的系列苏字头产品有：“苏科贷”“苏科保”“苏科投”。南京市建邺区在2019年发布了创新金融生态“3·6·1”系列产品，旨在提升财政支持科技创新能力，为科技金融健康发展提供服务支撑。苏州充分发挥科技信贷风险补偿功能，为科技型企业增进信用、分散风险、降低成本、提高科技信贷风险容忍度，建立快速风险补偿机制。

（5）绿色金融助力江苏高质量发展。在政策层面，江苏省生态环境厅、江苏省地方金融监督管理局、江苏省财政厅等7部门联合印发《江苏省绿色债券贴息政策实施细则（试行）》等4个文件，明确绿色债券贴息、绿色产业企业上市奖励、环责险保费补贴、绿色担保奖补等政策的支持对象、奖补金额及申请程序，推进企业绿色发展。在实践层面，通过发放“环保贷”、发行绿色债券、设立绿色投资基金、开展绿色PPP项目等多种形式并举，推动绿色产业建设，实现江苏高质量发展。

江苏作为经济大省，离不开金融对实体经济的支持。近年来，为实现产业与金融的良好融合与互动，江苏在金融支持实体经济发展方面进行不断创新与实践，为产业金融的进一步发展奠定了一定的基础。对江苏产业金融发展实践进行梳理与分析，对江苏产业与金融的进一步高质量的融合与互动有着重要的借鉴与促进作用。本章以下内容将从金融机构信贷助力实体经济发展、私募基金加速产业创新、农村金融赋能“三农”特色发展、“财政+金融”支持科技型企业强力发展、绿色金融助力江苏高质量发展等方面展开具体论述。

第一节　金融机构信贷助力实体经济发展

实体经济指一个国家生产的商品价值总量，是人通过思想使用工具在地球上创造的经济。实体经济包括物质的、精神的产品和服务的生产、流通等经济活动，包括农业、工业、交通通信业、商业服务业、建筑业、文化产业等物质生产和服务部门，也包括教育、文化、知识、信息、艺术、体育等精神产品的生产和服务部门。实体经济始终是人类社会赖以生存和发展的基础①。实体经济的发展离不开金融体系的资金支持。2019 年，江苏金融业增加值达 7529. 6 亿元，增长 9. 5%②。下文将从时间维度、行业维度及城市维度来分析江苏金融机构对实体经济的助力作用。根据实体经济的定义，将金融机构中对金融业及房地产业的贷款扣除，以此衡量金融机构对实体经济的贷款支持。

基于时间维度，表 13-1 反映了 2013~2019 年江苏金融机构向实体经济投放的人民币贷款情况。可以发现，截至 2019 年末，江苏金融机构向实体经济投放的人民币贷款为 116481. 64 亿元，比 2018 年增加 14639. 42 亿元，增长率为 14. 37%，同比多增 4032. 58 亿元。

表 13-1　2013~2019 年江苏金融机构向实体经济投放的人民币贷款情况

单位：亿元

年份	2013	2014	2015	2016	2017	2018	2019
人民币贷款	54871. 13	60472. 14	67570. 85	78904. 01	91235. 38	101842. 22	116481. 64

资料来源：江苏省统计局。

① 参见“实体经济”百度百科，网址：https：//baike. baidu. com/item/%E5%AE%9E%E4%BD%93%E7%BB%8F%E6%B5%8E/8249304? fr=aladdin。

② 经济普查江苏下调 585. 56 亿元，2019 年部分省份金融业增加值情况［EB/OL］.［2020-08-09］. https：//baijiahao. baidu. com/s? id=1674538714886213927&wfr=spider&for=pc.

根据表 13-1，进一步从时间纵向及增长率角度来分析江苏金融机构向实体经济投放的人民币贷款变化趋势。如图 13-1 所示，2013~2019 年，江苏金融机构向实体经济投放的人民币贷款逐年上升，2017~2019 年人民币贷款投放均值为 103186.4 亿元；从增速来看，2016 年实现最大的增长率，为 16.77%，而 2014 年的增长率为最小，为 10.21%；2017~2019 年的平均增长率为 13.88%，而 2018~2019 年的平均增长率为 13.00%。

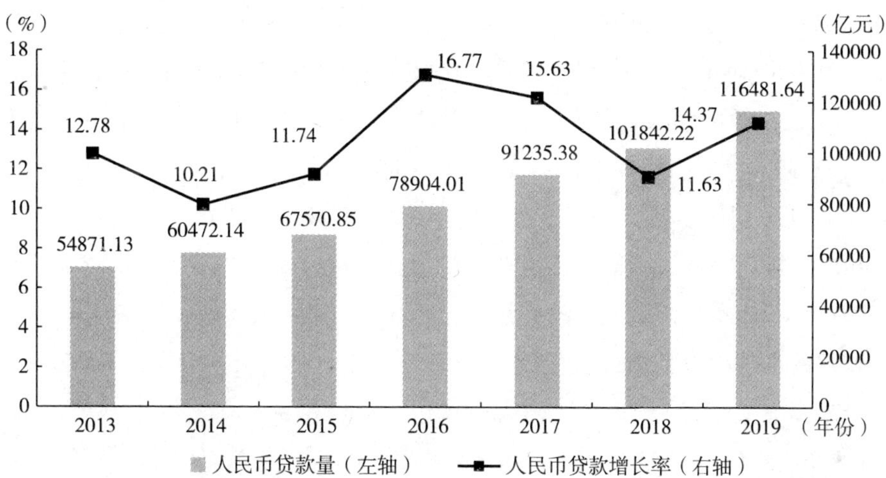

图 13-1　2013~2019 年江苏金融机构向实体经济投放的人民币贷款及增长率

资料来源：江苏省统计局。

从行业维度来看，不同行业所获得的人民币贷款差异较大。表 13-2 揭示了 2019 年不同行业所获得的人民币贷款情况（不含金融业和房地产业，表 13-2 中所列为人民币贷款获得量排名前五大行业）。

表 13-2　2019 年江苏金融机构行业维度人民币贷款情况　　单位：亿元

行业	制造业	租赁和商务服务业	水利、环境和公共设施管理业	批发和零售业	交通运输、仓储和邮政业
人民币贷款	15656.75	15247.64	12909.08	7110.66	4970.56

资料来源：江苏省统计局。

由表 13-2 可知，2019 年获得金融机构最大人民币贷款量的行业为制造业，获得额度为 15656.75 亿元，2017~2019 年均值为 15034.93 亿元，比 2018 年增加 703.88 亿元，增长率为 4.71%。截至 2019 年末，租赁和商务服务业获得的金融机构人民币贷款为 15247.64 亿元，2017~2019 年均值为 13557.63 亿元，比 2018 年增加 2044.94 亿元，同比多增 1064.79 亿元，增长率为 15.49%；水利、环境和公共设施管理业获得的金融机构人民币贷款为 12909.08 亿元，2017~2019 年均值为 11631.85 亿元，比 2018 年增加 1263.47 亿元，同比少增 41.28 亿元，增长率为 10.85%；批发和零售业获得的金融机构人民币贷款为 7110.66 亿元，2017~2019 年均值为 6504.46 亿元，比 2018 年增加 764.09 亿元，同比多增 473.68 亿元，增长率为 12.04%；交通运输、仓储和邮政业获得的金融机构人民币贷款为 4970.56 亿元，2017~2019 年均值为 352.12 亿元，比 2018 年增加 855.44 亿元，同比多增 503.85 亿元，增长率为 20.79%。

从城市维度来看，不同城市所获得的金融机构的实体经济本外币贷款差异较大，南京、苏州本外币贷款量远超江苏其他城市。表 13-3 揭示了 2019 年不同城市所获得的本外币贷款情况（不含金融业、房地产业、国际组织、对境外贷款、个人贷款及透支，表 13-3 中所列为人民币贷款获得量排名前五大城市）。由表 13-3 可知，2019 年获得金融机构最大本外币贷款量的城市为南京，获得额度为 16793.73 亿元，2017~2019 年均值为 15272.76 亿元，比 2018 年增加 1534.41 亿元，同比多增 40.33 亿元，增长率为 10.06%。截至 2019 年末，苏州所获得的金融机构的实体经济投放的本外币贷款为 15202.57 亿元，2017~2019 年均值为 14348.81 亿元，比 2018 年增加 1063.02 亿元，同比多增 627.78 亿元，增长率为 7.52%；无锡所获得的金融机构的实体经济投放的本外币贷款为 8489.41 亿元，2017~2019 年均值为 8039.18 亿元，比 2018 年增加 542.34 亿元，同比多增 276.33 亿元，增长率为 6.82%；南通所获得的金融机构的实体经济投放的本外币贷款为 6023.57 亿元，2017~2019 年均值为 5538.67 亿元，比 2018 年增加 542.59 亿元，同比多增 173.06 亿元，增长率为 9.90%；常州所获得的金融机构向实体经济投放的本外币贷款为 4922.20 亿元，2017~2019 年均值为 4631.06 亿元，比 2018 年增加 288.90 亿元，同比少增 6.73 亿元，增长率为 6.24%。

以上从时间维度、行业维度、城市维度对江苏金融机构对江苏实体经济的信贷支持进行了分析。不难发现，在当前资本市场尚未发达的今天，金融机构对实

体经济的信贷投放仍是实体产业得以发展的重要投入，是金融机构助力实体企业发展较为重要的一种形式。

表 13-3　2019 年江苏金融机构城市维度本外币贷款情况　　单位：亿元

行业	南京	苏州	无锡	南通	常州
人民币贷款	16793.73	15202.57	8489.41	6023.57	4922.20

资料来源：江苏省统计局。

第二节　私募基金加速产业创新

江苏作为全国经济大省，其私募基金业近年来也有较大发展。截至 2019 年末，如表 13-4 所示，江苏共有 1126 家私募基金管理人，2017~2019 年平均值为 1085 家；2019 年比 2018 年增加 21 家，同比少增 60 家，增长率为 1.90%。

表 13-4　2017~2019 年江苏私募基金管理人数量　　单位：家

年份	2017	2018	2019
私募基金管理人数量	1024	1105	1126

资料来源：江苏证监局。

从区域视角来看，如表 13-5 所示，截至 2019 年末，江苏私募基金管理人数量最多的城市是苏州，为 410 家，占比 36.41%；其次是南京，数量为 338 家，占比 30.02%。苏州、南京的私募基金管理人数量远超江苏其他城市。此外，从苏南、苏中、苏北的区域划分来看，如表 13-6 所示，苏南地区共有私募基金管理人 980 家，占比 87.03%；苏中地区共有私募基金管理人 100 家，占比 8.88%；苏北地区共有私募基金管理人 46 家，占比 4.09%。可见，江苏私募基金管理人区域分布具有明显差异，苏南地区分布量达到 87.03%。

在支持企业创新方面，私募基金主动布局战略新兴领域，为新经济发展提供关键性支持。从全国层面来看，截至2019年末，全国私募基金管理人数量存量为24471家，较2018年末存量机构增加23家；管理基金数量81710只；管理基金规模14.08万亿元①。江苏私募基金管理人数量排在全国第六位，为1126家，比第一名上海的4709家少3583家。而从规模来看，1126家私募基金管理人工管理3166只基金，管理基金规模为7305.7亿元。江苏如此庞大的私募基金规模，为中小企业的起步、新兴行业的发展提供了资金支持，成为产业创新的加速器。

表13-5 2019年末江苏私募基金管理人 单位：家

城市	南京	无锡	苏州	常州	南通	扬州	连云港	镇江	泰州	徐州	盐城	宿迁	淮安
私募基金管理人（家）	338	141	410	70	60	22	3	21	18	13	16	7	7
占比（%）	30.02	12.52	36.41	6.22	5.33	1.95	0.27	1.87	1.60	1.15	1.42	0.62	0.62

资料来源：江苏证监局。

表13-6 2019年末江苏分区域私募基金管理人情况 单位：家

区域	苏南	苏中	苏北
私募基金管理人（家）	980	100	46
占比（%）	87.03	8.88	4.09

资料来源：江苏证监局。

第三节 农村金融赋能“三农”特色发展

农业、农村、农民的“三农”问题一直是党和国家尤为关注且致力于解决的问题。江苏积极贯彻执行上级政策，创造良好氛围，助推“三农”发展。近年来，在金融系统的共同努力下，江苏“三农”金融服务呈现主体多元、产品多样、服务改善的良好态势，为江苏农业强、农村美、农民富提供了重要支撑。

① 参见私募基金行业数据，网址：https：//www.amac.org.cn/researchstatistics/datastatistics/privategravefundindustrydata/。

政策层面，中国人民银行南京分行联合江苏银保监局、江苏证监局、江苏省地方金融监管局、江苏省财政厅、江苏省农业农村厅出台《关于江苏金融服务乡村振兴的指导意见》（以下简称《意见》）①，精准聚焦乡村振兴，提出四大目标：金融支持高质量扶贫效果显著、金融支农资源不断增加、农村金融服务持续改善、涉农金融机构公司治理和支农能力明显提升。《意见》强调要加大金融精准扶贫力度，金融资源向重点领域和薄弱环节倾斜。推动农村三次产业融合发展，加大对现代农业产业园、农业产业强镇等的金融支持力度，加大对产村融合、产城融合等方向的金融支持力度；拓宽乡村振兴的资金来源，鼓励支持涉农企业上市、发债，鼓励商业银行发行“三农”专项金融债券。在保险方面，除扩大农业保险覆盖面、创新品种之外，还要提高农机具的涉农保险参保率；扩大农业农村抵质押物范围，探索推动厂房和大型农具、圈舍和活体畜禽、动产质押等方式，形成全方位、多元化的农业农村抵质押融资模式，满足乡村振兴多样化的融资需求；提升农村地区支付结算水平、推进农村征信体系建设、加强农村金融消费权益保护等金融基础设施建设，为乡村振兴营造良好的生态环境。此外，江苏银保监局在全国率先出台《关于开展银行业保险业支持乡村振兴试点示范工作的意见》，引导银行保险机构对照乡村振兴和扶贫攻坚总要求，围绕江苏省委、省政府确定的现代农业提质增效、农民收入新增万元等乡村振兴十项重点工程，因地制宜加强产品和服务创新，对接试点乡镇金融需求，加强对“公司+村+农户”等农业扶贫新模式，以及“农村电商”“乡村旅游”等乡村新业态，龙头企业和家庭农场、合作社等新型农业经营新主体的金融支持。各类银行与保险机构积极探索产品与服务创新，通过科学的金融产品设计与风险控制措施，实现金融供给与农业产业发展需求的协调发展。截至2019年末，参与试点银行机构已对接项目、企业、农户等融资主体2.2万个，新增授信107.3亿元，新增贷款余额51.5亿元，保险服务覆盖主体数量8.6万个。

银行层面，江苏优秀农村金融机构立足区域，积极践行普惠金融，服务“三农”发展，助力乡村振兴。江苏省农村信用社联合社（以下简称“江苏省农信社”）因地制宜深入服务乡村振兴。江苏省农信联社引领农商行坚守“支农支

---

① 江苏多举措聚焦金融支持乡村振兴［EB/OL］．［2019-06-17］．http：//www.jiangsu.gov.cn/art/2019/6/17/art_60095_8362979.html.

小”战略定位，明确提出2019~2022年支持服务乡村振兴信贷投放总量目标超过6000亿元，并针对乡村振兴五大方面内容共配套20项具体措施，致力于提升乡村地区金融服务的覆盖率、可得性和满意度。在江苏省农信联社的引领下，江苏省的农商行在全国率先实现了乡镇营业网点、金融便民服务“村村通”和涉农补贴发放“三个全覆盖”。紫金农商银行针对近年来许多“新农人”回农村创业，打造了涵盖“金陵惠农贷”“省农担”“绿能贷”“扶贫贴息贷”等在内的一系列新型支农金融服务产品，从各个环节与层面提高支农金融服务的精细化水平。昆山农商银行坚持“支农支小”市场定位，以优质服务推动富民惠农，探索最适合小微企业和“三农”金融服务的组织体系，不断完善和创新金融指导员队伍管理模式，下沉服务重心，扩大服务范围。把握“美丽乡村”建设热点，为乡村居民建房提供方便快捷的金融服务。持续改进和完善自助银行、手机银行、电话银行等服务渠道，推进村级便民服务中心、银行卡助农服务点等渠道建设，推动金融服务向村一级延伸。作为最早投身普惠金融的城商行之一，江苏银行着力打造“融旺乡村”品牌体系，以经营和管理为两大重点，加快线上化、移动化、智慧化步伐，扎实推进涉农业务“智慧金融进化工程”，构建了线下与线上联动、表内与表外结合、授信与非授信融合的存贷汇一体化系列“三农”和扶贫金融产品。

在农村金融保险领域，中国大地保险江苏分公司依托中再集团和中国大地保险总公司的数据积累与经验支持，持续开展保险产品“扩面、增品、提标”，面向新型农业经营主体的高保额、多层次复合保险产品，促进农业增收、农民致富。近年来，该公司通过创新服务网络，推行“三农”一站式服务，着力建立“因地制宜、布局合理、覆盖全面、高效规范”的农业保险基层服务体系，确保做到“机构到县区、网点到乡镇、网络到村居、服务到农户”。

2019年，在宿迁地区开办了桃价格指数保险，提供955.16万元的风险保障，有效防范和化解了桃农面临的风险，实现农户有效增收。中国太平洋财产保险江苏分公司积极参与到江苏省政府建立解决相对贫困长效机制工作中，在全国模式的基础上，结合江苏本地实际情况，融入江苏元素，经过实地调研，形成了相对完善具有“江苏特色”的防贫保产品方案。作为国内首款商业防贫保险，2019年10月17日，中国太平洋财产保险凭借在防贫领域先行先试所取得的显著成效，获得全国扶贫领域的最高奖项——“2019年全国脱贫攻坚奖组织创新奖”，成为该奖项设立4年来唯一获奖的保险企业。此外，银行保险机构通过加大电子机具投放、建设助农取款站点、保险服务点等举措，不断推进基础金融服务向基层延伸，持续提升农村地区基础金融服务能力。2019年末，实现全省763个乡镇银行保险网点全覆盖，1.44万个行政村机构、电子机具全覆盖。江苏保险机构在全国首创农业保险营销服务部建设标准，设立“三农”保险服务站点近2万个。弘业期货发挥自身优势，积极拓宽服务范围，创新服务产品，推出“保险+期货”扶贫项目，有效解决了农民后顾之忧，做到了“为农户保量又保价”、让农民丰产即丰收、减产不减收。

第四节　“财政+金融”突破科技型企业融资瓶颈

截至2019年12月底，江苏按照科技部统一要求进行评价，纳入江苏省科技金融风险补偿资金备选企业库并登记编号的科技型中小企业达23188家，省内科技型中小企业入库数在全国名列前茅。大量的科技型企业有旺盛的融资需求，且融资需求特点受到企业生命周期阶段和业务发展方向的共同影响。

针对科技型企业旺盛的融资需求，近年来，为完善“首投、首贷、首保”科技金融投融资体系，深入实施科技金融孵化器行动，搭建科技金融对接服务平台，缓解科技型企业融资难题，各级财政、科技、发改等部门充分发挥职能作用，设立了多项投融资产品。其中，江苏省财政厅、江苏省科技厅设立的系列苏字头产品有：“苏科贷”“苏科保”“苏科投”。

“苏科贷”是江苏省科技厅会同江苏省财政厅通过设立“江苏省科技成果转化风险补偿专项资金贷款”，对符合条件的江苏省科技成果转化项目予以相应风险补偿的贷款（简称“苏科贷”）。江苏省风险补偿资金支持江苏省科技金融风险补偿资金备选企业库内企业，使用和管理遵循“市场运作、政府引导、风险共担”的原则，其风险责任由江苏省、合作市县（区）、合作金融机构共同承担。补偿政策方面，江苏省科技成果转化风险补偿专项资金贷款根据企业规模大小建立差别化的风险共担机制。按照企业的规模越小，银行承担的损失比例也越小的原则，省级承担10%~45%的贷款本金损失，地方承担20%~45%的贷款本金损失，银行承担 10%～70%的贷款本金损失及全部利息损失。

“苏科保”是江苏省科技厅会同江苏省财政厅设立江苏省科技保险风险补偿资金，对江苏省科技金融风险补偿资金备选企业库内企业，按照科技保险保单赔付风险补偿和科技保险新产品应用示范后补助两种支持方式予以保险支持。支持政策方面，保单赔付风险补偿是江苏省、地方的科技保险补偿资金对保险机构已赔付的科技保险保单予以风险补偿，单笔保单风险补偿金额最高均不超过 200 万元（含）。新产品应用示范后补助是江苏省科技保险补偿资金对年度承保的科技保险总保费收入达到 100 万元且比上年度增长 20%以上的区市分支机构和科技保险分公司给予一定比例的后补助资金支持。按照核定的科技保险分公司年度科技保险保费总收入给予不超过 2%的后补助。每家单位后补助总额最高不超过 100 万元。

“苏科投”则是为引导天使投资、创业投资支持科技型中小企业创新发展，完善科技投资体系，缓解初创期科技型小微企业融资难，自 2013 年起，江苏省财政安排江苏省天使投资风险补偿资金，对符合条件的天使投资机构投资规定范围内的种子期或初创期科技型小微企业予以一定的风险投资损失补偿。

此外，南京市建邺区在科技金融产品方面的尝试具有一定的参考价值。南京市建邺区在 2019 年发布了创新金融生态“3·6·1”系列产品，旨在提升财政支持科技创新能力，为科技金融健康发展提供服务支撑。系列产品包括“3 类基金、6 大金融产品、1 个基金街区”，涵盖了企业初创期、成长期、成熟期等发展全过程，给予企业全生命周期支持，提供 360°全方位服务，全力打造金融高地，积极打造“建邺金服”品牌，加强金融和产业的融合。“3 类基金”分别指政府引导基金、市场化基金、专项基金。“6 大金融产品”又称“建邺高新进园保”，进入高新区的企业均可享受，以此解决企业全生命周期的贷款问题。包括以下 6 项：初贷保、增额保、过桥贷、助贷保、补贴贷、政府采购贷。“1 个基金街区”是指“南京金鱼嘴基金街区”。

苏州充分发挥科技信贷风险补偿功能，为科技型企业增进信用、分散风险、降低成本。提高科技信贷风险容忍度，建立快速风险补偿机制。构建覆盖科技型企业全生命周期的“科贷通”产品体系。加大对重点创新型企业的风险补偿支持力度，倾斜支持种子期和初创期科技型企业。同时，加强科技信贷产品创新。鼓励银行类金融机构和担保、保险、创投、融资租赁等类金融机构开展合作，建立和完善科技金融信息共享和风险共担共控机制，通过科技金融超市，推出更加契合科技创新创业特征的科技信贷创新产品，开发投贷联动等交叉性科技金融创新产品，推动知识产权质押融资，提高科技型企业融资可得性。

第五节　绿色金融助力江苏高质量发展

推动江苏高质量发展，必须把新发展理念贯穿发展全过程和各领域，实现更高质量、更有效率、更加公平、更可持续、更为安全的发展。其中，绿色发展理念是其中不可或缺的一环[①]。绿色复苏作为经济社会发展与生态环境保护双赢的一种经济发展形态，将是江苏经济高质量发展的重要抓手，绿色金融将在其中发挥核心作用[②]。

政策层面，江苏省生态环境厅、江苏省地方金融监督管理局、江苏省财政厅等 7 部门联合印发《江苏省绿色债券贴息政策实施细则（试行）》《江苏省绿色产业企业发行上市奖励政策实施细则（试行）》《江苏省环境污染责任保险保费补贴政策实施细则（试行）》《江苏省绿色担保奖补政策实施细则（试行）》4 个文件，明确绿色债券贴息、绿色产业企业上市奖励、环责险保费补贴、绿色担保奖补等政策的支持对象、奖补金额及申请程序，推进企业绿色发展[③]。《江苏省绿色债券贴息政策实施细则（试行）》明确，对成功发行绿色债券的非金融企业年度实际支付利息的 30%进行贴息，贴息持续时间为两年，单只债券每年最高不超过 200 万元。支持对象为江苏省内非金融企业自 2018 年 9 月 30 日起首次成功付息，且募投项目位于省内的绿色债券。《江苏省绿色产业企业发行上市奖励政策实施细则（试行）》明确，江苏省内绿色产业企业取得江苏证监局辅导备案确认日期通知的，一次性奖励 20 万元；取得中国证监会首次公开发行股票并上市行政许可申请受理通知书的，一次性奖励 40 万元；成功在上海或深圳证

① 绿色金融助力美丽江苏建设理论研讨会在南京召开［EB/OL］．［2020-09-13］．http：//www.js.xinhuanet.com/2020-09/13/c_1126487822.htm.

② 特别关注丨江苏省绿色金融发展报告（2019）正式发布！［EB/OL］．［2020-09-13］．http：//www.360doc.com/content/20/0913/15/35570950_935424939.shtml

③ 崔煜晨．江苏出台多项绿色金融政策［EB/OL］．［2019-08-16］．https：//www.cenews.com.cn/company/201908/t20190816_905816.html.

券交易所上市的，一次性奖励200万元；在境外成功上市的，一次性奖励200万元。为鼓励企业参保环责险，进一步提高覆盖率，《江苏省环境污染责任保险保费补贴政策实施细则（试行）》明确，按照“先付费、后补贴”的原则，对保险标的在省内且自2018年9月30日起投保环责险的企业（单位），按不超过年度实缴保费的40%给予补贴。为绿色债券发行提供担保的第三方机构，政策也明确予以奖励。《江苏省绿色担保奖补政策实施细则（试行）》规定，担保机构为非金融企业发行长江生态修复债券等绿色债券提供担保增信的，每只债券给予30万元奖励，同一担保机构每年奖励金额不超过600万元；担保机构开展中小企业绿色集合债担保业务，对出现代偿后实际损失金额的30%进行补偿，单只债券最高不超过300万元①。

实践层面，江苏省财政通过设立生态环保项目风险补偿资金池，与金融机构合作开展“环保贷”业务，为省内环保企业开展污染防治、环保基础设施建设、生态保护修复及环保产业发展等提供贷款，当发生风险时，由资金池和银行按照差别化风险分担比例共同承担，以解决环保企业贷款难、利率上浮较大等问题。截至2019年末，合作银行累计投放“环保贷”81.52亿元，共支持污染防治、节能环保服务、生态保护修复和资源循环利用等项目168个，帮助企业节省融资成本6929万元。截至2019年末，江苏主要银行业金融机构绿色信贷余额11622.1亿元，同比增长26.2%；共有234个项目获“环保贷”，累计金额达128.4亿元；江苏绿色债券共发行23只，占全国绿色债券发行数的11.4%；绿色债券发行额221.04亿元，占全国绿色债券发行额的7.56%。江苏省绿色产业上市公司共124家，占全部上市公司的比重为28.9%，总市值约为1.2万亿元，占省内全部上市公司总市值的30.8%。江苏省政府投资基金已出资设立4只绿色基金，规模43亿元，实现了项目投资经济效益、环境效益和社会效益的有机统一。截至2019年末，江苏已入库的环保类绿色PPP项目累计为131个，总投资超过1280亿元②。

---

① 江苏绿色金融助力高质量发展［EB/OL］．［2019-09-09］．http：//hbt.jiangsu.gov.cn/art/2019/9/9/art_1564_8707749.html.

② 特别关注丨江苏省绿色金融发展报告（2019）正式发布！［EB/OL］．［2020-09-13］．http：//www.360doc.com/content/20/0913/15/35570950_935424939.shtml；龙吴．江苏：绿色金融助力绿色发展还须跨过四大关［EB/OL］．［2020-09-16］．https：//www.sohu.com/a/418629262_115495.

第十四章　江苏金融业支持实体经济发展案例

江苏金融业的良好发展，为江苏实体经济的健康稳定运行提供了坚实基础。江苏金融业多渠道助力，为江苏实体经济发展提供动力。江苏金融业通过多点赋能，助力实体；供给赋能，服务实体；创新赋能，振兴实体。本章将从以上方面重点介绍江苏金融业支持实体经济发展的优秀案例，以期为江苏金融业助力江苏实体经济发展实践提供借鉴和参考作用，更好地驱动实体经济发展。

第一节　多点赋能，助力实体

一、文化金融：金融与文化产业相融合，助推产业高质发展

文化金融是文化产业和金融业融合发展下催生的新业态，是文化资源和金融资本的对接，它以现代市场机制融合更多的资源资本，为经济转型升级注入了新的活力①。江苏注重文化金融的发展。

政策层面，江苏各级部门积极为文化金融发展提供良好氛围。自 2015 年起，江苏省委宣传部、中国人民银行南京分行、江苏省文化厅、江苏省金融办等多部

---

① 大力发展文化金融新业态［EB/OL］．［2019－05－05］．http：//jsdjt. jschina. com. cn/m/21381/201905/t20190505_6179356. shtml.

门联合，先后出台《关于促进文化金融发展的指导意见》《江苏省文化金融合作试验区创建实施办法（试行）》《江苏省文化金融服务中心认定管理办法》《江苏省文化金融特色机构认定管理办法》等政策文件。

实践层面，昆山农商银行作为一家区域性的法人银行，与昆山当地文化产业客户建立了深厚的友谊。截至2019年末，昆山当地文化产业类企业一共在册8000余户，在该农商行开户客户超2500户，占比将近三成。随着以产业联合会为代表的昆山文化产业的不断发展，该行也不断加大对昆山当地的文化产业企业的支持力度。截至2019年末，该行现有客户中，文化产业类企业授信客户100余户，授信金额将超10亿元，并且呈现不断上升的趋势。

同时，该行不断加大对文体类行业经营规律、著作权、知识产品的价值认定、资金需求以及风险管理模式的研究，加大对行业经营者的资金支持，切实为文化产业类企业降低融资成本。

二、科技金融：支持科技企业发展，实现银企双赢

政策层面，江苏省政府办公厅2018年印发《关于促进科技与产业融合加快科技成果转化实施方案的通知》，强调应完善天使投资、创业投资、风险投资、产业基金全程资金链；发挥天使投资风险补偿资金作用，扩大创业投资管理资金规模；探索股权投资与信贷投放相结合的模式，为科技成果转移转化提供组合金融服务；加快建设科技金融专营机构①。江苏省财政厅印发《江苏省普惠金融发展专项资金管理暂行办法》，指出建立"江苏小微企业创业创新发展贷款"，缓解小微企业融资难、融资贵问题②。江苏省科技厅印发《江苏省科技金融进孵化器行动方案》，指出应形成投融资机构与孵化器良性互动，"苏科贷""苏科投"和"苏科保"协同支持孵化器的投融资服务体系。

实践层面，昆山农商银行建设专营部门，实现科技金融专业化发展。同时，昆山农商银行加强科技金融产品创新，针对科技型企业轻资产、缺乏抵押担保的特点，先后对接开发了"税捷贷""宅捷贷"等科技型企业信贷系列产品，形成

---

① 参见《省政府办公厅关于印发关于促进科技与产业融合加快科技成果转化实施方案的通知》（苏政办发〔2018〕61号）。

② 参见《省财政厅关于印发〈江苏省普惠金融发展专项资金管理暂行办法〉的通知》（苏财规〔2017〕33号）。

了具有昆山农商银行特色的科技金融服务品牌。昆山农商银行还与金融办、科技局、工信局等机构加强合作，共同研究针对科创企业的创新业务，如针对“新三板”挂牌企业的“三板贷”“昆科贷”产品，与苏州再担保合作“信保贷”等。截至2019年末，昆山农商银行累计支持创新项目634项，累计融资62亿元；科技类企业支持112家，授信金额7.75亿元，用信金额6.68亿元，为昆山科技创新转型升级做出了应有的贡献。

此外，中国人民财产保险股份有限公司苏州市分公司积极探索科技保险，通过多年的努力，借鉴苏州当地的“科贷通”模式，制订了全国首个“投贷保”联动的股权投资计划，成立了人保科创基金。该基金采用股债结合方式对科技企业进行融资，对于债权投资部分，由人保财险苏州科技支公司及区县支公司负责客户受理和项目上报和由苏州市公司经理室及普惠金融事业部负责融资管理和审批，履行决策程序后通过当地银行发放委托贷款，由人保苏州科技支公司及各区县支公司提供信用保证保险承担兜底还款责任，当地政府提供贴息、保费补贴和风险补偿政策。截至2019年底，累计放款4亿元，共117笔，合作企业共98家，累计贷款保证保险保费收入超过1500万元，带动其他保费超过1000万元。为进一步提高服务小微科技企业的能力，帮助初创型科技企业把无形知识产权“变现”，经与苏州市知识产权局的沟通探索，在人保科创基金债权投资产品的基础上，又追加了知识产权质押为贷款为企业提供增信，放大了部分企业授信额度。截至2019年底，总计有6家企业通过知识产权质押的增信方式获得人保科创基金的贷款，其中2019年共新增3家，分别为丰年科技、展宇电子和华瑞热控。

创新创业公司债是针对中小企业进入资本市场融资而设计的一个债券子品种，东吴证券始终是创新创业公司的先行者和推动者。虽然承销这类债券难度较大、收入微乎其微，但东吴证券牢记金融服务实体经济的初心，自成功发行全国首批创新创业公司债、全国首单创新创业可转债以来，始终不遗余力地服务中小创新创业企业。截至2019年末，共发行24单创新创业公司债，市场占比近四成，发行数量连续四年位居市场第一名，有效地支持中小企业转型升级，同时还出版国内首部系统介绍创新创业公司债券理论与实践的专著——《创新创业公司债券的探索与实践》，为创新创业公司债发展提供东吴经验。

三、供应链金融：金融赋能产业链，提升融资效率

供应链金融是银行围绕核心企业，管理上下游中小企业的资金流和物流，并把单个企业的不可控风险转变为供应链企业整体的可控风险，通过立体获取各类信息，将风险控制在最低的金融服务。简单地说，就是银行将核心企业和上下游企业联系在一起提供灵活运用的金融产品和服务的一种融资模式①。供应链金融的不断发展促进了产业资本与金融资本的深化融合。

江苏银行股份有限公司建设的“智盛”供应链金融云平台，汇集应收应付管理、发票管理、商业单据管理等功能，为企业提供一站式供应链金融线上化自助服务，为平台客户建设专属金融生态圈。平台基于分布式架构的互联网系统，具有企业注册、用户识别、“e 融单”开立、持有、转让、拆分、融资申请、到期解付等功能。供应链金融云平台于 2019 年 5 月启动产品方案设计与项目研发，2019 年 10 月即完成产品全线上业务流程的上线与制度下发。该供应链金融云平台是江苏银行打造的创新型供应链金融产品，围绕核心企业供应链管理和资金结算，依托核心企业信用、真实贸易背景，打通产业链的支付结算与融资，打破“信息孤岛”，实现各方信息清晰留痕、交易过程可追溯、信用可传导、权益可确认，构建企业全体系的贸易互信网络。该供应链金融云平台解决了核心企业上游多级供应商融资难、融资贵的问题，以线上化的服务手段大大提高了客户融资的便利性，为促进企业及产业链整体降应收降应付提供了更智能、更便捷的解决方案，提高了整个供应链的融资效率，进而提升了供应链的竞争力。

此外，随着互联网、物联网、大数据等技术革新，产业结构调整优化升级，产融结合的趋势明显。中国农业银行股份有限公司江苏省分行创新推出“e 账通”线上融资产品，摆脱以前单打独斗模式，通过点面结合、线上操作，解决整个链条上数十个乃至上百个客户融资需求。“e 账通”业务是指依托自设的应收账款管理服务平台，以“e 信”（供应链核心企业签发并承诺兑付，记载相关交易及应收账款信息的电子凭证载体）为应收账款权利电子凭证，为供应链核心企业及供应商提供的应收账款签发、拆分、转让、到期收付款、追溯、国内保理等在线供应链金融服务。“e 账通”产品的服务对象为供应链核心企业及其多级供

① 资料来源：百度百科。

应商，通过该产品打通供应链上游，在真实的贸易背景下，利用产业链，共同构建产融结合新模式。在银行提高获客、活客能力的同时，供应商也可以取得融资便利，融资比例最高可达 100%。“e 账通”产品改变了银行传统单一的服务手段，拓展了银行的服务空间和服务对象。

令人可喜的是，2019 年 2 月，东吴证券作为计划管理人的全国首单钢铁企业供应链 ABS“东吴证券—恒和信保理 1 期供应链金融资产支持专项计划”成功设立。此次供应链 ABS 的成功发行，可实现供应商对核心企业包钢股份应收账款的提前收款，降低中小供应商的融资成本，提高融资效率，让中小供应商获得常态化、可持续的资金来源。对核心企业包钢股份来说，可维护供应链稳定，调节付款节奏，缓解企业集中付款的压力。

此外，中国民生银行南京分行着力推进供应链金融。2019 年，该分行新增苏宁、洋河、京东、徐工等 7 个供应链金融项目。

第二节　供给赋能，服务实体

一、中国民生银行南京分行：服务实体制度导向，保障贷款投放

中国民生银行南京分行认真贯彻落实中国人民银行南京分行金融服务实体经济的要求和总行战略转型部署，围绕改革转型三年规划持续推进金融支持实体经济工作，不断加大对新一代信息技术、高端装备、新材料、生物医药等制造业战略重点领域的支持力度，着力拓展成长性好发展空间大的战略新兴产业，积极支持战略定位清晰、自主研发能力强、资本实力雄厚，具有品牌或规模优势的龙头企业。

中国民生银行南京分行坚持聚焦服务模式创新、业务模式创新、产品创新等，鼓励支持制造业信贷投放，在信贷审批、额度资源、定价管理、绩效考核等方面给予一系列政策倾斜，如信贷审批设置绿色通道提升审批效率；设置专项额度保障制造业贷款投放；贷款定价实行差异化综合定价管理；绩效考核中对制造业贷款投放给予额外创利补贴，将实体企业开发纳入对经营机构、对客户经理的

综合考核范围等。截至2019年12月末，中国民生银行南京分行制造业贷款户数超3000户、贷款余额210亿元，较2018年末贷款余额增加16亿元。

二、南京银行：多方共建产融中心，高效服务实体经济

南京银行股份有限公司提出通过整合南京江北新区银行、券商、知名基金、律所、担保机构、政府平台公司及先进科技企业共同设立“南京江北新区产融中心”的建议。2019年4月26日，产融中心成立大会成功举行，标志着一个全新平台的诞生。该产融中心是在南京江北新区社会事业局注册登记的非营利性质社团法人，江北新区财政局是主管单位，实行会员制度，拥有物理办公场所。该产融中心不以营利为目的，旨在长期推动成员间交流与合作，打造国家级新区、自贸区和国家级金融科技创新示范区的优质服务平台。

南京江北新区产融中心（以下简称“产融中心”）由南京银行股份有限公司牵头，联合新区产业投资集团、南京含元资本、南京高特佳投资、南京证券四家机构，在南京市财政局指导下共同发起设立，核心成员单位包括银行、券商、基金、保险、律所、担保以及优质企业等众多富有资源的机构。产融中心成立半年以来，吸引会员单位33家，开发定制流程办公软件1款，组织参加新区项目路演活动8次，协助江北新区引进大型医疗设备企业1户、抗癌新药研发企业1户、医疗供应链金融企业1户，保荐上市企业1户，新增托管产业基金4只，为会员企业提供融资总额1.2亿元。

产融中心的创建是南京银行江北新区分行基于市场实践和总行转型发展战略引发思考的成果。其定位是打造江北新区产业服务的精品机构和明星机构，以投行思维构建围绕产业服务的江北新区顶层结构洞体系。在这个体系中，产融中心占据了江北新区政府、产业、金融等各方的结构洞位置，而作为牵头发起单位和核心理事单位，南京银行占据了产融中心的关键结构洞位置，产融中心为南京银行践行“鑫火计划”，服务实体经济找到破题之匙。

三、交通银行：组建境外银团，拓宽融资来源

为有效对接企业“走出去”“引进来”的金融需求，交通银行充分利用国际化、综合化以及完善的境外分行布局优势，积极协同离岸中心，牵头组建境外银团，为药明康德的“全球化及区域化并举”的战略导向提供金融支持。该银团

采用交通银行与渣打银行以联合包销模式操作，参贷银行 17 家。该银团的组建注重兼顾成本收益，强化综合金融服务。一方面，交通银行牵头境外银团在国际市场定价较低时，预先筹集部分资金，有效降低了企业融资成本。另一方面，交通银行为企业提供了离岸存款、离岸国际结算等优质服务，具有优惠的税收政策、便捷的全球融资、稳定的资金收益等优势，实现了银企双赢。该境外银团项目的落地，不仅加深了境内境外的有效联动，而且密切了交通银行与药明康德的银企关系，拓展了交通银行对该企业集团整体业务开发的广度和深度。随着长三角区域对外开放力度继续加大，中资企业“走出去”战略进一步深化，与境外银行合作为长三角区域客户提供境外银团融资服务将迎来战略发展契机。此次药明康德境外银团的成功落地，标志着企业受到境外机构资金方的认可，打通了海外融资渠道，拓宽了融资来源，优化了企业债务结构，为企业各项业务发展提供了有效支撑。

四、华泰紫金资金供给多元化，非银资本助力产业发展

华泰紫金投资有限责任公司（以下简称华泰紫金）成立于 2008 年，是华泰证券股份有限公司旗下从事私募股权投资业务的全资子公司。截至 2019 年 12 月 31 日，华泰紫金注册资本 60 亿元，管理基金规模近 500 亿元，累计实施投资项目 200 个，投资金额合计约 296 亿元，投资行业覆盖医疗健康、大消费、TMT、智能制造等行业。2019 年共对 19 家江苏企业实施投资，投资金额合计 9.16 亿元。华泰紫金将股权投资作为纽带，在向实体经济企业提供资金支持的同时，通过投后管理向被投企业提供管理咨询、资源嫁接、并购整合等增值服务，帮助被投企业做大做强，有力支持了实体经济企业的发展。尤其在江苏大力发展的高端制造行业，华泰紫金通过深耕细作布局了一批初创型、成长型的优秀企业，为这些企业的高质量发展提供了资金、资源的有力支持。

华泰紫金旗下伊犁苏新投资基金合伙企业（有限合伙）（以下简称“伊犁苏新”）一直致力于智能制造领域的行业研究及投资，2019 年实施投资的江苏省内重点企业包括苏州长光华芯光电技术有限公司（投资金额 9263 万元）、江苏迈信林航空科技股份有限公司（投资金额 8604.2 万元）、苏州昀冢电子科技股份有限公司（投资金额 1645.06 万元）、无锡隆达金属材料有限公司（投资金额 3000 万元）。华泰紫金在对企业实施投资以后，通过投后管理为企业提供增值服务，

利用团队在行业多年积累的产业资源，帮助企业对接上下游客户资源，建立规范的公司治理架构，推荐适合的各类人才，制定合理的发展规划，帮助被投企业实现高质量发展，目前投资企业中多家公司已实现挂牌上市或启动发行上市工作。

第三节　创新赋能，振兴实体

一、弘业期货、金融创新，服务“三农”

弘业期货股份有限公司（以下简称“弘业期货”）响应中央号召，利用期权风险管理工具在辽宁省黑山县实施鸡蛋“保险+期货”项目，有效服务“三农”和实体经济。弘业期货以“农民收入保障计划”试点为抓手，积极探索保护农民利益、促进农业生产的有效途径，此正是期货市场服务“三农”和实体经济的初心所在。其子公司弘业资本管理有限公司从2016年开始开展“保险+期货”业务，2016年在江苏省连云港市灌南县实施了5000吨玉米“保险+期货”项目；2017年在吉林省镇赉县开展22000吨玉米“保险+期货”项目，获得了良好的赔付效果，农户获赔105万元；2018年又先后在吉林省镇赉县和江苏省徐州市开展了共计60000多吨玉米和8000吨大豆“保险+期货”共计三个大商所项目，其中大豆为收入险项目。而辽阳鸡蛋“保险+期货”试点项目，依然延续了保险公司向期货公司“再保险”利用金融手段服务“三农”的模式，并在此基础上升级了期权结构，此次分散试点项目期权结构为亚式熊市价差并加入了保底赔付，不仅降低了“再保险”的成本，也通过“保底赔付”实实在在将农户自身承担风险降至最低。在辽阳鸡蛋“保险+期货”项目中，农民自缴保费为151491.30元期权保底赔付为150000元，保底赔付覆盖农户自缴保费的99.01%，风险裸露头寸几乎为零，让农民几乎零成本地享受到“保险+期货”给他们带来的实惠与保障，彻底消除了养殖户的后顾之忧。

弘业期货勐腊县天然橡胶“保险+期货”系列精准扶贫项目，涉及关累镇橡胶种植户546户，其中78%都是建档立卡贫困户，95%为少数民族，具有典型的扶贫攻坚示范效应。该项目在期权产品设计上引入美亚式期权结构，能够更好地贴合胶农销售的特点，被保人可以根据自身需要选择提交行权，锁定收益。

二、中国民生银行南京分行、交通银行江苏省分行、中国出口信用保险公司江苏分公司：风险分担，打通实体产业授信渠道

截至2019年12月末，中国民生银行南京分行准入担保公司合计18家，全部为国有背景担保公司，其中省级及省级子公司7家、市级9家、区县级2家；合计审批担保额度100.5亿元（其中再担保系55亿元），担保余额54.17亿元（其中再担保系46.27亿元），其中制造业担保余额约9.91亿元。中国民生银行南京分行为江阴澄高包装材料有限公司单笔授信15亿元。该授信以围绕企业资金流转为核心设定资金监管方案用于锁定第一还款来源，并以此作为主担保措施，顺利实现业务合作。授信从机构申报到终审历时仅仅8天。此外，中国民生银行南京分行积极推进“环保贷”业务营销。“环保贷”业务由江苏省环保厅设立总额4亿元的风险补偿池，对经由江苏省环保厅认定纳入环保贷范畴的给予风险补偿增信支持。

此外，交通银行江苏省分行与中天科技集团建立了良好的业务合作关系。交通银行江苏省分行为中天科技集团有限公司2019年第一期超短期融资券配套创设的信用风险缓释凭证，有效降低了企业融资成本，促进债券顺利发行。各项合作充分展现了交通银行出真招、出实效、多角度、毫不动摇地支持民营经济发展的决心，对于促进金融与实体经济良性互动发展有一定的借鉴意义。创设信用风险缓释凭证有助于增强投资人信心，对民企债券发行的支持作用明显。信用风险缓释凭证引入了不同风险偏好类型的投资人参与认购，有助于降低债券发行失败风险，同时可以发挥引导作用改变投资人对企业的预期，控制发行成本，改善民企融资条件。创设信用风险缓释凭证实现了信用风险在市场参与者之间的优化配置，有助于缓解因少数民企债券违约造成的市场波动，修复民企债券投资信心，促进民企债券接续融资，对防范系统性风险、维护宏观经济金融稳定起到一定的作用。

近年来，中国出口信用保险公司江苏分公司常州办事处，切实推动常州制造业“走出去”，积极参与“一带一路”建设和开展国际产能合作，结合常州的特色产业和优势产能，为常州企业“走出去”提供了市场咨询、项目推动、风险保障和融资促进等一系列有效服务。2016~2019年累计承保支持“走出去”和

“一带一路”项目超过50个，金额超过10亿美元。中国出口信用保险公司江苏分公司常州办事处运用中长期险、特险、海外投资保险等各类产品组合，成功支持金昇集团、天合光能、常宝钢管、国机常林、开利地毯、胜大石油、五洋纺机等一批行业龙头企业在“一带一路”沿线推进国际产能合作，实施了一批高标准、惠民生、可持续的特色项目，使广大“一带一路”沿线国家社会和民众得以受益。

三、中国工商银行江苏省分行、苏州分行：创新产融结合方式，实现实体服务多维化

近年来，中国工商银行江苏省分行以投行服务为主要抓手，创新推动产融结合发展，完善商投一体的发展路径，多维度服务实体经济，已形成涵盖并购重组、股权投融资、债务融资、信息咨询等服务领域的丰富产品体系，产融服务延伸至企业全生命周期。在创新推动产融结合上，中国工商银行江苏省分行紧跟产业政策导向，创新“顾问+标的+融资”“财务顾问+股债资金”“金融资本+产业资本”等服务模式，大力支持行业龙头并购重组、“走出去”等发展战略，帮助新兴产业企业成长壮大和上市融资，助力区域产业升级、国企混改和企业市场化转型。依托中国工商银行的市场影响力，集合渠道、信息和客户资源优势，聚拢各类机构，积极组建联合体，一体化服务企业发展。2019年，中国工商银行江苏省分行为全省100余家企业提供了品牌投行服务，完成各类投行项目132单，融资规模达416亿元，涵盖了企业并购、资本市场、债转股、结构化投资、资产证券化等众多领域，在产融结合服务企业战略方面与传统信贷形成优势互补。并购融资方面，全年新增投放91.2亿元，并购贷款余额254亿元，余额同业占比达27%，实现对境内和境外、国企和民企、上市公司与非上市企业的全覆盖；非标投资方面，全年完成项目投资244.5亿元，行业涵盖基础设施、住宿与餐饮、建筑、制造业等实体经济领域；重大项目方面，全年共完成11单10亿元以上重大投行项目，包括债转股项目3单（20亿元、10亿元、10亿元）、结构化投资3单（15亿元、12.9亿元、12亿元），以及5单10亿元的理财直投非标项目，有力支撑江苏重点企业围绕主业做大做强；创新项目方面，完成ABS、CMBS、类REITs等5单资产证券化项目、1单类永续债项目、1单集合式股票质押项目、1单并购银团项目，以及2单制造业细分龙头跨境并购项目，以投行创新手段充分

助力江苏优质企业跨越式发展。

中国工商银行江苏省分行积极创新产品服务，支持企业发展战略。在兼并收购服务上，创新“顾问+标的+融资”服务模式，多场景支持企业通过外延式并购做强行业地位。创新融资结构设计，利用“表内并购贷款+表外代理并购与投资”的融资组合，进一步提高融资比例。在股权投融资服务上，以“市场化基金+资本市场+债转股”的多元产品创新为核心，有效满足一、二级市场企业引进战投、资本市场再融资等股权业务需求。全年完成股权项目 8 单，融资金额 69 亿元。发挥大行优势，集聚机构资源，通过市场化基金加大对成长型企业的股权融资支持，与毅达资本继续推进 30 亿元“VC+并购”两只基金的投资进程，累计投资 7 单，投资金额 6.6 亿元。运用数据挖掘手段，及时对接江苏上市公司股票质押、定增、员工持股、可转债等资本运作需求。紧跟国企降杠杆和支持民营经济的政策，加快推进债转股业务，全年完成 6 单债转股项目，总投资金额 55 亿元。在债务融资服务上，同步加大对非标和标准化业务的支持力度。非标业务方面，以“场景+产品”的差异化模式对接企业降成本、增权益、盘活现金流等多元化需求，全年实现投资 244.5 亿元。标准化业务方面，与券商、律所等机构纵深合作，大力支持企业资产证券化业务，完成南京地铁信托受益权等 5 单资产证券化项目投资，类型囊括 ABS、CMBS、类 REITs 等主要资产证券化品种。

中国工商银行苏州分行全面践行新发展理念，坚守金融本源，统筹投融资总量和节奏，优化信贷布局。2019 年中国工商银行苏州分行累计向 2118 户制造业企业提供本外币融资 640 亿元，在服务实体经济上发挥金融配置主渠道作用。其加快投融资一体化统筹推进，从单一信贷服务商向综合金融服务供应商转变。该行坚持投行引领，加快全口径投融资一体化发展，先后完成了多单 ABS、类 REITS、CMBS 业务的审批和投资，以综合金融服务供应商角色积极参与苏州地区长三角一体化建设。中国工商银行苏州分行办理首单江苏自贸区苏州片区商业地产资产证券化业务；实施“贷”+“债”+“股”+“代”+“租”+“顾”六位一体的全口径投融资模式，设立新兴产业发展基金和产业引导母基金、集成电路专项基金、科创型基金等优选股权融资业务，运用产品创新积极参与苏州工业园区孵化、扶持园区高科技企业。

参考文献

[1] Chakraborty S., Lahiri A. Costly Intermediation and the Poverty of Nations [J]. International Economic Review, 2007, 48 (1): 155-183.

[2] Epstein G. A., Jayadev A. The Rise of Rentier Incomes in OECD Countries: Financialization, Central Bank Policy and Labor Solidarity [M] //Epstein G. A. Financialization and the World Economy. Cheltenham: Edward Elgar, 2005.

[3] Krippner G. R. The Financialization of the American Economy [J]. Socio-Economic Review, 2005 (2): 173-208.

[4] Saint-Paul G. Technological Choice, Financial Markets and Economic Development [J]. European Economic Review, 1992, 36 (4): 763-781.

[5] 柏振忠. 农业科技创新的投入机制与金融支持问题研究 [J]. 科技与经济, 2009, 22 (6): 37-40.

[6] 蔡玉胜. 农村金融体系创新的国际经验与启示 [J]. 国家行政学院学报, 2009 (1): 101-103.

[7] 曹若霈. 美国科技金融支持农业发展的经验借鉴 [J]. 世界农业, 2014 (1): 79-82.

[8] 陈婵. 乡村振兴战略下温州市新型农村金融发展模式及风险防范研究 [J]. 时代经贸, 2019 (15): 47-48.

[9] 陈璐璐. 农村土地证券化研究述评 [J]. 广东土地科学, 2016 (2): 11-15.

[10] 陈宇. 农业科技的金融支持研究 [D]. 长沙: 湖南农业大学, 2014.

[11] 成长春. 江苏沿海开发战略与区域经济均衡发展 [J]. 江苏社会科

学，2009（6）：207-213.

［12］程相镖，袁彦娟，夏云天．金融支持农业供给侧改革的实践与思考［N］．金融时报，2017-11-28.

［13］戴明晓，马小南．农业科技创新视阈下对农业金融发展的研究［J］．农业经济，2014（5）：109-110.

［14］邸翠玲．河北省金融支持农业科技创新的现状及对策研究［D］．长沙：中南林业科技大学，2015.

［15］丁士军，史俊宏．全球化中的大国农业——英国农业［M］．北京：中国农业出版社，2013.

［16］丁振辉．论农村金融与农业现代化［J］．金融经济，2013（8）：132-134.

［17］董梅生，杨德才．工业化、信息化、城镇化和农业现代化互动关系研究——基于 VAR 模型［J］．农业技术经济，2014（4）：14-24.

［18］董晓林，朱敏杰．农村金融供给侧改革与普惠金融体系建设［J］．南京农业大学学报（社会科学版），2016（6）：14-18.

［19］杜婷婷，杨全年．江苏省各区域农村金融发展差异分析［J］．中国商界（下半月），2008（7）：26-27.

［20］葛冰．农村金融支持农业产业化发展的路径选择——以温州为例［C］//中国教育发展战略学会教育教学创新专业委员会．2019 全国教育教学创新与发展高端论坛论文集（卷八）．2019.

［21］郭鸿鹏，马成林，杨印生．美国低碳农业实践之借鉴［J］．环境保护，2011（2）：71-73.

［22］郭佳莲．农村金融支持乡村振兴战略的路径选择：基于全国 11 家省级农信的案例［J］．西南金融，2019（8）：54-62.

［23］郭新明．江苏绿色金融发展模式研究［J］．金融纵横，2017（1）：4-8.

［24］郭之茵．周口市金融机构支持农业规模化经营的思考［J］．洛阳理工学院学报（社会科学版），2015，30（4）：69-72.

［25］国家统计局社会科技和文化产业统计司，科学技术部创新发展司．中国科技统计年鉴［M］．北京：中国统计出版社，2016.

［26］国务院发展研究中心“推进社会主义新农村建设研究”课题组．中国

农村金融供给的主要特点与问题［J］．调查研究报告，2006（257）：1-18.

［27］何菁菁．农业产业化发展中的金融支持研究［D］．杭州：浙江大学，2010.

［28］何永林，曹均学．小农户与现代农业的有机衔接是中国农业现代化道路的必然选择［J］．湖北经济学院学报（人文社会科学版），2018，15（7）：22-25.

［29］贺聪，洪昊，葛声，等．金融支持农业科技发展的国际经验借鉴［J］．浙江金融，2012（3）：33-38.

［30］黄小莉．金融支持农业产业化的关系研究［D］．雅安：四川农业大学，2013.

［31］黄乙芸．江苏省城镇化与农业现代化协调发展现状及对策研究［D］．湘潭：湘潭大学，2017.

［32］霍兵，李颖．2006 年度诺贝尔和平奖得主尤努斯小额贷款经济思想及其实践［J］．经济学动态，2007（1）：67-71.

［33］简晓彬．以产业错位竞争推动淮海经济区高质量协同发展［N］．江苏经济报，2020-08-08（A01）.

［34］江美芳．农村的金融发展与经济增长［D］．苏州：苏州大学，2011.

［35］靳淑平，王济民．规模农户信贷资金需求现状及影响因素分析［J］．农业经济问题，2017，38（8）：52-58.

［36］康晓虹．国外农业科技金融经验借鉴及启示［J］．科学管理研究，2015，33（4）：121-124+128.

［37］康芸，李晓鸣．试论农业现代化的内涵和政策选择［J］．中国农村经济，2000（9）：9-14.

［38］雷德雨，张孝德．美国、日本农村金融支持农业现代化的经验和启示［J］．农村金融研究，2016（5）：50-54.

［39］黎红梅，汪邹霞．金融支持农业科技创新的国际经验［J］．世界农业，2016（1）：79-83.

［40］李程骅．长三角城市群格局中的“扬子江城市群”构建策略［J］．江海学刊，2016（6）：89-95.

［41］李浩．农村金融对江苏省农业现代化的影响［J］．时代金融，2018

(26)：102+104.

［42］李浩．农村金融对农业供给侧结构性改革的影响［D］．济南：齐鲁工业大学，2019.

［43］李华，蒲应．全球化中的大国农业——新西兰农业［M］．北京：中国农业出版社，2013.

［44］李萌，杨扬．经济新常态下战略性新兴产业金融支持效率评价及影响因素研究［J］．经济体制改革，2017（1）：129-135.

［45］李巧莎，杨伟坤，杨蕾．农业科技创新的财政金融支持研究［J］．科技管理研究，2014，34（13）：8-10+15.

［46］李伟，马永谈．财政支农支出对农业现代化的影响效应研究——基于动态面板数据的实证分析［J］．西安财经学院学报，2014（3）：5-9.

［47］辽宁省农经考察团．对日本农协的考察报告［J］．农业经济，2002（10）：1-3.

［48］刘慧．中等发达地区农村金融发展研究［D］．南京：南京农业大学，2008.

［49］刘美辰．科技型中小企业金融支持研究［D］．北京：首都经济贸易大学，2014.

［50］刘民权．中国农村金融市场研究［M］．北京：中国人民大学出版社，2006.

［51］刘明．现代农业产业基金建设的若干思考——以江苏省常州市为例［J］．预算管理与会计，2018（3）：63-65.

［52］刘萍萍．普惠金融促进区域经济协调发展的内在机制：金融功能理论的论证［J］．天府新论，2017（4）：113-116.

［53］刘婷，杜海蓉．推动江苏家庭农场高质量发展［J］．江苏农村经济，2019（3）：44-45.

［54］刘婷婷，周艳海，周淑芬．美国农村金融发展模式对我国的启示［J］．改革与战略，2016（8）：151-154.

［55］刘武军，宋长江，张莉莹．供应链金融支持乡村产业高质量发展研究——以吐鲁番市为例［J］．甘肃金融，2020（2）：42-45.

［56］刘雪莲，陈丽金．农业供应链金融典型模式绩效评价比较研究［J］．

黑龙江金融，2019（12）：43-45.

［57］刘媛．江苏省农村产业融合的现状分析、发展思路与政策建议［J］．江苏农业科学，2019，47（15）：19-22.

［58］刘子靖．江苏省农业现代化发展及对策研究［D］．舟山：浙江海洋大学，2017.

［59］陆美娟．江苏省农业转型发展的金融支持研究［D］．南京：南京农业大学，2008.

［60］马成武，马驰．发展农村金融服务　助力乡村振兴战略实施［J］．吉林农业，2019（20）：22.

［61］马俊杰．促进农业现代化的问题研究［J］．中国市场，2016（5）：91-93.

［62］马天禄．金融支持农业科技发展的制约因素［J］．中国金融，2012（15）：38-39.

［63］马晓霞．高新技术产业金融支持体系研究［J］．科技进步与对策，2006（9）：88-90.

［64］孟祺．金融支持与全球科创中心建设：国际经验与启示［J］．科学管理研究，2018，36（3）：106-109.

［65］莫媛．县域农村金融市场分割与金融发展［D］．南京：南京农业大学，2011.

［66］钱志新．产业金融——医治金融危机的最佳良药［M］．南京：江苏人民出版社，2010.

［67］秦基财．中国产业金融的发展思路及对策研究［D］．沈阳：辽宁大学，2014.

［68］秦建军，刘华周．江苏财政支农投入促进农业现代化发展探讨［J］．福建农业学报，2013，28（5）：499-503.

［69］秦社华．探究江苏省农村金融服务现状及发展对策［J］．福建质量管理，2015（10）：134.

［70］芮祖平．城市流视角下江淮城市群发展中的问题与对策研究［D］．合肥：安徽大学，2010.

［71］申蕙．金融支持现代农业发展研究：以贵州茶产业为例［D］．昆明：

昆明理工大学，2017.

［72］沈辉，赵银德．关于江苏省农业经济效益的思考［J］．商业研究，2006（13）：186-188.

［73］宋丹丹，高婕．金融支持乡村振兴战略的思考［J］．纳税，2019，13（14）：171-173.

［74］宋桂林．试析美国农业信贷银行法律制度的中国意义［J］．西南石油大学学报，2017（1）：67-73.

［75］宋华．中国供应链金融的发展趋势［J］．中国流通经济，2019，33（3）：3-9.

［76］宋龙杰．影响安徽农村金融服务需求的因素分析［J］．现代经济信息，2020（5）：133.

［77］孙鸿志．美国现代化进程中的政策分析［J］．山东社会科学，2008（2）：72-75.

［78］孙天琦，梁冰，李立君．日本农业政策金融——农林渔业金融公库的基本情况与改革动向［J］．西安金融，2006（7）：12-14.

［79］孙文基．关于我国农业现代化财政支持的思考［J］．农业经济问题，2013（9）：29-33.

［80］索飞．新常态下江淮城市群发展水平及其驱动因素研究［J］．安徽农业大学学报（社会科学版），2016，25（6）：54-60.

［81］汤晓菲．农村金融体系研究［D］．太原：山西财经大学，2014.

［82］唐珂．荷兰农业［M］．北京：中国农业出版社，2015.

［83］唐珂．美国农业［M］．北京：中国农业出版社，2015.

［84］特约评论员．强化龙头企业在产业兴旺中的引领作用［J］．江苏农村经济，2019（5）：1.

［85］王吉发，张翠，邱璐．产业金融效益综合评价指标体系研究［C］．北京：全国科技评价学术研讨会，2015.

［86］王琳．江苏省农业专业化发展现状及改进——以现代农业物质技术装备为例［J］．现代企业，2020（1）：130-131.

［87］王录仓，武荣伟，梁炳伟，等．中国农业现代化水平时空格局［J］．干旱区资源与环境，2016（12）：1-7.

［88］王雅芹，王震．创新农村金融模式对“三农”发展的推动作用［J］．改革与战略，2017（10）：144-146.

［89］王岩．供给侧视角下农业现代化实现困境与路径选择——以江苏省为例［J］．山西农业大学学报（社会科学版），2018，17（9）：18-25.

［90］王樱诺．吉林省农业科技金融发展问题研究［D］．长春：吉林农业大学，2017.

［91］王智来，侯峥，郭峰．美国金融与现代农业考察报告［J］．中国金融，2017（2）：98-101.

［92］吴代红．农业现代化进程中的农村金融发展［J］．上海金融学院学报，2013（1）：64-73.

［93］吴根平，孟婷，张艳．以高质量中心城市建设推动淮海经济区协同发展［J］．群众，2019（2）：35-36.

［94］吴天龙，刘同山，孔祥智．农民合作社与农业现代化——基于黑龙江仁发合作社个案研究［J］．农业现代化研究，2015，36（3）：355-361.

［95］吴欣颀．江苏省农村金融服务市场发展现状分析［J］．智库时代，2018（36）：44-45.

［96］西奥多·W. 舒尔茨．改造传统农业（第二版）［M］．梁小民，译．北京：商务印书馆，2006.

［97］肖干，徐鲲．农村金融发展对农业科技进步贡献率的影响——基于省级动态面板数据模型的实证研究［J］．农业技术经济，2012（8）：87-95.

［98］徐宏．江苏省农业生态可持续发展评价［J］．中国农业资源与区划，2019，40（8）：164-170.

［99］鄢小兵．从经济学的角度看美国低碳农业及对我国的启示［J］．科技创业月刊，2011（17）：23-25.

［100］阎枭元．我国农村金融对农业现代化影响研究［D］．沈阳：辽宁大学，2013.

［101］杨柳，全晓艳，汪继红，等．四川农业科技成果转化与金融支持问题研究［J］．中国农学通报，2016，32（26）：188-193.

［102］杨潇．湖南省农村金融支持农业科技进步实证研究［D］．长沙：中南林业科技大学，2015.

［103］杨云龙，王浩，何文虎．我国金融精准扶贫模式的比较研究——基于“四元结构”理论假说［J］．南方金融，2016（11）：73-79.

［104］易丹丹．科技金融助推现代农业发展研究：以贵州茶产业为例［D］．长沙：长沙理工大学，2016.

［105］袁冲．徐州市金融服务实体经济问题与对策［J］．市场研究，2020（6）：55-56.

［106］苑培培，张继良．产业金融融合发展评价研究——以江苏省为例［J］．市场周刊，2020，33（9）：145-147.

［107］张海军．江淮生态经济区绿色产业资源整合研究［J］．现代营销（经营版），2020（10）：14-15.

［108］张会敏．浙江省农村金融发展与农村经济增长关系的实证研究［D］．杭州：浙江财经大学，2017.

［109］张露，徐丹丹，黄兵号，等．绿色金融促进江苏农业绿色发展研究［J］．北方金融，2019（8）：46-50.

［110］张宁宁．“新常态”下农村金融制度创新：关键问题与路径选择［J］．农业经济问题，2016（6）：69-74.

［111］张晓芳．江苏省农业产业化经营的优化路径选择［J］．中国农业资源与区划，2016，37（10）：146-150.

［112］张孝德．农业工业化失灵与中国特色农业发展模式思考［J］．国家行政学院学报，2011（5）：47-51.

［113］张智勇．“1+3”功能区战略构想重塑江苏新版图［N］．中国改革报，2017-09-25（01）．

［114］赵昌文．科技金融［M］．南京：江苏人民出版社，2010.

［115］赵峰，田佳禾．当前中国经济金融化的水平和趋势——一个结构的和比较的分析［J］．政治经济学评论，2015（3）：120-142.

［116］郑凌霄，刘宁宁．江苏省农业现代化的金融支持研究［J］．农业经济，2015（11）：105-107.

［117］中国人民银行农村金融服务研究小组．中国农村金融发展报告（2008）［M］．北京：中国金融出版社，2008.

［118］中国人民银行农村金融服务研究小组．中国农村金融服务报告

（2014）［M］．北京：中国金融出版社，2015.

［119］中国深圳综合开发研究院课题组．产业金融发展蓝皮书（2018）——中国产业金融发展指数报告［M］．北京：中国经济出版社，2018.

［120］中国深圳综合开发研究院课题组．产业金融发展蓝皮书（2019）——中国产业金融发展指数报告［M］．北京：中国经济出版社，2019.

［121］仲之祥．江苏新兴产业金融发展与经济增长研究［J］．中国集体经济，2016（33）：37-39.

［122］周明栋．金融支持乡村产业振兴的实践与思考——基于江苏宿迁的案例［J］．农村金融研究，2018（12）：28-32.

［123］周月书．农村金融改革与发展现状分析——以江苏为例［J］．团结，2013（5）：34-37.

［124］朱兆文．金融支持农业现代化实践［J］．中国金融，2013（12）：69-70.